Schriftenreihe

BOETHIANA

Forschungsergebnisse zur Philosophie

Band 199

ISSN 1435-6597 (Print)

Verlag Dr. Kovač

Rudolf Heinz

Pathognostische Miszellen I

Verlag Dr. Kovač

Hamburg 2024

VERLAG DR. KOVAČ GMBH
FACHVERLAG FÜR WISSENSCHAFTLICHE LITERATUR

Leverkusenstr. 13 · 22761 Hamburg · Tel. 040 - 39 88 80-0 · Fax 040 - 39 88 80-55

E-Mail info@verlagdrkovac.de · Internet www.verlagdrkovac.de

Bibliografische Information der Deutschen Nationalbibliothek
Die Deutsche Nationalbibliothek verzeichnet diese Publikation
in der Deutschen Nationalbibliografie;
detaillierte bibliografische Daten sind im Internet
über http://dnb.d-nb.de abrufbar.

ISSN: 1435-6597 (Print)

ISBN: 978-3-339-14070-8
eISBN: 978-3-339-14071-5

Pathognostische Miszellen I,
angeregt und mitausgeführt von und für HH

Vororientierende Lesehilfen

Dem Titel entsprechend ist diesmal ein Kompendium kurzer Abhandlungen zu unterschiedlichen Themen zu erwarten, deren überwiegende Zahl sich nach Maßgabe des Inhaltsverzeichnisses parataktisch zu folgenden Themenblöcken zusammenstellen läßt:

Ökonomiedilemmata | Musikreferenzen | Autobiographisches | Sonstiges

Im Einzelnen sind dies:

Ökonomiedilemmata:

*   „Tauschwertteufeleien": Abkoppelung des Tauschwerts vom Gebrauchswert / Akzeleration der Warenzirkulation

*   „Opferepikalypse": Oberflächenästhetische Camouflage des undergrounds der Warenwelt

*   „Zur feudalistischen Souveränität des ‚online'-Kaufs, aber mit einem proletarischen Schattenwurf": Digitalisierte Tauschoperationen / subjektive Opfersedimentierungen

*   „Mutterseelenallein – Tropologien zur Gewähr von Heide Heinz: ‚Zur Theorie der Versingelung'": Erwerbsarbeit und Versingelung

*   „Ein noch schwärzerer Bote": Hausarbeit / Repristination „Die schwarze Botin"

Musikreferenzen:

*   „Peristatikdramen": Beunruhigende Kauzenverlautung

*   „Initium finalis. Über des ‚Rheingolds' Götterdesaster": Ökonomiegenealogie / Kapitalismuskritik

- „Reminiszentes Musiksammelsurium": Musikalische Früherfahrungen

- „Splitter 1 – ‚sag, welch wundersame Träume halten meinen Sinn umfangen ...'": Wagners „Wesendonck-Lieder"

- „Carmen – diesmal anders": Innovative Interpretamente zu Bizets selbst schon innovativer Verismovorwegnahme

- „‚No – no, no, no'. Über Verneinungsextrapolationen": Abwehrtheorie / „Don Giovanni"-Interpretation

Autobiographisches:

- „Todesavisierende Auffälligkeiten": Eigenschreibensprobleme / Traum / Entzug

- „Endlichkeitsschmerzen": Spiegelungszumutungen / Sterblichkeitsnöte / Traumtheoretisches

- „Kaffeefiltertüten-Wegweisungen": Kapitalismus en détail

- „Splitter 2 – Schizoparaden": Die Toxizität der Signifikation

- „Splitter 3 – lacrimae memoriae": Belästigende Augenleiden

- „Coiffeuriaden": Kastration beim Barbier / Homosexualitätsallusionen

- „Kunstreferente Nachträglichkeiten": Literatur- und musikexegetische Reminiszenzen, stark eigenempirisch auch

- „Nachträge zu den ‚Coiffeuriaden'": Weiteres zur männlichen Homosexualität

- „Crampi nocturni et al.": Nächtliche Malaisen

- „Traum, infinitesimal": Fortgesetzte Traumtheorie am Beispiel eines eigenen Traums

Sonstiges:

- „Pantheismusüberschwang": Mythologie, Körper-Ding-genealogisch / Pantheismustücken

- „Ergänzungen und Neuerungen": Anknüpfung an die „Praxisumsichten" (2018)

Ein Rückblick in die Entwicklungsgeschichte des eigenen Denkens und seiner subjektiven Beteiligungen ist so zu erwarten, keineswegs in sentimentaler Rücksicht aber, vielmehr die retrospektiven Elemente als Zuträglichkeiten zur progredient sich fortentwickelnden Zuwendung zu bislang Desiderat gebliebenen Problemstellungen nutzend. Es geht weiter!

Inhalt

Bis dahin ist es – weshalb? – gekommen: der Tauschwert ist die einzige Folie des Gebrauchswerts, allein der Tauschwert entscheidet über die Brauchbarkeit der Waren. So hat man zwar den Bock zum Gärtner gemacht, den Handel an seine horrende Irrationalität, sein großes Prinzip Äquivalenz in den Wind schlagend, ausgeliefert, allein, die Einbürgerung dieses Verhältnisses entschärft, ja liquidiert dessen Unvernunft, erübrigt die Nachfrage nach deren kryptischen Zweck, hervorgeholt nichts anderes als die entmündigende on dit gemeinschaftlichkeitsentschädigende vorherrschende Kapitalmaximierung.

Wo bleibt derzeit die wenigstens vorgestellte Befreiung des Gebrauchswerts aus dem universellen Bann des höchst prioritären Tauschwerts? Fehlanzeige, so sie auf den marxistischen Traum der Abschaffung des Geldes hinausliefe, de facto ein Unding, diesen abendländischen Rationalitätshort außer Kraft zu setzen. Gleichwohl, man möge fortgesetzt von dieser entscheidenden Emanzipation träumen dürfen? Nein, besser nicht, denn selbst das seines Warencharakters entledigte reine Ding verschuldet sich ja dem produktiven crimen an seiner Hyle, der Natur. Rien ne va plus, in soteriologischer Hinsicht, ja.

Postmoderne Pointe: das bargeldlose Bezahlen an der Kasse mittels des avancierten Equipments. Fürwahr, eine Marginalisierung des Tauschakts, blind leichthändig en passant, trügerisch liiert mit dem befriedigten Blick auf den vollen Warenkorb, das Kapitalmysterium pseudologisch untergegangen in der penetranten Materialität der gebrauchsheischenden Waren. Unverwunderlich hierbei die hohe Verschuldungsquote, die bewußtlose Glätte des Kaufakts, enthaltend keiner-

lei Warnsignale darüber, daß, eben hier, alltäglich milliarden-
fach, der Kapitalismus zu seiner konstanten Ehre wesentlich
entrückt. Was würde Sohn-Rethel wohl zu dieser Kaschierung sagen?

Travestie des hierarchischen Gefälles zwischen Tausch- und
Gebrauchswert im Second Hand-Geschäft? So mag es scheinen: der vorausgehende Gebrauch der abgesetzten Ware nämlich bestimmt den reduzierten Sekundärpreis. Was freilich
nicht hinreicht, die besagte Hierarchie umzukehren, im Gegenteil: die Tauschwertprärogative bleibt uneingeschränkt
aufrechterhalten, und zwar im rückerstattet ermäßigten Preis
des Tauschobjekts, sowie in dessen – den Profit des Second
Hand-Händlers mitenthaltenden – erneutem Verkaufspreis.
Seltsame Gepflogenheiten, der betreffende Kommerz kommt
vom Odium der Arme-Leute-Kompensation nicht ganz los.
Ebenso das Pfand-, das Leihhauswesen, ganz im Unterschied
zu den – wie heißenden? – Institutionen auf Preissteigerung
abzweckenden Preziosen-, Idolatriehandelns. Die kapitalistische Lizenz für alle diese Winkelzüge – so raunt verdrückt
bewundernd der Laie in diesen unheimischen Angelegenhei-
ten – versteht sich.

„Warenästhetik" – sie ist längst derart universalisiert, daß es sie, differentiell, nicht mehr gibt. Und ganze Heerscharen von Designern sind vom Kapital beauftragt, die Heilskruditi-täten der Dinge fetischistisch zuzukleistern, gut marxistisch deren splendides Superfizium, reinstes Fake, als unschuldige „Natur" vorzugeben, und, folgerichtig, fetischismusgetreu, den Opferfundus dieser Pseudonatur, gestreckt passager reich an Erfolg, zu überdecken.

Prekärstes Refugium Christentum diesbetreffend. Bisher scheute ich mich, katholische Priester danach zu befragen, wie sie es aushielten, täglich ja das Blut des Gottessohns trinken und sein Fleisch essen zu müssen – doch die purste kannibalistische Toxikomanie, die – weshalb wohl? – zu skandalisieren aufhörte. Aber die Transsubstantiation kennt keinen Spaß – Wein ist kein Wein mehr, und Brot, durch die üblichen Hostien entstellt, kein Brot.

Spätestens hier verfängt der dringliche Unterschied zwischen kultischer Gläubigkeit repressiv abgenötigter Involution und intellektuell distanzierender genealogischer Aufklärungsver-wendung der christlichen Mythologie. In letzterem Verstände läßt sie an einschlägiger Qualität nichts zu wünschen übrig, verstände es gar, die Konkurrenz mit der antiken griechischen aufzunehmen? Man bedenke: Gott sühneopfert seinen eige-nen Sohn um der Erlösung der verkommenen Menschheit wil-len, und gibt ihn ihr als expiative Weltenspeise hin. Grandios, nicht wahr!? Gewiß –, bleibt aber, zunächst rein immanent, die peinliche Frage, weshalb dieser allmächtige Gott nicht so-gleich diejenigen Verhältnisse erschaffen habe, die erst nach seiner redemptorischen Nachholung statthaben sollten; was wiederum nun ausblieb. Und, über solche Widersinnigkeiten weit hinaus, kollabiert dieses großartige – nun ja – Gebilde angesichts seiner notorischen Todestriebmache, vor dem Tod. Ob dieses genealogische Ultimum der Mythos, der christliche, noch miteinbringen könnte? Vielleicht im „Tod Gottes", häretisch gewendet?

Zurück zur „Warenästhetik", die selbst auch den altarsakramentalen Kontext ergriffen hat – glänzend metallene Gerätschaften, kein Blut und auch kein Fleisch, Meßwein und Hostien. Wenn immer der konsekrierende Priester – welche Gabe! –, mitsamt seiner zur Kommunion bereiten Gläubigen, die Wahrheit der Transsubstantiation beglaubigt: die horrende Metamorphose von Wein in Blut, von Brot in Fleisch, und nicht von Tieren, so sind sie alle, an der Spitze der Mystagoge, nach allen Regeln unserer säkularen Ansicht, psychotisch geworden – ist doch der Psychotiker vom körperresurrektionalen Andrang der Dinggenealogie, deren letalem Opfergrund, monierend geplagt. Halt! Eucharistisch aber geschieht dergleichen, nach aller Erfahrung (hat es solche Zwischenfälle gegeben?), nicht. Ein – theologisch ja vielfach ausgeschlachteter – Widerspruch? Ja, und die Rettung vor dem Wahnsinnsbefall besteht einzig in der widersprüchlichen Wahrung von „Natur und Augenschein", der wie trotzigen Ansicht der ihre Opferprovenienz absperrenden hier drogierend nutrimentalen Kulturprodukte; diese Dingseite der tautologischen Hermetik. Zuviel des wie synkopischen Unsinns, beruhend auf benennbaren und ableitbaren Voraussetzungen. Und, innerchristlich, imponieren, verwirrend, die verwässernden Domestizierungen der transsubstantiativen Schrecknisse, angesichts der katholischen Orthodoxie – alles Häresien! Die christliche Substanz aber, das Gottesopfer, die Inkarnation, tangieren sie kritisch nicht; ebenso blockieren sie nicht den vom Altarsakrament ausgehenden Ausblick auf die Phänomenologie der Opfer als der letzten Seinsgarantie; über das „Opfer der Arbeitskraft" hinaus, das „Lebensopfer" selbst, die Legion geschlachteter Leiber umwillen der letzten Pseudologie ihres dinglichen Überlebens.

Mag zwar sein, daß unser Säkularismusprogreß die Tolerierung dieses eucharistischen Unsinns großzügig erlaubt; auch scheint das massenweise Heilsbedürfnis recht unaufgeklärt diffus. Gleichwohl wäre es nicht gänzlich unangebracht, im kannibalistischen Gottesfraß der Eucharistie den wie paroxysmalen Einschlag eines, sich als „archaisch" verkennenden, Begehrens zu argwöhnen: eben die fundamentalnarzißtische zumal todestriebliche manisch erotisch verbrämte Selbstekstase, die Tranceintimität erhebender Grundexkulpation – welch ein schrecklicher Trug, nur daß seine Auflösung weltliche Ersatzmaskeraden in Fülle substituiert, und, immanent, seine Tröstlichkeit, wie die der demütigen Todesakzeptanz im Sterben, adaptiv nicht wegzuschaffen sei, wider die Grausamkeiten von Aufklärung. Früh schon, in aller Spürung, als Erstkommunikant, war ich dieser pia fraus fromm verfallen, und umso schmerzlicher, progredient jedoch auch umso intellektuell produktiver, die spätere dezidierte Ablösung davon, bis hierhin, dem ständigen Nachzittern des eucharistischen Traumas. Unausbleibliche Ambivalenzen, bis zur Selbstraptur. Im vielleicht naheliegenderen Verfolg der Compassio-Schlagseite dieser Zwiespältigkeit resultierte die glatte Bauchlandung im Fetischismus dieses Abdeckungsgefildes, und die Mühe würde erheblich, das betreffende Gewaltelement aus seiner masochistischen Libidokontamination zu reisolieren, und sich diesem thanatologischen Bestandteil unverblümt auszusetzen; durchaus der Spur, die, in allem auch noch so anrührenden Sentimentalismus, in Rüstung, Kriegsprotektion, hineinführt.

„Opferepikalypse" – allemal ausmacht sie – sowie ihr Gegenteil – einen bewegten Prozeß vor- und nachsymptomatischen Charakters, die landesübliche Normalitätsdynamik als die präsumtive Folie der Symptombildung expressis verbis, der überwertigen Insichreflektion dieser ihrer Vorgabe, sanktioniert scheiterndgelingendes Aneignungsübermaß der Rettung vor dem Kollaps des defensiven tegmentum. So die gewichtige Zwischendimension, das schwankende Spiel der Üblichkeiten inter Pathologie und Martialität, dem verstrickten Aufschub der letalen Seinserfüllung dieser.

Die, sich durchmischend, wahlweise verwendeten Bauelemente der Normalität sind ihrer extremen Anmaßung, der psychopathologischen Nosologie, leicht – vollständig? – entnehmbar: der „Hysterie" die Theatralisierung; der „Phobie" die Vermeidung; der „Zwangsneurose" die Bannung; den „Perversionen" die libidinöse Inundation der Gewalt (paradigmatisch im „Fetischismus", masochistisch ausgetragen, Antidot des „Ursadismus"); der „Repression" die Buße; der „Paranoia" die Verfolgung; der „Schizophrenie" der Produktionsgrund Transsubstantiation.

Im Überschlag manifestieren sich epochale Präferenzen: der „Hysterie" für die konsumatorisch allpenetrante Medienkonjunktur, das gesellschaftliche Phantasmensubstrat; overprotected mittels des Überbaus des zivilen Moralismus, des persekutorisch universalpathologisch paranoiden Domizils, unterstützt von normalphobischer Vitation und normalanankastischer Obtestation; motivierend – und deshalb wie selbstverständlich lizensiert – unterhöhlt von der Zentrale der toxikomanischen Gewaltepikalypse, der perversen Allfetischisierung (von Marx an, über Baudrillard, bis hierhin). Und basal getragen erscheint dieser umfassende Komplex von technologischer Produktivität, Schizophreniekorrespondent der Transsubstantiation: produktiv der Körperverdinglichung, des sterblichen Fleisches Metamorphose verewigend in Waffen. Pointe so der Approximation von Pathologie an Normalität, und vice versa. Und das geschieht, beidseitig different relativierend, zu beider Gunsten, wider beider Diskrimination, die beide ihrer destruktiven Hypostase auslieferte – so das eigene Votum. De facto wird man es nicht selten mit fließenden Übergängen zu tun haben, weniger mit der Wehr dagegen, im Extrem Pathologie zu normalisieren, als Normalität zu entpathologisieren. Die praktisch therapeutische Relevanz dieser Wendung versteht sich. Zukunftsmusik – hoffentlich noch – die Übertragung dieser höheren Verschwisterung der entpolemisierten Fronten Krankheit und Gesundheit auf organische Pathologie, immer in transphysiologischem Sinnhaftigkeitsbetracht.

Fraglich blieb – nebst manchem nicht eigens markiertem anderen –, ob in der Mythologie ein Äquivalent meiner Todestriebesart anzutreffen sei, dem es obliege, die Irre der mythologischen Kulturassekuranz zu erweisen, die vorgestellte verfallene Todesbedingtheit derselben zu vollstrecken. Unwahrscheinlich, daß der Mythos, selbst in seinen genealogischen Spitzen, bis dahin, bis zu dieser finalen Subversion, reicht, bloß gewunden indirekt mag dieses Desaster gelegentlich sich andeuten. Unausgeführt erwogen wird noch in diesem Zusammenhang, daß der allzu geläufige Topos des „Todes Gottes" dieser Wendung, metabasis eis allo genos, behilflich sein könne. Christlich bedacht indessen nicht, denn, trotz aller

Homousie, Gottvater inkarniert und opfert sich nicht, und der soteriologisch auserwählte Gottessohn aufersteht ja von den Toten und auffährt gen Himmel etc. So die reinste Abservierung der Todesobligation des scheinbar absoluten Gottes, aller Ostern- und Himmelfahrtssplendor der Waffen.

Also müßte es, in der Tat dann häretisch, beim „ewigen Karfreitag" bleiben? Ja, und der „Tod Gottes" bestände in der Utopie allen Gewaltschwunds in der Dimension des irrigen „Todestriebs", als des Anmaßers der vorgestellten Todesdestruktivität, in der hoffnungslosen Utopie, von aller todestrieblichen Todesparierung abzulassen, gleichwohl sich durch diesen Verzicht nicht umzubringen – Todesreverenz, jenseits aller menschlicher Tunschancen. Finger davon weg! Suizid gleich die doppelsinnige Quittierung der unabdingbaren Kulturgewalt.

„Gott selbst ist tot" – Zeile aus einem evangelischen Kirchenlied, so von Hegel religionsphilosophisch zitiert, in mir beständig nachhallend. Nein, wie gesagt, orthodox christlich ist der Tod, wie eine letzte Selbsterkundung in seiner filialen Stellvertretung, bloß eine Passage, und also bleibe ich, unpassierend, lieber im Tode stecken? Nein, das geht nicht, eine utopische Schwärmerei. Aber ich werde trotzdem sterben.

Ausblick durch eine breite Fensterfront meines Appartements, mit vorgelagerter leerer Terrasse, von der Rückseite des Wohnhauses aus, auf ein dicht mit Bäumen und Sträuchern bewachsenes Wiesenstück, dahinter die Rückseite einer Wohnhäuserfront, und darüber, wie leicht gewölbt, der häufig blaue Tageshimmel.

Keine Tiere? Insekten und Vögel auffällig – weshalb? – auf Sparflamme. Mäuse, Ratten, Katzen – unbekannt. Ausnahme: ein akustisch das Terrain beherrschendes Käuzchen – ich komme darauf zurück.

Alltägliche Ansicht, selten intentional, oberflächlich anschauliche Mitnahmen bloß, fürs erste, eine fast nichtssagende, gleichwohl nicht etwa verschwindende Realität. Zeit bisweilen, die vermeintlich freien Gedanken schweifen zu lassen.

Lang ists her, daß ich, versessen, mittels des Schmeils, diese ja zweckreiche Vegetation identifizierend benamste. Dieser klassifikatorisch wissenschaftliche vorpubertäre Aneignungsmodus wich alsbald aber einer naheliegend theologisierenden Zugangsweise, die bis heute in mir nachhallt: eine franziskanische Allusion – die Pflanzen, meine vormaligen Brüder und Schwestern, voll der Abgeltung der humanen Kulturschuld an dieser ihrer phylogenetischen Beherrschung. Wobei es aber nicht lange bleiben konnte, allzu bedrängend beschlich mich fortgesetzt die Evidenz, daß die Pflanzen eben keine besseren Tiere und Menschen seien, daß Fechners postpsychotische Spekulation des „Seelenlebens der Pflanzen" sich unterdessen gar wissenschaftlich bestätigt habe, fernab der anthropomorphen Projektion entsprechender Bestände in die angeblich unschuldige Vegetation, vielmehr im Sinne eines „Transzendentalismus der Naturhomogeneität". Und angesichts dieser Gleichartigkeitseinsperrung möchte man beinahe zum Schopenhauerianer werden ob der kruden Willensdetermination allen Seiendens? Mord und Totschlag auch im Pflanzenreich, wie immer auch noch gefesselt.

Bei so viel Seinsgeile, der Zerstörung ins Gesicht geschrieben steht, keinerlei ästhetische Mora? Allerhöchstens, mit schlechtem Gewissen, passager und allem ruhigen Frieden mißtrauend, betrachtend etwa, wie die Sträucher, nahe meinem Fenster, Sturmböen parieren. So verliere ich mich bisweilen auch – „Synchronie des Mythos" – in Überlegungen, ob und wie Demeter und Persephone sich im Ansehen der expansiven Gewächse verständigen, über wieviel Zucht, wieviel Anarchie, wie gemischt?

Von Autostraßenlärm ist die Häuserrückseite gänzlich verschont. Lästig oft nur der monotone Lärm der Rasenmäher. Aber der schon erwähnte Kauz, der Mäusejäger? Offensichtlich nehmen die Anwohner an seinem heiser marktschreierischen Gekreische, dem Revierabgrenzen, dem von Ferne, wie ein Echo, ein weiterer Kauz zu antworten scheint, keinen Anstoß, und ich ebenso nicht. Und aus der Kindheit frühesten Tagen verfolgt mich fast der ängstliche Spruch: „Liebes Käuzlein sag mir doch, wieviel Jahr ich lebe noch". Unklar, bis heute, ob je die Einheit dieses Rufs oder aber dessen einzelne Elemente dafür zählen. Nachtwachender Totenvogel auch, vormals gesellt den schlaflosen Kranken des Dorfes.

Zum Zweck der Angstbindung, der Pseudodisposition dieses seltsamen Tiergenossen, widme ich mich noch der Faktur seines Clamor:

Die Tonhöhe trifft so wohl zu. Kurzatmige Tondauer des Motivs.

Es wird im Durchschnitt drei- bis viermal wiederholt, und nach einer kürzeren Pause mehrmals wiederaufgenommen, um folgend abrupt aufzuhören. Die Tonstärke relativ eindringlich laut. Metrisch zwar markant, doch simpel stereotyp. Das Timbre nähert sich einem etwas unsauberen tiefen Flötenton an. Man mag versucht sein, der besagten Tonsequenz einen Text zu unterlegen.

Die Quarteerhöhung unterliegt – im Unterschied zur Quinte und so fort – zugleich dem Sog nach unten zum Ausgang retour; wohl ein Anteil der Verkürzung und des Sichverschließens, rufgerecht. In der Terminierung des tagsüber Sichbemerkbarmachens konnte ich bislang noch keine Systematik entdecken.

Und dergestalt habe ich – o Humanismus! – den Kauz vermenschlicht, seriös aber über seine Disqualifikation eines skurrilen Menschen als Kauz hinaus. Ja, jedoch – um es nochmals zu betonen – nicht projektiv, vielmehr Mensch und Tier homogeneisierend, nicht aber, um zu vergessen, daß auch Käuze schier unfähig sind, Atombomben und dergleichen Kulturbenediktionen produzieren zu können.

Die erneute Weile bei der „Quartung" erforderte ein ausgreifendes Traktat über die kompositorische Intervalleverwendung – ein musikwissenschaftlich berücksichtigtes Problem?

Keine Meisterschaft der Verdrängung, im Gegenteil, eine Dauerbehelligung derart rücksichtslos mir selbst nachzugehen mir erlaube.

Also schlägt, immer noch, mein marxistisches Herz, um der Gerechtigkeit willen, aller mauvaise foi zuwider; abschwächend in der Beruhigung meines fortgeschrittenen Alters, dem ein wenig Lohn für die vielen lebensgeschichtlichen Mühen vergönnt sein dürfte – eine vernünftige Erwägung.

Nicht hingegen vernünftig die nicht zur Ruhe kommende Insinuation, daß alle meine ontologischen Leiden Sühnepostulate für meine selbstige Asozialität seien. „Hieronymus im Gehäus" – ein um den Anderen unbekümmerter psychotisch kreativer Rückzug. Gewiß, und alle zutiefst unbewußten Kanäle in allen Ehren, so weitgehend aber sollte ich mich nun doch nicht beschuldigen und büßen müssen, und berechtigt sein dürfen, eine „falsche Verknüpfung" zwischen meinen intimen Philosophiemalaisen und meiner immodesten intellektuellen Selbstbehauptung zu suspizieren.

Zum Ende zurück zur Überschrift „Peristatikdramen". Affektiv spürbare Dramen? Ja, fakultativ restringiert, also noch nicht symptomatisch, immer wenn das „Realitätsprinzip" ins Wanken gerät, eher paroxysmal, nicht inszeniert: gegenüber „leere Fensterhöhlen", Totenhäuser; aus Unsichtbarkeit verlautender Totenvogel Kauz, mit seinem hämisch repetetiven Besitzstandsound psychotisch den Tag zur Nacht erklärend; tückische Vegetationspolemik, die Pflanzen, das reinste toxikomanische Gift, sind sich untereinander überhaupt nicht grün.

Zur Hilfe! Willkommen die traumlose Tiefschlaf-Ataraxie. Vorsicht! Darauf zu setzen, provozierte womöglich, umso schlimmer nur, Somnambulismus. Dagegen scheint es wohl nicht abwegig, zu erwägen, daß die verwirrend ängstigende Peristase vor meinem Fenster einschläft und mich so vorübergehend in Ruhe läßt.

Ich mache ja keinen Hehl daraus, wie peinvoll das „mythische Verhältnis" sich geriert: in der Ersinnung eines, widersprüchlicherweise, sanktional verfolgenden Gottes, der seine Hauptgeschöpfe, die Menschen, doublebindet, zu seiner Anmaßung verführt, nur um diese, sein Seduktionswerk, umso härter zu bestrafen. Der die Menschengattung einer Dreiheit überantwortet – gar auch noch behelligt von dem gottesgeschöpften (!) Gotteswidersacher, dem Teufel –, von der sie astronomisch weit entfernt und ausgeschlossen bleibt. Der ein verspätetes regressives Erlösungsunternehmen statuiert, das sich in Anbetracht des miserablen Weltenlaufs gehörig selbstdementiert. Genug der Abträglichkeiten, milde ausgedrückt, zumal des Christengottes?

Einen Kahlschlag alldessen habe ich bisher noch nicht ausdrücklich berücksichtigt: den „Pantheismus". Quer zu seiner gewiß instruktiven Geschichte dazu die folgenden Voten: „Pantheismus" – die wohl radikalste Aufkündigung des „mythischen Verhältnisses" zwischen den Göttern und den Sterblichen. Hinfällig werden dadurch alle üblen Defekte des traditionellen christlich kulminierenden Gottesbegriffs: da capo des Gottes widersinnige Paranoia, seine – diese einzig ernährende – maliziöse Verführungsmacht; das, kaum zu glauben, schiere Unding menschlicher Dreiheit, die sich, auch ohne Teufel, in alle erdenklichen Heteronomien unablässig auflöst; gewaltrestaurative kultisch kannibalistische Pseudoerlösung.

Und die programmatisch geltend gemachte pantheistische Alternative zu alldiesem göttlichen Unfug? Eine Allnivellierung, eines jeglichen Plättung – ja, aber nicht zuletzt doch wie ein Befreiungsschlag, Indifferenztotale, infinit ausgedehnt ergreifende Seinsgewahrung, wie wenn es möglich wäre, das „Ding an sich", von seinen Gnaden, in seinem Entzug, fühlbar, spürbar zu machen, sich in seinem isoliert seinsinitiierenden „Affizieren" momentan aufhalten zu können.

So mag es angehen, wie wenn in allem, etwa konventionellen, Vernunftssortiment, die „Seinsfrage" immer schon durchgeschlagen hätte. Man wehre aber sogleich aller Emphase diesbetreffend, so allzu leicht vergessend, daß alle emanzipative Einebnung, alle unendliche Seinsindifferenz, wie sündenfällig Platz machen muß der einzig menschlich vergönnten Seinsgewähr, nämlich durch „Repräsentation", wodurch die erhabene Universalplane Schiffbruch erleide, und zwar allein schon dadurch, daß sie sich selbst ja einer besonderen „Repräsentation" verdankt. Wodurch die Seinsgeburt ein anderes Aussehen erhält.

Welches? Unabweislich, mit der kriterialen Repräsentationsbindung, die Einbeziehung der sich hierarchisierenden Differenz überhaupt, Querschläger sondersgleichen der pantheistisch entscheidenden Indifferenz, als deren abführendes Unterlaufen. Auch wenn Signifikant und Signifiziertes sich enthierarchisierend verständigen, so bleiben sie dennoch, trotz allem Ineins, different. Das Ende vom Lied der von allem Gefälle erlösenden gottlosen Allgöttlichkeit, einer Art ontologischem Sozialismus, die Restauration der alten Metaphysik?

Rein, aber man möge die Spur der Indifferenz halten, sie versteckt sich nur, vermöchte hervorgebracht werden, wenn immer man das Todesproblem mit ins Spiel bringt. Denn der menschliche Lebensvollzug, die Durchsetzung, die Beherrschung der Differenzen, erweist sich als anfangs- und endlos, unter der Bedingung der Realextrapolation dieses Paradoxons der cogitionalen (Un)Empirie des a-repräsentativen Todes versus dessen external bloßen Vorstellung. Fragte man gleichwohl nach einer möglichen Erfahrbarkeit dieser „schlechten Unendlichkeit", so gälte der Verweis auf das Ende – Ende? – des alten Ödipus, ohne Leiche und ohne Grab, just der dargetane Binnenstatus des unerfahrbaren Todes. „Rücksicht auf Darstellbarkeit" des puren Außenvor jedoch dramatischen „Nichts". Unerfindliche Limitation des „Seins" durch das „Nichts", je Avis der Alterität im Selben.

Fraglich demnach verbleibt der Stellenwert des Todes, mitsamt seinen Differenzvikariaten, innerhalb des Pantheismus (= Pan-a-theismus). Was stellt dessen Indifferenzemphase mit diesem absoluten Einschnitt, dem nicht vorgesehenen, der aber kein solcher sein kann, an? Inzestuös kassiert – eine weitere Fraglichkeit –, die nachfolgend abgeleiteten Differenzen, psychoanalytisch herkünftig, die des Geschlechts und der Generation, und, transpsychoanalytisch, die des Körpers und Dings (genauer des Leibs-Dings-Körpers), transsubstantiativ eucharistisch (schein)getilgt, und – die spekulative Klammer – die des Lebens und des Todes, durch das Usurpationswerk des „Todestriebs" (schein)aufgelöst.

Ein besonderes genealogisches Interesse kommt dem Körper-Dingverhältnis zu, aus dem, nicht eben beiläufig, Chancen der Ausdifferenzierung der Generationendifferenz hervorgehen. So besteht ja die filial überfällige Disposition des Mutterleibs in Technik, also im toten Matriarchat, der Ambiguität von leibopfernder Vernichtung und dingresurrektiver Herrschaft. Das Wechselspiel von Indifferenz und Differenz reicht bis in die Intimitäten je der beiden Maßnahmen Konterkarierung aneinander hinein, jeweils unter dem Inzeststigma der „Transsubstantiation", der „inklusiven Disjunktion" des Körper-DingVerhältnisses; sowie, übergeordnet, des „Todestriebs", item der Eros-Thanatos-Relation, die, fusioniert, entfesselt different tödlicher nur zuschlägt. Maßgebliche Genealogie würde allerdings verspielt, wenn hier nicht das generationssexuelle Inzestensemble sich beteiligte – so, inbegrifflich, das paternale Subsiduum für den Sohn angesichts der allmächtigen Mutter, töchterlich, wie bekannt, zudem flankiert – welch ein Aufgebot! Selbstzweifel an der Verständlichkeit all dieser Unterweltaffairen halten sich mitnichten auf Distanz.

„Ursadismus"-Jünger die kreativen Söhne. Alles rationale Tun verschuldet sich der, tunlichst verleugneten, erotischen Berauschung am Matrizid, seinem verdinglichten Technikrevenant. Wie sollte diese erste kulturkriteriale Metamorphose nicht in tödlichen Waffen gipfeln? – abermals in der ganzen Ambiguität von maternaler Rache und inverser Rache an ihr der Mannsbande.

„Pantheismusüberschwang" – immer noch und immer wieder der besonderen Beachtung wert, wenn gleichwohl ja gebrochen in seiner Aushöhlung durch die, anscheinend unabkömmliche, Metaphysik, sprich: durch die besehenswürdige Insinuation der Differenzen, wider die pan(a)theistisch revolutionäre Allindifferenz, an der dazu konträren Spitze die Lebens-Todes-Differenz, todestrieblich – Indifferenzsurrogat – wiederum eingeebnet.

Was bleibt, nach dieser Konterkarierung, von der großen „Aufkündigung des mythischen Verhältnisses", von der pan-(a)theistischen Attraktion, übrig? Wie und wie lange auch immer aufgelängt, die – gewiß nicht ohne Gewalt geschützte – Hypostase der Indifferenz, wie sie sich als szientifisches Ethos universell behauptet – pan(a)theistisch demnach eine passend neuzeitliche zentrale Grundlegung von Wissenschaft, und wohl nicht von ungefähr vom Juden Spinoza getätigt.

So weit, so aber ungut. Denn es gehört essentiell mit zur anankastischen Assekuranz von Wissenschaft, ihre Genesis und zumal ihre Genealogie zu tabuisieren, also auf der besagten Hypostase blind zu bestehen, versperrend alle kritische Sicht darauf, daß sie au fond eben gerade von der währenden Metaphysik, dem Gegenteil ihrer selbst, travestisch abstammt. Wieviel debile Handlanger, selbst philosophische – philosophische?? – es dieses Pseudos hier und jetzt wohl gibt? Ich selbst aber stehe, modisch ausgedrückt, mit einer „Kritik ohne Alternative" a-topisch da.

Mehr als nur ein Nachtrag noch zum Differenzeneinbruch, sich wiederum dementierend in seiner kryptischen Todeserbschaft, seiner Allalimitiertheit. Man kann es ahnen: betreffend die Differenz und den Abfall, die Exkremente. Es muß zwar bei meiner These des fürs erste rettenden dejektiven Differenzmonitums, wider die inzestuös orale Entropie, bleiben – ohne Scheißen (pardon?) kein Überleben, objektiv jedoch hintertreiben unsere Abfallproliferationen alle einschlägige Anmahnung, diese lebenswahrende Funktion wird dadurch nachgerade erstickt. Ein Eschatologieindiz? Noch nicht? Was wohl stellte der Pan(a)theismus mit unseren Müllbergen an, so sie ihm über den Kopf wüchsen?

Aus Anlaß der Übertragung des „Rheingolds" in 3sat am 25.07.2020, einer Produktion der Bayreuther Festspiele 1991, unter Barenboim und Kupfer.

Im Nachhinein – wir hatten die Darbietung, wenig nur beeindruckt, damals in Bayreuth bereits vernommen – waren wir aber davon sehr angetan, wie obsoleterweise: endlich authentische Wagnersänger, exklusiv in ihren Rollen aufgehend (Tomlinsen, von Kannen, Clark etc.); eine immer an den Vorgaben Wagners angelehnte mobile Regie, fernab des Preises gesteigerter Perfektion: flache Beliebigkeit, Indifferenz, kompensiert durch pseudooriginelle Regietheatralik. „Tempora mutantur, et nos mutamur in illis"; letzteres kaum, und so wird man eben reaktionär.

Unsere frühe Spur, Chereau avant la lettre, sei, ihrer Bekanntheit wegen, hier ausgesetzt. Etwas an Nachholarbeit diesangängig, beträfe am ehesten die avanciertere Explikation der ökonomischen Basis des mythologisch travestierten Gesamtkomplexes des „Rings des Nibelungen", des Kapitalismus zu dieser Zeit. Diesmal fällt der Problemakzent, deutlicher als zuvor, im „Rheingold" zusammengeballt, auf das Präjudiz des Scheiterns der Götter, Wotans Heilsplans, eines ganzen neognostischen Systems künftigen Unheils.

Also könnte man, nach dem „Rheingold" die Koffer zur Heimreise packen? Nein, besser man setze sich dieser dramaturgischen Finte aus, einer Art Falsifikationsversuchs der prognostizierten Unheilsvollstreckung, diesem probaten Mittel der Spannungserzeugung. Auch sind ja die Seitenwege des Heilsgeschehens im Verlauf des „Rings" ausgeführten Scheiterns – des thematischen Inbegriffs – derart ausgeprägt, daß das präjudiziert eintretende malum nicht, im Extrem zum Abbruch der Rezeption, pressiert.

Präjudizzentrale die Prominenz des Alberichs Fluchs, diese verbalistisch überwertige Performanz auf Zukunft, Gottesgemächte. So schlüge Marx selbst, wider seine kapitalistischen Widersacher, außerwissenschaftlich affektiv, um sich, so vergleichbar verlautet klassisch sich Timon von Athen. Es gehört zu den Paradoxien des Wagnerschen Gebarens, eine Stolperstelle des Antisemitismus, daß er – nach Cosimas Dokumentation – seine Musik um die Alberich-Sphäre privilegierte. Alberich ist es ja auch, neben Gutrune und den Rheintöchtern – wenig beachtet der die Götterdämmerung überlebte. Alberich/Marx, auf einsamer Flur – und danach, wie geht es weiter?

Kein Zweifel, des Gottes schier unwürdig, Wotan ist gründlich pleite, insolvent, unfähig die Riesenbauherrn zu entlohnen; höchst defizitär also die Ökonomische Deckung des Baus der erhabenen Götterburg Walhall. Leicht nachzulesen, voll aber der travestischen Märchenmotive, wie er sich das erforderliche Geld verschafft: durch räuberischen Betrug, inszeniert von Loge, seinem korrupten Finanzberater. Schillernde Figur, eine Kontamination von Intellektualität und intrigantem Ökonomismus, integriert in Homosexualität. Demaskierung des verlogenen Moralismus der Herrschenden, bis hin zur Verführung zu kriminellem Agieren, dem Substrat deren Subsistenz. Zynisch weiblichkeitsaversiv – es könnte ja immerhin vorfallen, daß den Weibern noch prekäre Erda-Reste anhaften, die ihn, in seiner nothaften Weibischkeit – welche Anmaßung – verachteten. Perfekte Kollektion von Analität: innerhalb grundlegender subsistenzsexueller Hypostase, dieses schützenden, Generationssexualität quittierenden Reduktionismus, exkrementale Fetischisierung, mit ihrer Klimax der Besamung der faeces, wie, sichtlich entzogen, ja vonstattengehend – alles Lochprobleme – im männlich homosexuellen üblichen Analverkehr. Entscheidend aber in dieser fetischistischen Version ist die in ihr selbst angelegte Übertreibung, der verunklärende Überakzent auf der Differenzstatthalterschaft der Exkremente, die gar nicht genug quasi geheiligt sein muß, um hinreichende Inzestabwehr ins Tote zu gewährleisten. Also die männlich homosexuelle Pointe: libidinöse Überbesetzung, Pseudokonsolidierung der differenzmonierenden Exkremente, zum Zweck, die damit abgewehrte inzestuöse Regression, und überhaupt alle inzestuösen Anfechtungen, aus der Welt zu schaffen.

Ja, aber um welchen Preis? Der wie peremtorischen Absperrung der Generationssexualität, des geschlechtlichen Heteron. Wirklich ein Preis? In Anbetracht der wuchernden Reifikation dieser Abspaltung, nein, ein Konsens vielmehr mit Rüstung, Kriegsgeschäften.

Auf dem Niveau des „Rheingolds" fungiert Loge nicht als dienstbar gemachter Gott der Lohe, des Feuers. In der „Walküre" danach als Flammenwall um die in Schlaf versetzte Brünnhilde, des Vaters Wotan elementarischen Verwendung Loges sich die späte Freudsche Fassung des Fetischismus einstellte: „die Mutter mit dem Phallus" als überlagertes Sujet ödipaler Adoration, die freilich die Rechnung ohne den Wirt macht: nämlich, im Triumpf der Vaterprivation, das Element der Auslieferung an die maternale Allmacht, die usurpatorische Bisexualität, vergißt. Die nähere Betrachtung dieses fetischistischen anscheinend generationssexuellen Supp-

lements, dessen Vermittlung mit unserer exkrementalen Feti-
schismusversion weiterhin ansteht, läuft auf dessen Dekon-
struktion hinaus, indem sie sich im Überschlag, der, immer
zweifelhaft rettenden, Vindikation Loges verschuldet, in seiner dinglichen Gestalt der „Waberlohe". Also: da es nichts
geben kann, außer dem Gottesunding, das nicht, zu seinem
Existenzerhalt, der alimentären Zufuhr bedürfte, kann auch
der geschlossene selbstreferente Feuerring, der Wächter über
die Jungfräulichkeit, die paradoxe, der Tante Brünnhilde, davon keine Ausnahme machen. Gut, dieser sanktionale Entzug ist befristet, währt aber, vor seiner Beendigung, doch
zu lange, um real perpetuieren zu können. Einziger Ausweg:
die Ewigkeitssuggestion der Ikonisierung, durchaus kunst-
gerecht reklamehaft, der Angelegenheit, die aber – das versteht sich – nicht mehr als deren wiederum befristete, wider-
entropische Differierung aufbringt – „Und das ewige Licht
leuchte ihnen …".

Wie aber kommt dieser Schutzwall – Loge her! – zustande,
diese, wie man meinen könnte, hyperphallische Kustodie, die,
von Wotan eingerichtetes Logewerk, Virginitätsdefensive vermeintlich ohnegleichen? Veräußerung, „projektive Identifikation" immerdar, des walkürischen Metabolismus, eines
Verbrennungsprozesses, angemessen negativiert zur Entzün-
dung/Inflammation, und enggeführt als Blaseninfekt. Voilà!
Abermals die Sondertücke Loges – wohlwollenderweise
möge man Wotan daran hindern, sich von diesem Teufel, in
der Maske des Helfershelfers, konsultieren zu lassen; auch
sei er jetzt schon vorgewarnt in der Voraussicht auf das Ende
der Götter, womöglich Loges Endsieg.

„Die Mutter mit dem Phallus" – nicht aber ist es Mutter Erda, die da im Schutze der Waberlohe dauerschläft. Auch ausstattete Wagner sie eher rein weiblich sozusagen, bar des fetischkonstitutiven Zugriffs auf Mann, genital. Es ist vielmehr Tochter Brünnhilde, Ausgeburt des Mutter-Sohn-Inzests, der, eben als Walküre, Flintenweib, dieses Fetischkriterium Phallizismus der Frau, außen vor, Loge-assistiert, zukommt.

„Dauerschlaf", jedenfalls bis zu ihrer Weckung? Gleich traumloser Tiefschlaf (NREM)? Dessen notwendige Motorik aber wäre deplaziert; und Traumschlaf (REM), innenmotil, ebenso. Tauglich zur Erklärung nur der sich cogitional nicht repräsentierende Übergang von UREM zu REM? Zweckmäßiger aber wohl anzunehmen, die differierende Verbildlichung eines hypnotischen, gesteigert künstlich anästhetischen Effekts – der höchste Gott, der die entgöttlichte Tochter zur Mutter rückexpediert, und so seine Verfügung über sie sichert, wie wenn er über ihre Geburt disponierte.

Die anatomisch weibliche Feuerhütung, gar -genesis, kommt hier nicht in Frage. Nein, die Walküre ist von brennendem Ehrgeiz erfüllt, jungfräulich zu bleiben, sprich; töchterlich alle Prokreation, umwillen der Kulturförderung, dranzugeben. Nein, wie könnte sie, doch schlafend, derart Regie führen? – Und Siegfried wird sie nicht abweisen. – Es ist und bleibt das passagere Opus Wotans, allerdings im Verein mit Loge, dem essentiellen Pferdefuß des ganzen Emanzipationsunternehmens, der Tocherzurichtung zum Exkulpat der destruktiv paternalfilialen Kulturpotenz. Dafür aber muß sie traumlos schlafen? So der Höhepunkt weiblicher Kulturausbeutung, konkretistisch dargetan im Feuerwall um die schlafende Oberwalküre; strengste, wenngleich mißglückende Hütung des göttlichen Technologiemysteriums, vorgeführte Esoterik. Wie regressiv zur Mutter zurückgestufte Tochter, fetischistisch verwahrend hundertfach umringt gerüstet.

Die zur kulturalen Selbstverdinglichung erforderliche Entäußerung angeht diesmal den Metabolismus, mitsamt weiterer körperlicher Verbrennungsprozesse, problematisch wegen der mit der dinglichen Externalisation einhergehenden Entleerung, des Zufuhrausfalls, kompensiert durch die Stillstellung des Projekts im Bild. Nicht zu vergessen, die ikonische Starre erscheint, gesamtkunstwerklich, vom Zeitfluß Klang unterspült und belebt. Indiskreterweise wird auch die Dejektion der Dauerschlafenden fraglich, als Übergang zur kustodialen Selbstverdinglichung? Sie bleibt indessen, superfiziell bildgemäß, aus.

Weniger Sorge imponiert im Fall der dinggenealogisch triftigen Engführung des kalorischen Stoffwechsels auf Inflammation überhaupt. Denn „Projektion", der Rausschmiß von Symptomen, leistet ja nur eine partielle Körperbereinigung, und sorgt, a fortiori, dafür, die Martialität des reifiziert Entäußerten zu sichern. Ist Kultur doch insgesamt Symptomausdruck.

Einschlägige Symptompointe: die Blaseninfektion – sie wirkt, bildgerecht, wie endogen. Der Verständniszugang zu ihr, eine, wie man meinen könnte, rhetorische Kaprize, in Wahrheit aber der genealogische Inbegriff der „Waberlohe" auf des weiblichen Körpers Seite, vermag über die wiederum Hauptbeteiligung Loges daran führen: seine ausdifferenzierte Homosexualität, der Absperrung der Generationssexualität, überkompensiert mittels einer urethralen Überbesetzung, ätiologisch regressiv verschuldet der „ödipalen, phallischexhibitionistischen", will sagen „urethralen Phase". Loge, der, diesbetreffend, von der Rheintöchterpisse subsistiert; und er, Therapeut nahezu, zieht der Walküre trefflichen Blaseninfekt außenvor als Feuerwall ab. Man kann es doch sehen: vom Körper abgezogene Symptome überleben – und wie! – als objektive Martialitäten. Notorisch auch die weibliche Sondereignung für Blasenentzündungen – für Walküren in Permanenz –, ein nicht geringer Beitrag zur waffenreifizierten Fetischisierung.

Weiter zu konkretisieren wäre noch die weibliche Körpereignung zur dinglichen Alienation. Metabolisch schon eine höhere Willigkeit zur individualitätsgenötigten Hergabe, der geschlechtlichen Homogeneität von Mutter–Tochter wegen; an erster Stelle, exemplarisch natal (wenngleich für die Walküren nicht in Frage kommend), und, walkürisch dagegen auf Dauer gestellt, menstruell – Summa, obenauf, die körperliche Kriegskorrespondenz. Nur daß die mediale Ikonisierung alldieser Kruditäten, der reinste mundanisiert platonische Ideenhimmel, musikgewaschen ja auch, aufdrängt deren Vergangenheit – sie alle sind längst verblaßt, kaum mehr affektiv erinnerlich. Für unsereinen aber bleibt diese ästhetische Absentierung suspekt, dazu verpflichtend, jenseits aller kunstgeneigten Satisfaktion, die materiell realen Untiefen dieser Voraussetzung, der Körper-Ding-Tragödien, eben nicht zu scheuen. In ihren Grundzügen ist diese Höllenfahrt bereits vollbracht, unausgegoren aber noch ihr Austrag im Einzelnen, wie in der Skizze der genealogischen Entsprechung von kalorischen, insbesondere pathologischen, Körperprozessen und deren technischen flamma-Relaten.

Aber wie geht die sich um ihn ausbreitende Urethralisierung mit ihm, dem Feuergott, zusammen – Feuer und Wasser sind doch Antagonisten? Vorläufige Antwort: in der „Enuresie", dem symptomatischen Pseudos der Eigenerschaffung der Fruchtblase, zugleich phallifizierend quasi weggekocht mittels des nämlichen Vermögens, jetzt als der Entflammung. Klimax urethraler Überwertigkeit: die vollständige Beherrschung des prokreativen Mutterleibs, des Uterus mit Fruchtblase, transfiguriert filiales Artefakt, im Endeffekt dessen einzig phallische Substitution – von Loge Brünnhilde unterstellt, wie immer genealogiegerecht ontologisch einvernehmlich, auf der Stelle aber restlos dinglich entäußert, bar der Einsichtigkeit darin, der allzu verräterischen, in die pathologischen Körperreserven.

Weiteres noch zur Vor-Nachgabe des weiblichen Körpers für die Kulturproduktion. Nicht daß damit die Bedeutung der Vorpubertät geschmälert werden sollte – jedenfalls ist deren Erfüllungsdefizit an Feminität eben nicht ungeeignet, die kulturalen Mannsgeschäfte insonderheit mitzutragen, gleichwohl tritt das volle Gewicht weiblicher kulturgenetischer Beteiligung aller-allererst in der Pubertät, und hier konzentriert um die Menstruation, auf, objektiv Indiz martialischer Lebensprivation. Es zählt dann zu den Wagnerschen Sonderwendungen, im Brünnhilden-Verhältnis Wotan des Widerspruchs, in seinem Heilsplan unvermeidlichen, zu überführen: Brünnhilde, im Verein mit Siegfried, wären ja, wunschgemäß, diejenigen, die „ledig göttlichen Schutzes, sich lösten vom Göttergesetz", ohne dies, diese Befreiungstat, ungehindert zu dürfen. Wotan, seinerseits, der die Pubertät der Wunschtochter kulturgenetisch dringendst benötigt, ineinem aber verwirft, so daß beide daran, an diesem Widerspruch, im gemeinsamen Feuertod separat vereint – das eigentliche Liebespaar zugrundegehen. Doch schon in der walkürischen Ausnehmung von Schwangerschaft und Geburt zeigt sich dieser entscheidende Widerspruch an. Kaum daß geschichtsphilosophisch schwärzer geschrieben wurde.

À part nicht zu vergessen meine ständige Akzentuierung der Wagnerschen Musikprärogative mittels des musikalischen „Autosymbolismus", des „funktionalen Phänomens" (Silberer) aller weiteren gesamtkunstwerklichen Dimensionen. Abgegolten – wie auch? – ist diese – auch anderswo, etwa in den Kunstinterpretationen – kaum beachtete – Drehung zwar nicht, doch nicht hinlänglich desideratendurchsetzt, um eines besonderen Traktats zu bedürfen. Eines aber machte sich unterdessen stark, nämlich daß die Wagnersche Musikpriorität zu ihrer Bestätigung ihres „Autosymbolismus" nicht benötigt. Privatissime verhalte ich mich demgemäß: spiele mir, rein im Geiste, insbesondere melodienkapriziert, ganze Passagen aus Wagnerschen Opera vor. Womit ich freilich keinerlei schlichten Konsens mit der Wagnerkritik gesamtkunstwerklicher Überforderung des Rezipienten bekunde.

Zurück zur Hauptleistung des „Rheingolds", des anfänglichen Endpräjudizes – welche Düsternis! Und bis zum grausigen Ende bleibt Loge, gleichob gebändigt und geordert, oder vielleicht überschießend eigenmächtig, nicht nur mit dabei, er erweist sich vielmehr, eben überschießend gerade in seiner entpersönlichten elementarischen Gestalt als dienstbarer Herr des tragischen Geschehens; fortgesetzt im „Siegfried", im kriegstechnisch kulturalen Höhepunkt der Schmiedekunst; und, in der „Götterdämmerung", als Destruktionsmedium –

Feuer – schlechthin: Walhall geht in Flammen auf, und Brünnhilde betreibt ihre „Witwenverbrennung".

Und die übrigen Walhaller auf „Rheingold"-Niveau? Eine recht dumme Korona, Frickas Sippschaft, die, unerleuchtet, dem passageren Walhallglanz – wehe! auf welchen Fundamenten – unproduktiv zuspricht, verführt von Monumentalität und Flitterwerk. Einzig anrührend noch Freias ungewisses Tochterschicksal, als Pfand des „Nibelungenhorts". Sowie die erste Verifikation des Alberichs Ring Fluchs (Achtung!: „Der Ring des Nibelungen" heißt des Nibelungen!): der Brudermord der Riesen, die ja auch architekturgnostische Aussichten eröffnen – Baulichkeiten gleich Nachtgebilde, wie somnambulisch.

Obsoleszenz des vormalig üblichen Einkaufs – ein Knopf-druck, und die betreffende Wunschware, einschließlich der medialen Abbuchung ihres Kaufpreises, wird prompt gelie-fert, und kann – Klimax der Pseudoverfügung – nach Gusto zurückgeschickt werden, Musterfall an Digitalität, dinglicher Menschensubstitution – was will man noch mehr? – zwar, doch welch ein – künftig nur durch Beamen zu beseitigender – Schönheitsfehler? Nein, integrales Zubehör der Mächtig-keit dieses Handelsprogresses, denn der Herr, selbst dinger-setzt, liebt ja seinen Knecht, seinen Sklaven. Und also sehe auch ich, nicht selten, einen schwitzenden jüngeren Auslän-der, mit Paketen schwer beladen und mühsam laufend. Und gerührt bin ich nicht eben sonderlich, insofern ja diese be-deutende Kaufalternative mich, den Familieneinkäufer von Kindsbeinen an, schmäht.

Zur feudalis-tischen Sou-veränität des „Online"-Kaufs, aber mit einem proletarisie-renden Schatten-wurf

Gleichwohl mag ich den Aufschrei der Gerechtigkeit, links, angesichts dieses inäquaten Gefälles zwischen der halbwegs demokratisierten feudalistischen Kaufensattitüde und dem realen Zubringerproletarismus nicht missen. Und bevor ich wider Politiker ad personam moralisch zu eifern begänne, sollte ich erwägen, ob nicht die allenthalben mediale Assimi-lation alle Inhalte, selbst die, zumal die kritischen Charakters, die es ja durchaus auch gibt, versanden mache – vielleicht ein Hauptbeitrag zur allgemeinen Solidaritätsinertie, die allen Aufbruch anderswohin, ins kapitalistische Jenseits, im Keim schon erstickt, schlimmer noch: zu reinem Eigennützen sub-vertiert.

Resignative Anwandlungen in Anbetracht, unübertrieben, des gefühlten Merkerschen schlechten „Laufs der Dinge"?

Durchaus – man sollte sich ja nicht mit David vor Goliath verwechseln. Nicht aber schmälert ein solcher realistischer Rückzug, emphatisch gesprochen, die Wahrheit alldieser – von alltäglichen Detailwahrnehmungen der zivilen Peristatik genährten – Einsichten. Auch fehlt es mir kaum an intellektuellem Selbstbewußtsein, trotz der perennierenden Abfuhren, weiter, wie gehabt, zu schreiben. Aussteht noch eine exaktere Sichtung der mir verpassten Rezeptionssperren.

Aufläuft hier auch, gewiß nicht an erster Stelle, die Faszination der technologischen Ersetzung von Humanaktivitäten, der ganze Charme der KI. Abermals mache ich keinen Hehl daraus, dieser Hypertrophie des verum ipsum factum, der Redemptorik der Selbstverdoppelung, diesem besonders verbreiteten Fake des „Todestriebs" zu mißtrauen. Ein Witz doch! Ja, aber ein sich nicht abführrender, vielmehr horrend verharrender, horrend, weil vergessend – wie überhaupt noch residual erinnerlich? – genealogisch die projektiv symptomatische inzestuös stigmatisierte Selbstabgabe in mein dingliches Double, nicht ewig unter Verschluß, höchst explosiv, davor sich paranoisierend zum Verfolger.

Ich höre, wie so oft, Stimmen: das sei ein unverantwortliches défätistisches Unken, reinste schädliche Phantasie, daß aus jedem beliebigen KI-Spitzenprodukt eine solche Unterwelt hervorkröche (wir sind ja schließlich nicht in der Psychiatrie, und selbst da wird ja diesem Unwesen sogleich der Garaus gemacht). Defekte mag es hier und da geben, doch sie seien reparierbar; aber beseitigen so mitnichten die von mir geltend gemachte grundsätzliche Dekadenz. Selbst wenn konzediert, daß es mit zu den wissenschaftlichen Vorzügen zählt, dieses, als destruktiv selbstapologetisch unterstellte, Souterrain zu präkludieren, Ontologieeinbrüche in alle ontischen Selbstgefälligkeiten zu domestizieren, erlaube ich mir doch das, vielleicht allzu visionäre, Prognosenrisiko, daß dieser Heilsweg im Rüstungsprogreß mündet, ja längst schon dabei ist, derart sich zu erfüllen. So daß ich jetzt schon, und nicht nur des Nachts in Träumen, alle technologische Körperersetzung, die dingliche Statthalterschaft, als sordiden Großmüll der Gattungsgeschichte halluziniere. Spielverderber ex professo.

Um mich allen notorischen Mißverständnissen gleichwohl zu erwehren – meine Wissenschaftskritik gilt primär der szientistischen epoché ihrer Genealogie. Anscheinend gehört diese empfindliche Klausur mit zu ihrem erscheinenden Wesen, dessen eminent effektive Kulturleistung ich keineswegs bestreite – das wäre töricht. Nur aber daß kulminierende Kultur unabdingbar Martialität impliziert – das prominente Benjaminsche „Element von Barbarei" essentiell in ihr –, und dem komme ich begründet nach mittels meiner Wissenschaftsgenealogie gänzlich wider den Strich, die die Kulturspitze Wissenschaft ihres angestammten Kriegswesens überführt. Und dieses düstere genealogische Ergebnis schreit nach einer Alternative in toto? Ja, gewiß, aber ich konnte bisher keinen Kontrapunkt dazu auffinden, so daß es also beim alten, überhaupt vielfach lebenszuträglich durchsetzten, Kulturdesaster bleiben muß. Jedenfalls weiß ich mich gefeit wider die Hypokrisie, auf Wissenschaft pseudokritisch loszudreschen und sie, im vitalen Notfall, inständig zu reklamieren. Auch blieb ich von lebensphilosophischen Betrugsoptionen – dem waren frühe Erfahrungen mit dem Nationalsozialismus vor – unverführt.

Gut, die Selbstwahrung darin, in dürftiger Zeit, in Ehren, doch sich in Reinkultur schadlos zu halten, reserviert sich, in aller Umzingelung von „Wissenschaft als Ideologie", als Aufklärung mordender Debilismusfaktor en gros, utopisch. Unprogrammatisch würde ich, nach Gelegenheit, am ehesten mit kritisch ad hoc determinierten Differierungen bescheiden sympathisieren – was anders denn an Aufschüben sind uns vergönnt?

Zurück zur großen Freiheit Nr. wieviel des Online-Kaufs. Es ist eine ausgemachte Sache, daß alle solche hochgepriesenen Freiheiten auf klassengesellschaftliche ökonomische Privilegien, ad libitum inhaltlich austauschbar, hinauslaufen, auf kontingente Vorzüge, die sich allzu leicht als transzendente Werte verbrämen. Unübersehbar zwar der Notausgang solcher Solidaritätsverfehlungen, doch der unausbleibliche Anflug, ein anmaßender Windhauch Verständnis dafür, auflöse sich in der gebotenen Wohlwollenssperre der tabuisierten Tatsächlichkeit gegenüber, daß aller Notgrund, bis zu seiner Unkenntlichkeit, sich in seiner wie selbst-zwecklichen Gewaltsubstitution verliert. So die purste Ubw-Dauerabsperrung, epochal gesichert mittels ihrer infiniten medialen Imaginarisierung.

Was wunderts des uneingestandenen unbezeichneten unbesehen pseudokompensierten Unbehagens, daß sich unsere Immanenzprogresse korrumpieren? Aber zur Zeit beherrschen uns ja universell massivere Bedrängnisse. Weshalb?

Das „on" in „online" hat es uns noch besonders angetan. Sogleich quasi ontologisch angehoben, signalisiert es doch eine wie unendliche Bereitstellung, eine einladende Daueraporetur solchen Ausmaßes, daß sie in die Indifferenzgefilde der

Imaginarität übergeht. Welche Verheißung! – alles „off", aller Einschnitt, alle Differenz geschluckt. Und das heißt ja nichts anderes, als daß, phantasmatisch, der Tod aus der Welt geschafft sei – Vorsicht aber auch mit solcher Kritik, insofern sie das todestriebliche Todesphantasma mitunterstellt. Gleichwohl, die besagte Liquidation des „off", selbst wenn noch assimiliert in ihrer ihr Gegenlager motivierenden Konzession, bleibt, auf diesem immer vorläufigen Niveau, der dubiosest erfolgreiche „Todestrieb" – ein prekäres Unterfangen. Wo wirklich eingesehen und kritisch genutzt?

Kaum irgendwo. Unaufhebbare Mißhelligkeiten schon in den „Produktivkräften" restieren, durchweg unbemerkt, im Kapitalismus eh, und im Sozialismus, marxistisches Bourgeoisieerbe, nicht weniger auch; und die Ökologiebewegung verleugnet längst schon, Fundischwund, der Technologiegewalten verunbewußtete Existenz. Es liegt zwingend aber nahe, daß die nach wie vor gerechtigkeitsdefizitären „Produktionsverhältnisse" solange defizitär verharren müssen, bis die abgestrittene Destruktivität der „Produktivkräfte" tätig gesühnt beseitigt wäre. Freilich, davon kann man nur träumen – siehe deren Fesselung in meinem Arbeitsbegriff: das „Opfer der Arbeitskraft" als Epikalypse der Produktionskriminalität. Immerhin aber, also weiß man, weshalb man sich mit der Reformation der „Produktionsverhältnisse" so schwertut.

Allein schon auf der empirisch historischen Ebene wird man der, für die „Produktionsverhältnisse" werteinschlägigen Verteilungsgerechtigkeit unwillfährig sein müssen, weil an den betreffenden Waren Blut klebt, will moderiert sagen: betrieben wird, transnational, eine ausbeuterische Proletarisierung, gleich dem Substrat hiesig, wiederum klassengemäß, günstiger Verkäuflichkeiten. Die offene Hypostase des Handels gegenüber der kaschierten Produktion vollzieht sich nicht zwar mehr sichtlich ungebrochen, persistiert aber, neoimperialistisch, trotzdem.

Freilich, als höchst kontingentes Gebilde enträt es jeglicher Ewigkeitsvalenz. Anders dagegen der Status meines todestrieblichen Zugriffs, der primären Gattungsbeauftragung mit Kulturkreation, der dinglichen Selbstverdoppelung, des Überhaupt des „Körper-Ding-Verhältnisses". These: in dieser Ontologiedimension gebiert sich die Ungleichheit, gemäß der Kontingenzmaßgabe der Passungen eben von „Körper" und „Ding", deren Realisierungsanforderung, eo ipso eingehend in erpresserische Partizipationshierarchien am „Produktivkräfte"progreß. Zweckmäßigerweise wohl separiere ich diese programmatische Skizze zu einem vielleicht künftigen geschichtsphilosophischen Großproblem. Wenigstens deren Prämissen seien hier noch festgehalten: hyle-Entgegenkommen dem Kulturstuprum gegenüber. Ausgetragen gemäß „Zufall und Notwendigkeit". De facto, abstrahlend, von Inegalität stigmatisiert.

Auffälligkeiten, wenn auch vielfach übersehen, ja, und wie! Todesannoncierende? Prima vista nein, dank nur meiner exegetischen Zutaten, ja, so sie, jenseits von Willkür, obligieren. Was sonst auch sollten sie, Winken mit dem Scheunentor, monieren?

Recht irritierend diese Notable, zufällig hier nur an die erste Stelle geraten: der Automatismus des Schreibens, die passenden Worte fliegen mir nur so zu, wie ohne Eigenzutun, so als ob die Schrift fast sich selber schriebe. Mit Beglückung darüber ist es eh nicht weit her, wohl aber mit andauernder Beängstigung, als werde der emphatische Autor erledigt, der Schriftregie über seine Gedanken beraubt.

Nicht gelingt es mir, derart auktorial depotenziert, mich zum bloßen Medium einer höheren – welcher? – Eingebung zu stilisieren, wenn auch nicht durchgreifend, so doch moderierend hilfreich dagegen die eigenverordnete Mora bei einzelnen verbalen Eingebungen, deren semantische Erkundung, durchaus mit lexikographischer Suche.

Nicht selten auch setzt affektive Beruhigung ein, wenn, post festum, wie von selbst produzierte Schriftpassagen sich, lektüregemäß – wie weitgehend? – in mich zurückbilden. (Daß ich zur Zeit, Augenpathologien-bedingt, in allen diesen Vornahmen arg behindert bin, bedürfte einer besonderen intellektuellen Bearbeitung, immer in Hinsicht auf pathologische Philosophiemotivationen.) Todesverkündigung? Weil ontisch vikarisiert versteckt zwar, nein doch, im Sinne meiner Aufklärungsart, darein Licht zu bringen, ja – die Herrschaft der Schrift über den Schreiber wird quasi zum Symbol der letzten todesverschuldeten Heteronomie. Allein, diese Helle muß immer zugleich verlöschen, wie man wissen sollte ob des Versagens des „Todestriebs", der schlechthinnigen A-Repräsentativität des Todes. (Bitte streichen, nein, janein!)

Womit die Reichweite und die Binnenintensitäten dieser meiner Schreibensgnostik nicht schon ausgemessen sein können – im Überschlag: die terrorisierende Selbstverständlichkeit der einfallenden Worte; ihre terminologisierende Ideierung sozusagen: ihr widersuspensiv verfestigtes Bestehen; ihre Realreferenz außerhalb ihrer selbst, ihr evidenzfundierender Wahrheitserweis. Im Besonderen die Zuträglichkeitsgrenzen des präzisierenden Fremdwörtergebrauchs, bis hin zu zahlreichen Neologismen; die sich meinem defizitären Fremdsprachenvermögen (bis aufs tote Lateinische) verschuldenden Einengungen, Einseitigkeiten, Überlastungen – alles Hypotheken, abzutragende?

Eben fragte ich unter anderem, wie weit meine nachträglichen Notparierungen des Autorendispenses mittels auktorialer Restitutionsversuche reichen. Antwort: nicht bis dahin, einen erheblichen Überhangrest an Heteronomisierung zu beseitigen; mehr noch, die Verschiebung und Maskierung hin zu einer neuen Runde der besagten Depotenzierung nicht zu begünstigen.

Wohin und wie zu bewerkstelligen? Naheliegend, meines vorherrschenden Interesses wegen, zum Traum, speziell zu mit Schrift befaßten Morgenträumen. Eine einzige Quälerei, sehr selten nur ersetzt durch ordentliche szenische Eventträume, und, paradoxerweise, das Erwachen wider diesen ganzen Spuk herbeisehnend.

Was alles geschieht mir mit Schrift, meinem hauptsächlichen „Objekt der Begierde", somnial Schlimmes? Heimgesucht werde ich von einem System nahezu der Verwerfungen: ich finde ein intellektuell wichtiges Schriftstück nicht mehr, ich muß es verloren geben; ich bin genötigt, ein eigenes Traktat pathognostischen Inhalts zu Ende zu schreiben, doch die letzten Sätze entziehen rettungslos sich mir; ich soll fachliche Schriftblöcke aneinander anschließbar machen, etwa mittels einer Überleitung, betreffend die inhaltlichen Affinitäten beider, was mir, unerfindlich warum, gänzlich versagt bleibt; gesteigerte Komplikationen dessen: diesmal stammt der anzuschließende Text von einem mir unbekannten ambitionierten Psychiater – Mißrätlichkeit a fortiori! Selbst wenn es mir, selten genug, fast nie, gelingt, eigene Texte endlich zu Ende zu schreiben – Anschlüsse mißlingen, immer passiert es regelmäßig, daß ich den Sinn meiner Ausführungen, dawährend schon, nicht mehr verstehe. Welche umfassenden Pleiten!

Halt! – befinde ich mich nicht so schon auf dem Holzweg, zum Verrat an mir selbst zu werden, indem ich diese somnialen Mißhelligkeiten (?), wie unbesehen, auf mich selbst, als gebeuteltes Subjekt, beziehe, anstatt mich auf meine doch ergiebige Subversion solcher psychoanalytisch eingefleischten Hermeneutik zu besinnen? Ja, überfällig mindest die Begründung dieses quai-Rückfalls in abgelebt klischeeierte psychoanalytische Zeiten – diese Hintertür habe ich mir immer offengehalten: es gibt höchst konfliktuöse Konstellationen, in denen die Träume wie von sich her das träumende Subjekt unabweislich traumatisieren und, im affektiven Umfeld dessen, entschieden kerygmatisch wirken. Wie lautet die Botschaft jetzt? Hoffentlich bin ich dagegen geschützt, daß mir vorgeworfen würde, das sei eine konzessive Finte, mit der sich mein psychoanalysekritisches Ansinnen nur schwäche. Wie denn? In dieser hermeneutischen Dimension ganz einfach: meine notorische Überbesetzung von Schreiben/Schrift erhält somnial einen deutlichen Dämpfer, hinauslaufend auf ein memento mori wider den skripturalen Überschwang, den allpräsenten Tod zu eskamotieren. Dem Träumen mangelt es nicht an Vorhaltungen, alle Zeitlosigkeiten zu verleiden.

Nochmals, strukturell zusammengefaßt die Modi, die somnial mich Bescheidung in Sachen ontologischer Schrift lehren: den endgültigen Entzug derselben, Schriftverlassenheit; Abschlußprivation, die bleibende Aussetzung letzter Worte; Referenzausfall, nach innen wie insbesondere nach außen; Ergänzungs-, Komplettierungsrepugnanz; semantische Diffusion, Eigensverstehensblockade. Müßte ich, Schriftmensch, demnach nicht in Sack und Asche gehen, um, zu eigenem Nutz und Frommen, alldiesen massiven Rekusationen zu willfahren? Immerhin – meine Morgenträume haben, bis auf einen verschwindenden Rest, exklusiv damit zu schaffen, das Traumsubjekt Schrift/Lektüre von seinen begehrlichen Alternitäterzwingungen freizumachen. Gewiß, Ermäßigungen aber dieser schriftlichen Leidenschaftssanktion stellen sich schon im ja bedingt gebilligten Hermeneutikrahmen ein, um sich, danach, genuin pathognostisch, zu überbieten. Zunächst zu den leidlich noch psychoanalyseimmanenten, halbwegs mindest bereits -extern: ich hielt und halte es weiterhin für eine erlebte psychoanalytische Unsitte, die zitierten somnialen Querschläger, diesen „Transversalismus", zu pathologisieren zum gefundenen Fressen, dem Träumer seine angeblich kranken Träume als eigene Pathologie anzulasten. Nein – selbst wenn alle diese geträumten Unannehmlichkeiten derart grenzwertig gerieten, daß sie die metabasis in das entsprechende hermeneutische Subjektbetreffen legitimieren könnten, so überginge sie, in ihrer zugestandenen Extremität, gleichwohl ins genuine Repertoire immer noch normaler gar traumrettender Traumarbeit – Argument, das später erst, innerhalb der Bloßlegung des Traums quasi an sich selbst, unterhalb seiner hermeneutischen subjektangängigen Vindikation, vollends verfängt. Es ist hier überhaupt die Frage, ob es kranke Träume geben kann, verführt von der besagten Traumatisierung des träumenden Subjekts. Wahrscheinlich nur in Psychose? Selbst dann aber, angesichts der psychotischen Traumentgrenzung, wäre die somniale Restitutionsvalenz dafür erwägenswert.

Morgenträume, Erwachensträume – gibt es weitere Insinuationen der Traumbeendigung in die finale Traumfaktur? Ja, die vielleicht umfassendste und gründlichste, bezeichnenderweise dargetan aufdringlich zwar, doch nicht eben von sich her manifest, an Schrift.

Sie steht für die enggeführte wie ontisch verunklärte „Rücksicht auf Darstellbarkeit" des medialen Wesens des Traums selbst, und überhaupt damit der Medialität im Ganzen, für deren Kenose, deren passagere somniale Existenzsicherung, anmutend wie die erhabene Knechtsgestalt unserer einzig memorialen Seinsgewähr, sich – göttlicher Vorbehalt – für sich selbst, wie gehabt, reservierend.

Fraglich sogleich, inwiefern diese skripturale Gottmenschlichkeit sich traumfinalistisch – sicheres Indiz des Traumversiegens – derart verweigernd geriert. Es ist der gedächtnisgebundene Traum selbst, der sich in seinem Schrifteschaton, rettend defizitär, seines Endes würdig, selbstanschaut. Ohne seine phänomenale Handlichmachung in unabgeschwächte Konfrontation mit seinem blanken Memoriawesen resultierte ein kurzschlüssig jähes wie tödliches Erwachen, moderiert durch den erhaltenen Wesensabsturz in Erscheinung, inklusive deren sanktionalem Entzug. Exzeptionelle Schonung des abgewiesenen Träumers, welche Fülle an schmerzlichen Kautelen des regulierten Übergangs vom Traumschlaf ins Wachen!

Der Innovationen wegen darf ich mich wiederholen: Schrifteinschlag – Avis des Traumfinales, womöglich vorausgegangen die notorischen Kofinalisten Ernährung und Klang; Flucht in die „Bedingung der Möglichkeit" der fundierend offengelegten Medialität selbst zwar, jedoch notwendig tragbar gemacht mittels deren reduktiven Phänomenalisierung in faktische Schrift, die immer noch allzu traumatisierend ausfiele, wenn sie zudem sich nicht umfassend selbstreservierte. Jedenfalls dürfte so der besagte Übergang ein wenig entdramatisiert worden sein.

Also – vielleicht trivialisierend beruhigt – mag diese endliche Schriftexposition den traumbewahrend drangebenden Zugriff auf den folgenden reveil-Status signalisieren, nach Maßgabe der Schriftfunktion des Festhaltens, Fixierens die Antezipation des schriftlichen Traumrapports bei Tag. Traumpathognostik, und kein Ende.

Des erneuten Nachfassens wert, was alles das thematische Traumfinale zu lehren vermag, in der Voraussicht weiterer Traktierung, nämlich – ob generalisierbar? – das Schicksal der Ideenvisio, der „Wesensschau" in deren Krisisrücksicht. So der vergewisserte Vorausgang der integralen Synthesis aller Existenzbelange. Souveränitätsindiz? Nein, immer nötemotiviert, ein Ganzes, das Seinsganze, erfüllend im Ursprung angekommen, zu regieren. Cave? Man übernimmt sich so. Wer? Die Sterblichen. Primär aber – Pointe! – das ursprüngliche Wesen selbst, und deshalb – Gottes- und Welterrettung – stimmt es sich herunter zum Gesamtkunstwerk

Schrift. Immerhin, aber immer noch zu wenig der schützenden Selbstvorenthaltung – sie zieht sich schließlich in sich selbst zurück.

Worüber uns ein solches besonderes Träumende also informiert? Da capo: über die strikteste Unabweislichkeit der Erscheinungs-, der Phänomenalitätsdefizienz, gesteigert wiederum in deren Deprivation, des Wesens exklusive Bestehensgarantie durch diese fundamentale Schwäche. Metaphysik in toto auf den Kopf gestellt (was wohl die christlichen Theologen dazu, zu dieser Häresie der Gottesbedürftigkeit, sagen?) Auch erhielt ja der notwendige Sündenfall des memorialen Ursprungs, seine Subsistenzgewähr, den Status eines Übergangs, einer kriterialen Dienstbarkeit, überleitend ins flache seinskaschierende Wachen, die assekuranteste aller ontologischen Wehen; von mir – welch ein Vorzug?! – im Verein mit den üblichen Normalitätsverwerfungen, reduktiv konserviert via meiner obligaten pathognostischen Morgenschreibe.

À part – ein Nebenprodukt erneuter Befassung mit dem Traum, jenseits der thematischen Problemstellung, die Korrelierung von NREM mit den „Produktivkräften" und von REM mit den „Produktionsverhältnissen", zutreffend unter der Bedingung der Einheit der Waffenschmiede unter Tag und deren kaschierend oberflächigen Administration. Diese auf Traumparadigmatizität ausgerichtete Anregung propagiert mitnichten das Unbewußte, statthaft in NREM, als emphatische Schöpfungsinstanz, vielmehr, vordringlich, als genuine Brutstätte von Pathologie in toto, deren Reifizierung, Kulturkreation, das Stigma ihrer Herkunft – bis auf die „Waffenhaftigkeit aller Dinge" – einbüßt, freilich kann es damit nicht darum zu tun sein, die grandiosen Kulturleistungen der

Menschheit, davon gar in vollen Zügen adaptiv zu profitie-
ren, schlecht zu machen, doch sind es eo ipso Todestriebge-
mächte, selbst wenn dies einbekennend, immer noch – „Funk-
tionswechsel" nennt man so etwas psychoanalytisch. Keine
Kultur, die nicht Kulturpathologie sein müßte; was aber anrichtet solche Einsicht an Kultur?

„Todesavisierende Auffälligkeiten"? – affektive Auffälligkeiten, auch jenseits dieser ihrer unterstellten Ansagefunktion,
ja. Wie aber steht es um die Haltbarkeit derselben, die „todesavisierende"? Leichensuperfiziell, gemäß der bloßen „Vorstellung des Todes", kein Einspruch, wesentlich getrübt aber
durch dessen unaufhebbare A-Repräsentativität in der für alle
Disposition entscheidenden abschlägigen Binnenempirie, dem
absoluten Cogitolimit, in dem auch alle Anzeigen wie in einem sich wiederum entziehenden Nichts schwinden. So die
notwendige Korrektur des Kapiteltitels: Todesvorstellungen
ansagende Auffälligkeiten.

Und noch eine weitere die problematischen Todesankündi-
gungen angängige Restriktion sollte spruchreif gemacht werden: nämlich die magische Prophylaxe im Geltendmachen
solcher Annoncen, will sagen: deren obsekratives Als-ob,
versus deren Realaffirmation. Essentielle Abschwächung
zwar, doch öfter eben nicht weniger zäh. Fragt sich gar, ob
solche Obtestationen sich nicht in alle Todesansagen immer,
konstitutiv, einmischen zu einem einzigen Bannungsgeschäft.
Erneute Korrektur demnach des besagten Titels: Todesvorstellungen möglicherweise obsekrativ avisierende Auffälligkeiten. Die erste Verbesserung betrifft die schlechthinnige
Todesdisposition, die Unbegrifflichkeit des Nichts. Die zweite

angeht die innere obsekrative Prätention der Todesannoncierung, die womögliche Selbstüberhebung, diesen Notfall.

Unvermeidlich die Enthüllung nur von mir selbst leidlich merklichen Frappanzien: der unverhältnismäßig häufige Griff zum Spiegel, um mein Gesicht zu inspizieren, des näheren die erkrankten Augen, den üppigen Bartwuchs, den zurücktretenden Kopfhaaransatz. Gute Gründe für das kontrollierende Nachschauen – gewiß. Doch kollabieren sie alle als hinlänglich tragfähige Rationalisierungen, und legen, ängstigend, ihren Underground bloß, nämlich die schlehmilsche psychotische Bedrohung des Spiegelbildverlustes, und damit der Privation der Selbstansicht überhaupt. Menschlich sind wir ja dafür auf den Spiegel/das Spiegelbild zwingend angewiesen, ohne diese frühe Prothetik – siehe das Lacansche „Spiegelstadium" – resultierte die reinste diffuse Selbstdissoziation, von mir ja immer sogleich vindiziert – mit welchen angesprochenen Einschränkungen auch immer – als Todesverkündigung, rationalisierungsanfällig intimisierte Auffälligkeit: Spiegelungssucht, wie eine cogitionale Sterbensantezipation, leichthin abermals obsekrativ gewendet.

Etwas verschämt erinnere ich dieses mein verstohlenes Gebaren in der lange Zeit unterbrochenen Tradition desselben: zur Fahrschülerzeit, im Omnibus, mußte ich mich meiner selbst vergewissern, wie gehabt mittels eines Handspiegels, bevor meine angebetete junge Möbelverkäuferin eintrat, um sich mitnichten, wie gewünscht, neben mich selbst zu setzen. Vergebliche spekuläre Liebesmüh, aktuell nicht minder. Ich mache mir selbst ja den selbstsichernden Garaus, indem ich, unterhalb aller heillosen Selbstkonsolidierung die Geister der Ubw-Unterwelt beschwöre.

Die spekuläre Besessenheit der Selbsteinholung scheint derart unbesehen, daß die Abbild- versus Spiegelbildfunktion wie vergessen anmuten könnte, immerhin doch liefe die Herstellung des Spiegelbilds gleich des Abbilds darauf hinaus, mich selbst so zu sehen, wie der Andere mich sieht, also auf das Unschädlichmachen, die Integration des Anderen – welche Bemächtigungschance, längst zu einer optischen Selbstverständlichkeit geworden!? Schade aber, denn aller Zuwachs an Selbstsekurität ist der Dialektik, also dem Selbstsicherheitskontrarium verfallen, der überhöhten Intensität des Todestriebversagens, so daß der spekulär abbildlich eingesäckelte Andere – pointiert die maternale Andere des Geschlechts – irgendwann umschlägt in die Ohnmacht des Sterblichkeitsmonitums, die walkürische Todesverkünderin. Also auch das Abbild ein einziger, a fortiori, zum verheerenden Irrweg verkommender Ausweg.

Nun muß ich es mir aber versagen, was ja naheliegend gewesen wäre, bei meinem Spiegelbild hoffnungsvoll zu weilen – bitte, wenn möglich, jedoch nicht wie im Falle der schizophrenen Großmutter Arnold Gehlens, die, immanent antischlehmilsch, zeit ihres Lebens vor einem Spiegel sitzen mußte. Nein, ich halte es nicht sehr lange in der Selbstansicht meines Gesichts aus, weil mir die Todesgeweihtheit desselben allzu nahe kommt. Angerührt von der langfristigen Quasi-Dienstbarkeit dieses Körperteils zumal – und auch des übrigen ja nur vordergründig ansichtigen Körpers (siehe E. Mach!) –, nicht ohne die Spuren des Alterungsverfalls reminiszent mitzunehmen, wandte ich mich, das Abbild beiseite lassend, von meiner Spiegelung, dem Schein meiner selbst, besser ab. Aber wohin dann? Zu der nichtssagend realen Peristatik, die in ihrer Totheit eher abwies denn schützte.

Vergeblich – diese Ablenkung auffüllte sogleich sich mit ungenehmen Erwartungsängsten, Vorwegnahmen allen Grauens, zentriert um meine Leiche, dieses Skandals meiner Hinterlassung, von mir cogitional gänzlich entleert, die purste fötide Schandbarkeit, zur Entsorgung verpflichtend. In dieser aber gipfelt der Kadaverskandal: nicht nur vermag ich selbst meiner Verwesung – absolute Grenze meines Dabeiseins – untertags nicht beizuwohnen, außenvor jedoch, buchstäblich alteriert dieses Schicksal meiner selbst ohne selbst zu antezipieren, bar jeglicher Nekrophilie, dieser verzweifel fetischistischen Heimholung des Todes, viel eher auf dem tunlichst abgesperrten Abweg zum Ankläger dieser elenden Zumutungen. An wen aber adressiert? Ich pflege, böse scherzend, darauf zu antworten: an den gnostischen Demiurgen. Und so geriet ich, unverbesserlich ungläubig, an Händels wunderschöner Frömmigkeit echt leider vorbei: „Wenn Verwesung mir gleich drohet, so wird mein Auge Gott doch sehen …".

Die von mir favorisierte hygienische tabesalternative Kremation hat für mich auch ihre Tücken: ich fühle mich unwohl als urnenverwahrte Asche, ein verbranntes Bratenresiduum, eine maligne Parodie meiner selbst. Antidot: dieser Sonderasche sofortige Zerstreuung, vom Winde verweht, oder in Wasser, Meer. Welch seltsame Sorge!

Schreibend halte ich mich weitgehend zwar von Affekten frei, zwischendurch aufblickend jedoch vermeide ich sie nicht. Kopfschütteln, Entrüstung, Wut? Solche Ausfälligkeiten sind eo ipso gebrochen, insofern sie auf ontologischem Niveau spielen, also sozusagen monadologisch rückgestaut intersubjektiv, vor allem unbefristet unauflösbar, wegzudrängen zwar, doch wie ad libitum revenierend – kurzum: Affekte, ontologisch extrapoliert, sperren sich, wenn man es eben zuläßt, ihrer normalisierenden Ontisierung, dieser ständigen Versuchung ob des haltlosen Versprechens, die Oberhand zu gewinnen. Wäre es, ohne Obligationen, erwägenswert, im Seelenschmerz, der Trauer, der ungerichteten Totaltristesse, die umfassende angemessenste Affektion anzutreffen?; wobei der Schmerz, auch im übertragenen Sinn, als Signalempfindung, die mitkonstitutive Dimension der sanktionierten Anmaßung – das Sentiment störend? – betrifft. Jedenfalls sollte mein Titel „Endlichkeitsschmerzen" auch daran erinnern.

Wie gesagt: auch wenn frontal, entscheidend außer dem Gesicht, der menschliche Körper eigengesichtlich inspiziert werden kann, entkommt er seiner todsicheren Desavouierung als Leiche, Ganzexkrement, nicht; im Gegenteil sogar, denn die sichtliche Dispositionsverheißung des diesbetreffend kopflosen Körpers kontrareisiert sich zumal zu einem kontingenten en-soi-Gebilde, derealisierend, und, auf des Subjekts Seite, depersonalisierend. Wie dem entkommen, diesen Unerträglichkeiten, gleich ob auf die Abwehr- oder die Triebseite aasgerichtet – Intolerabilitäten, allerdings wie fraglos, um welchen Preis? – allenthalben akzeptiert.

Nach unseren Gepflogenheiten an erster Stelle verspricht die perfekte Selbstfundierung vordringlich Wissenschaft, mit deren Genealogieanimosität immer gerechnet werden muß. Gleichwohl – wenn just Wissenschaft solche Negentropie aufzubringen befähigt sei, so beruht diese Sondergabe auf dem sich übernehmenden Abwehrmechanismus einer rigiden Affektenisolierung, einer einzigartigen objektiven Ataraxie, die auf den Wissenschaftler, so er sein Metier kreativ beherrscht, keineswegs zwangspathologisierend übergreifen muß, seine fachliche Arbeit leistet, fast restlos, die entsprechende anankastische Abgeltung. Nur daß es Legionen von repressiven unproduktiven, bloß parasitär nachbetenden Wissenschaftsideologen gibt, die der Beständigkeit des szientifischen Ethos unnütz sind.

Mag sein, daß der Anschein aufkommen kann, die angesprochene wissenschaftskonstitutive Abwehrfront sei von einer solchen ausnehmenden Dichte, sich ausschließlich selbstbezüglich darzutun, so muß ich gegen eine derartige Selbstapologie ihrer Hermetik Einspruch erheben, jedenfalls sofern sie dem Wesen der Abwehr widerspricht: ganz einfach – keine Abwehr ohne ihr Abgewehrtes, und, vor allem, keine Begünstigung ohne libidinösen Beistand, eine Erosintervention, zum Zweck der Tamponade der Abwehrviolenz – ein zentraler Posten der Defensive mit. Was das Abwehrsujet angeht, so versammeln sich darin alle einschlägigen Triebkomponenten, wie sie sich zum Scheine einer Gegenwelt genealogisch formieren: zur exkrementalen Inzestuösität. Das Abwehrresultat Wissenschaft entsprechend anankastisch. Und die stabilisierungsnotwendige erotische Gewaltmystifikation supponiert so etwas wie die Einheit von „Ursadismus" und „Urmasochismus" – so beschaffen der besonders verschlossene Hauptteil von Wissenschaftsgenealogie.

Derart setze ich permanent mich dem Verdacht einer Wissenschaftspathologisierung aus, und erhalte von idiosynkratisch erbosten Wissenschaftlern dafür die Quittung: Totschweigen. Nun gilt aber meine Kritik fürs erste nur der szientifischen Genealogieblockade. Gewiß – nur daß deren Auflösung ja – kein Verständigungsmodus – Wissenschaft kritisch spruchreif macht. Auch kann ich mich mittels meiner nicht seltenen Reverenzen wissenschaftlicher Hochleistungen nicht herausreden, denn meine kulturpathologische Option bleibt unkorrigierbar, und ich muß befürchten, sie ist mein geschichtsphilosophisch sinistres letztes Wort. Desiderat, auch in diesem Kontext: unselbstige Unterfütterungen durch die Systematisierung der Revisionen des späten Freud.

Zurück zum Eroshilfsdienst für die Kaschierung rationaler Gewalt. Paradigma dieses tückischen Subsiduums: die basalsadistische Lustprämierung ausgeführter Kulturarbeit, ebenso die fundamentalmasochistische libidinöse Vergütung dieses Trugs anläßlich möglichen Leidens am kriminellen Kulturtun, wenn nicht schon vor dieser ihrer voluptativen Neutralisierung sich die expiative Abgeltung dessen vordrängte – getreu der Sühnung der Produktionsverbrechen durch das „Opfer der Arbeitskraft", der Arbeitslegitimation in ihrer Destruktivität schlechthin. De facto trifft Freuds Votum zwar zu abgesehen hier davon, daß er Naturwissenschaft, Technik und Ökonomie, immanent verständlicherweise: Psychoanalyse müsse ja eine Wissenschaft sein, von deren Pathologieparallelisierung ausnimmt –, daß kollektivierte Pathologieobjizierung deren Pathologieabzug leiste – in der Tat, allein, dabei bleibt es, das nennt man, aufgeklärt, Gewaltverkleisterung, verständlicherweise, oh je, jedoch inresponabel.

Muß ich mich selbst wohl fragen, ob meine Wissenschaftsgenealogie überhaupt noch etwas mit der Sektionsüberschrift „Endlichkeitsschmerzen" zu tun hat? Ja, aber nur in Hinsicht der – wirklich drohenden? – Gefahr, diesen schönen Titel zu inflationieren. Ansonsten ist eben gerade Wissenschaft, pointiert etwa medizinisch, dazu, ausersehen, die quasi natürliche Unbildenvorgabe wenigstens abzuschwächen. Ob sie allerdings imstande sei, die Schäden, die sie selbst en masse anrichtet, zu reparieren, ob der Speer, der die Wunde schlug, diese auch wieder heile – siehe selbst noch Adorno/Horkheimer in der „Dialektik der Aufklärung" –, steht dahin. Ich bin mehr als skeptisch, denn triebe man so nicht Belzebub mit Belzebub aus, und dann nur nicht der Fall, wenn das apostrophierte genealogische Souterrain der Wissenschaft null und nichtig wäre. Mit dessen unbezweifelbarem Zutreffen aber, dem objizierten kollektivierten Symptomcharakter von Wissenschaft, steht und fällt mein pathognostisches Ansinnen, nicht weniger betreffend den gründlich reformierten Krankheitsbegriff, den Widerspruch einer zugleich usurpatorischen Affirmation, einer anmaßenden Beglaubigung des objektiv symptomatischen Vorausgangs der korrespondenten Kulturgenres.

Das liegt doch anzumahnen nahe: der adaptiven Spitzenvalenz der Wissenschaft entspricht, subjektiv pathologisch, die Psychose, Schizophrenie, also das szientifische Zerrbild, die letztpassionierteste Einrichtung in der Welt derart zu überziehen, daß sie zur destruktiven Weltquittierung verkommt. Vollstreckte Weltflucht, dem Subjekt, bis hin zu seiner Dissolvens, angetan; der Einlaßort auch der exklusiv gewordenen neuroleptischen Therapie ob des vom außer Kraft gesetzten Subjekt ja nicht verantworteten wie autonomen biologischen Naturprozesses, Teleologie gleichwohl dieser gefangenen, in ihrer frühen Auffälligkeit längst medikamentös abgeschafften, Flüchtigen? Nein, jedenfalls keine manifeste mehr. Man muß aber wohl argwöhnen, daß selbst solche bescheidenen Monierensreste des nicht restlosen Rechnungsauffangs der „Abendländischen Metaphysik" – in aller pathologischen Befangenheit in sich widersprüchlich darin – vollends umgemodelt sind zu deren fortgesetzten Optimierungsmoventien. Schwarz verhängt sich der Horizont dieser Inflation des „Gestells", und die Hoffnung auf den rettenden Kontrapunkt des „Gevierts" geriete vom Gewaltregen in die gesteigerte Gewalttraufe. Desperat nihilo minus aufrechterhalte ich die dissidente Option der nimmer nur unberechtigten psychotischen Weltenfuga, wenn immer mir noch der Umgang mit Schizophrenen vergönnt bliebe.

Schlechte Aussichten!

Episode. – Wahrträume meiner Schriftmisere? Es hat den Anschein dahin, denn neuerdings angleichen sich meine fortschreitenden Augenpathologien (Nachstar, Maculadegenerationen, trocken rechts behandelt rezidivierend links) der somnialen Schriftrezendenz, insbesondere der Korruption eigener Skripte, von der äußeren Unlesbarkeit bis hin zur Bedeutungssperre. Jüngst bedarf es der ausdrücklichen Entzifferung meines entscheidenden handschriftlichen Protoschreibens – bei dem selbst es schon zu einem momentanen black out einiger Termini kommen kann (wie eben jetzt, „black out" betreffend, geschehen!), Krisisnotwendigkeit en miniature der semantischen Stabilisierung wohl wider die zunehmende Schwäche des „Kurzzeitgedächtnisses" – Restitution der Lektüregarantie, die nur dann gelingt, wenn ich den übergeordneten Gedanken des betreffenden textuellen Kontextes zu reproduzieren imstande bin; wenn nicht, dann bleibt die Dechiffrierungsphilologie einzelner Worte – seltener Fall – auf der Strecke, und ich bin gehalten, im Extrem Alternativen zu diesem Ausfall zu ersinnen. Beim folgenden Typoskripttransfer des leidlich unversperrt arrangierten Textes bleibt es, abermals, minimal, nicht gänzlich aus, daß memoriale Entzugseinschläge aufkommen. Und im Typoskript wimmelt es, trotz aller Konzentration, nur so von Versehen. Es ist also eine aufwendige mühsame Angelegenheit geworden, meine schlimmen Gedanken vorläufig aufs Papier (Oh Regenwälder!) zu bringen, fromm vorgestellt, wirkten alle diese lästigen Umwege wie göttliche Sanktionen meiner schriftversierten Anmaßung, säkular dagegen wie ein schmerzender Anreiz, diese Arroganz noch zu steigern. Allemal ausfällt sich, pathologieveranlasst, ein großes Thema: Gedächtnis und Sehvermögen.

Was, akut, die Träume selbst angeht, so erweisen sich die notorischen Schriftbehelligungen eher ein wenig rückläufig. Fast an deren Stelle treten, wie vordem schon einmal gestreift, halluzinatorische Phänomene: ich werde kurz, um zu erwachen, mit einem „Hallo!" und dergleichen, einmal mit einer weiblichen Kinderstimme, ansonsten unbekannt weiblicherseits, angerufen, erwache dann geängstigt auch, könnte schwören, da sei jemand in meinem Appartement, auf den ich promot mit einem „Wer ist da?" reagiere, bis mir schlagartig klar wird, daß ich die Reveille träumte, nur zum Schein halluzinatorisch vermeint. Mit welcher Einsicht der erhebliche Schrecken darüber sich langsam verzog. Was wird hier – ein Novum – gespielt? Auf eine fast schon symptomatische Art eine Erleichterung des Übergangs vom Schlaf ins Wachen, eine Indifferenzierungsmaßnahme beider: träumend bin ich bereits, scheinbar, wie halluzinativ, traumtranszendent, wach – eine gänzliche Untat, für deren Gelingen ich den Preis sanktionaler Beängstigung zahle. Gespannt bin ich, ob diese wiederholte Erkenntnis das besagte Symptom erübrigt, oder wenigstens abschwächt, apriori aber bin ich skeptisch darob, weil meine final somnialen Schriftmißhelligkeiten trotz ihrer nachdrücklichen Daueraufklärung eben nicht aufhören. Offensichtlich müßte ich, über alle Mentalismen hinaus, meine gesamte Lebensführung, weg von aller Schriftprärogative, umstellen, um diese perpetuierende Morgengabe der Schriftkorruptionen zu verscheuchen.

Als unszenisch imponieren derzeit die spärlichen Nachtträume, in denen Personen begegnen, fast ausschließlich konzentriert auf die Epiphanie der eigenen Mutter, erscheinend wie auf einem vergilbten und beschädigten Photo, wie eine Revenante, und, vor allem, vorwurfsvoll leidend horribel stumm, wie die Vorwegnahme des endgültigen Leichenmutismus. Einmal nur verjüngte und reparierte sich dieser Mutterauftritt, zwar ebenso stumm, doch eher freundliches Traumphantom HHs; was mich ins Erwachen überaus beruhigte.

Es ist ja nun keineswegs so, daß ich, innovativ pathognostisch enthusiasmiert, die frühen lebensgeschichtlichen Traumen, diese prägenden Intersubjektivitäten, übersähe, nebst der ungenehmen Erfahrung, daß selbst noch so profunde Signifikationen deren Eskamotierung vermissen ließen, so wie eben hier, betreffend das somnniale Mutteraufkommen, geschehen, wenn immer, affektiv determiniert, ein botschaftlich hermeneutischer Rückfall erlaubt sei, bestehenlassend überholt vom trefflichen Wagnerschen Diktum: „Er wisse, was das heiße, er solle aufwachen, und da nähme der Traum das Gräßlichste vor.", daß der Traum sich einen Rechtsgrund des Erwachens, wider den somnialen Rücksog, verschaffen müsse. Sein Kerygma nebenan liegt auf der Hand: nicht hinlänglich abgetragen, wenn überhaupt jemals abtragbar die archaische Sohnesschuld der Urmutter gegenüber. Freilich ist es mir schier nicht wohl bei solchen Träumen, die ich, pathognostisch selbstreferentiell, nimmer vollends zu neutralisieren imstande bin; daran hindert die nachhallende affektive Überschwemmung nachgerade. Und so bleibt es bei diesem verstimmten Privateschaton, diesem dolorösen Finalemonitum der Todesnähe, diesem Aufschub.

PS.: Lyrische Supplemente noch von HH zu meinem Mutter-Traum. Eklatanter Rückzug des Traumes auf sich selbst, als unvermeidliches Avis des Erwachens:

- vehementer Einspruch, Stopp dem somnialen movie durchs statische Bild, Photo, wahrscheinlich kurze Regression zum Widersinn von Tiefschlafträumen; was ja zum Erwachen konstitutiv gehört;

- Selbstaufklärung der somnial medialen Imaginarität durchs Photo; auf dem Weg zur Leichenschande des Photos, Währenskritik;
- Pointe: der Mutter notorische Leichenbittermiene auf Photos gilt diesen, dem Photo selbst;
- Mutismus schon des Photos – versteht sich.

Schicklich wiederum das Wagner-Zitat, hier bis hin zum somnialen Selbstdementi in Serie: bildlich mutistische Moviesperre zuvörderst; selbstreferentielle Imaginaritätsdurchsicht; ikonischer Ewigkeitskollaps; formale Bildbezüglichkeit der affektiven Bildgehalte.

Selbstverschuldet isoliert von jeglicher Kenntnis neuerer und neuster U-Musik – so diese Differenzdeterminante überhaupt noch gelten sollte – erfahre ich mich längere Zeit schon überhäuft von diversen Musikerinnerungen der Kindheit und frühen Jugend. Das ist doch verständlich, sagt man: die altersbedingte Schwächung des Kurzzeitgedächtnisses kompensiert sich so durch den Andrang weit zurückliegender Reminiszenzen. Schön – aber weshalb ist dem so, wenn es so wäre? Zudem: worin besteht das memoriale Auswahlkriterium der vergangenen Musikexempla? Und gibt es, über notorische physiologische Degenerationen hinaus, nicht doch auch lebensgeschichtlich subjektiv intentionale Habits, die den rezenten Erinnerungsschwall an damaliger U-Musik miterklärlich machen? Etwa eine derart sanktionierte Arroganz des exklusiven Werts der Hochmusik?

Reminiszentes Musiksammelsurium

Zunächst zu den mich nachgerade verfolgenden eben nicht frei gewählten Musikbeispielen, sowie den Gründen ihrer Selektion. Primär stellt sich Kirchenmusik dafür heraus. So kann ich, aktuell, problemlos nach dem ehemaligen „Gebet- und Gesangbuch für das Bistum Trier" Aberdutzende von Kirchenliedern, wenigstens jeweils deren erste Strophe, aus dem Gedächtnis perfekt reproduzieren: vorsingen. Dies die Hauptquelle meiner akuten Behelligung, selten nur durch Erheiterung darüber moderiert. Eher mit einiger Ambivalenz bedachte aufdringliche Begebenheit dazu: einer meiner leicht debil anmutenden Mitschüler aus der Volksschule in der frühen Nachkriegszeit, verdächtig, es mit Tieren, Hunden und Katzen, sexuell zu treiben, sang einmal in einer Nachmittagsandacht lauthals, wahrscheinlich gar unabsichtlich, anstatt „Himmelsau, licht und blau …" Himmels-Sau, und wurde von der Schulleitung dafür öffentlich elend verprügelt – ein trefflicher Beleg für den provinziellen Nachkriegs-Humanismus! Nicht von ungefähr perseverieren penetrant solche Liedpassagen, die vom blutig expiativen Gottesopfer handeln, selbst heute noch läuft es mir kalt den Rücken herunter: „O du Gotteslamm unschuldig, am Stamm des Kreuzes geschlachtet …"; muß mir aber zugestehen, daß mich damals wohl eine geheimgehaltene Thrillbesetzung, Angstlust, ermäßigt symptomatisch, vor dem psychotischen Kollaps, porös wie ich immer schon gewesen bin, rettete (vielleicht überhaupt das Tolerierungsmedium). Horror gleichwohl, des geschlachteten Gottessohns, und kein Ende. Das besagte Sichvordrängen der Kirchenmusik verdankt zudem sich dem Umstand, daß ich, gelegentlich, der Ortskirche als Hilfschorleiter und -organist diente; und gerne auch, außerliturgisch freizeitlich, auf der Orgel, flach, ohne Pedale, übte. Nicht unwahrscheinlich, daß der invasive Vorrang der Kirchenlieder auf deren Traditionsabbruch der Befassung mit denselben zurückzuführen wäre, so als ließen sie diese ihre mehr als Vernachlässigung sich nicht gefallen. Seis drum. Aber weitere andere musikalische Erinnerungsbedrängnisse harren der Beachtung. Welche?

In aller indiskreten Deutlichkeit: Operette und Schlager, nicht zuletzt vermittelt durch das Akkordeonspiel der älteren Schwester. Inwiefern sollte ich, alternativelos, nicht davon angetan sein, abgeschwächt oft durch Empfindungen eines bloßen Übersichergehen-Lassens, etwa um das – vom Vater immer wieder gewünschte – Leharsche „Wolgalied" – „Es steht ein Soldat am Wolgastrand", das jedenfalls in der erzwungenen Rückschau peinlicherweise, zu Tränen rührte und dessen im Original Mandolinengezittere mir auf den Geist geht. Ähnlich die sich rächend heftig abgewehrte Faszination von Lehars Goethesingspiel „Friederike". Und daß ich, in der Tat, einer geliebten Freundin meiner Schwester, ihr mit dem Rücken zugewandt, „Dunkelrote Rosen schenkt man schöner Frau" huldigend vorsang, spielt sich immer noch, schambegleitet, wie unaufhaltsam automatisch in mir ab. Den schwesterlichen Sadismus – die Idee dieses meines Auftritts stammt von ihr – nahm ich damals nicht wahr, puterrot weglaufend.

Etwas besser ergeht es mir im Überfall von Schlagermassen, deren zum Glück witzige mich insbesondere fesseln; primo loco Peter Igelhoff – „Im Harem sitzen heulend die Eunuchen ..." etc. Was mich einzig in meinem Elefantengedächtnis mäßig stört: das Übermaß der Kathexe meiner ja nicht unendlichen Gedächtniskapazizät mit all diesem meistenteils ungenehmen reminiszenten Überfluß.

Ob ich darüber bereits geschrieben habe? Wahrscheinlich – o Kurzzeitgedächtnis, ich laufe mir selbst davon –; deshalb dazu nur kurz: es gibt eine Art Geleitweg von dieser überquellenden U-Musik in seriösere Musikgefilde, eine Art Sprungbrett hin zu den höheren Kunstweihen, überraschenderweise vom Vater initiiert, der entsprechende Schallplatten erstand und nach Hause brachte zum besonders andächtigen Hören: das „Largo" von Händel, die „Träumerei" von Schumann, das Gebet der Agathe aus dem „Freischütz" („Leise, leise, fromme Weise ..."). Ein Kontrastprogramm durchaus – was ging im Vater vor? –, verleidet nur durch den väterlichen Sentimentalismus, der mich, von ihm weg, zur – allerdings wie autistischen – Mutter trieb, die von diesen klassischen Exkursen gänzlich unberührt schien, vielmehr eher wie dagegen laut tönend selbst ansang. „Goldne Abendsonne, wie bist du so schön ...", E-musikalisches Sentiment, obzwar geflohen, weiblicher Singensprotest, wenngleich an mir vorbei – nicht zu unterschätzen die Übergangsgunst dessen, die mich, wesentlich später fliehend, bei Wagner (initial der „Meistersinger"-Ouvertüre), und, extrem, bei Schönberg (seinen „Fünf Orchesterstücken 1900") landen ließen.

Impotenz des „Kurzzeitgedächtnisses" – man könnte der exotischen Idee verfallen, daß diese bewährte Schwäche sich dem Konkretismus des Kürzebegriffs verdankt: der Weg zum vorgestellten Todes – seinstauglich – finale sei eben immer zu kurz, um zu werden, am besten, er verliere sich ganz. Es ist die permanente Todesnähe des gealterten Menschen, der ich ein solcher bin, der die vergönnte Lebensspanne zur unerträglichen todesansichtigen Kürze verurteilt, so daß sie, eher in der Selbstwahrnehmung, getilgt, denn, erosbetrogen, überbesetzt werden sollte. Aber um welchen Preis vollführt sich diese Verweigerung, die, selbst wenn sie, wie üblich, exklusiv physiologisch imponiert, wie gehabt transphysiologisch sinnbegabt sei? Ein existentieller Ausfall, eine adaptive Leerstelle. Ja – aber sogleich kompensiert durch das Vorrücken des „Langzeitgedächtnisses", der geregelten Apertur eines memorialen Großraums, einer Erinnerungsfülle, gemäß dem Klischee der „lebendigen Vergangenheit". Vorsicht aber! Die besagte kompensatorische Valenz dieser Wendung steht zwar außer Zweifel, die große Retrospektive jedoch kommt kaum ohne Verklärungen aus; und, überhaupt: „Siehe, die Märchen beginnen alle ‚Es war einmal'".

In meinem thematischen Fall komme ich fast nicht in den bescheidenen Genuß dieser, immerhin, Kompensation. Denn diese verkommt, bedingterweise, zur beinahe symptomatischen Überkompensation, einem musikspezialisierten Erinnerungsdelir, das ebenso einer transphysiologischen Erklärung bedarf. Dessen Physiologie macht, in seiner Starre, eine Art anankastischer Festigung aus, die sich allzu leicht zum eigentlichen Erklärungsgrund aufwirft.

Worin besteht nun der explanative Überschuß, der überkompensatorische, der Flucht ins „Langzeitgedächtnis", der irritierend reminiszenten Massierung? In seiner Schicksalsvariante des Aufsteigers, der, überheblich, verächtlich, die heimische Domäne verläßt, und der, viel später dann, zu seinem Lebensende, seine desavouierte Provenienz rächend, buchstäblich imaginär, um die Ohren geschlagen erhält. Ausgleichende Gerechtigkeit – gewiß, aber ich möchte dieses ewige Schuldtheater nicht wahrhaben wollen, mich nicht darein ergeben. Deshalb lasse ich es, vorerst, bei einer Unschlüssigkeit, fernab davon, eine dramatische Affaire aus dieser Erinnerungsinvasion zu machen. Es gibt nämlich auch Einlagen guter Weile bei Glücksreminiszenzen, eine Art Ernte lebensgeschichtlicher Erfahrungen auch. Ebenso vermeide ich es, gegen die freilich vorherrschenden memorialen Bedrängnisse Sturm zu laufen, wenn eben möglich, lasse ich sie gewähren, in der nicht ungünstigen Voraussicht, daß sie sich à la langue verbrauchen – Rechnung, die allerdings nicht sicher aufgeht.

Behelligen mich derart ausschließlich frühe Musikerinnerungen?

Ja, dem ist so – sehr selten isoliert einzelne genre-heterogene Penetranzen zählen dagegen nicht – allein Musik hat es auf mich abgesehen. Weshalb?

Offensichtlich macht sie den frühesten existentiellen Bodensatz – kein Wunder also, sich exklusiv zu geben –, sogleich aber derangiert erfindlich durch die totalisiert mütterliche

Ausschließlichkeit, für die sie selbst pathologisch büßt, und die für den Sohn zu einer unabtragbaren Dauerhypothek sich auswächst: zur musikalischen Weiblichkeit, bar des Komponierens zumal, unabgelöst körperlich singensgefesselt, auf dilettantengemäßem Ambiguitätskurs intellektuell kompensatorisch musikbefaßt, auch des Weiteren ohne fortune. Dies noch zum background eigenarchaischer Verwerfungen, die verständlicher machen könnten, daß Erinnerungsaufdringlichkeiten zur Plage, ganz und gar unwitzig, degenerieren.

Notorische These: der Kapitalismus tout court begünstigt die Versingelung, weil sie den Verkaufsquotienten merklich steigert.

Eigenes häusliches Minibeispiel dazu: HH und ich beschließen, es zwar bei der Frühstücksversingelung zu belassen, die Kaffeezubereitung aber davon auszunehmen: statt zwei Filtertüten nur eine dazu zu verwenden und auch die Kaffeemenge nicht wesentlich zu vergrößern. Eine antikapitalistische Maßnahme, gemäß der Eingangsthese? Dafür zwar weniger als ein Tropfen auf den heißen Stein, doch rechnete man unseren – primär nicht oppositionell gedachten – Pragmatismus hoch, könnte man prognostizieren, daß der Kapitalismus dagegen vorgehen würde. Anschließende Probleme unsererseits: von woher rührt das Versingelungs-, das Autonomiepathos? Von mir her ist, pathognostisch, zur Antwort vorgesorgt. Da der vorgestellte Tod das Heteronomieultimum ausmacht, ist die trieblich ödipale Autonomiepassion, gesteigert zur narzißtischen „Autarkie" und zur todestrieblichen „Absolutheit", Inbegriff der Todesdefensive, von der Legion ihrer Praktikanten schlechterdings nicht gewußt. Das Verdikt eines meiner frühen Deutschlehrer, überzeugter kalter Krieger, auf der verbreitetsten Seite, über den Kommunismus: „Was Dein ist, ist auch Mein. Und willst Du nicht mein Bruder sein, so schlag ich Dir den Schädel ein", klingt immer noch schmerzend in mir nach: die Possession, bis hin, daß ich mir selbst zueigen sei, als bürgerliche Uroption. Wohin das führt, nicht nur mental, vielmehr gesellschaftlich de facto, das wäre ablesbar an Max Stirners „Der Einzige und sein Eigentum" – Ahnenschaft für Sartre auch? –, gewendet zu einer gründlich kritischen Diagnostik des anfänglichen Bürgergeistes, und nicht ideologisiert zu einer affirmativen

Handlungsmaxime, wie sie von Marx kritisiert wurde – immerwährende bourgeoise Endstation: Besitzstandsanarchie. Mein neoexistentialontologischer Einspruch dagegen enthält sich zwar der Häme über die mörderische Entropie dieser großen Emanzipation der bürgerlichen Subjekte, es bleibt aber, vehement einsprüchlich, darüber bei der Verurteilung kurzum allen „Seinsvergessens".

Kurzschlüssige Kritik am Autonomiedesaster? Ja, gleichwohl conditio sine qua non betreffender Krisieffektivität. Im Vorfeld dieses Aufgangs kommen eher noch Sekundärelemente der Autonomieprotektion auf: gewiß die Abstrahlungen der französischen Revolution, nämlich daß es fürs erste gelingen könnte, einschneidende Alternativen zu anscheinend abgelebten gesellschaftlichen Organisationsformen ins Werk zu setzen. Autonomie und Besitz – wie es zu dieser ubiquitären Liaison kam? Es ist hauptsächlich wohl die Verheißung der Wissenschaft, sich in der Welt einrichten und, rücksichtslos, diesen adaptiven Ort sichern zu können. Deshalb macht es sich gut, daß sich an der Schwelle der „Hegemonie des Bürgertums", des „positiven Zeitalters", und zumal, weitest ausholend, danach – Marx davon nicht ausgenommen –, sich die „Autonomie" etc. als kulturales Leitparadigma, inklusive der Kritik daran, ausbildete.

Selbst außerdem war ich dem Autonomieutopismus – während der Kooperation mit dem „Freudomarxismus" der „Kritischen Theorie" des Freud-Instituts (Dahmer, Horn, Lorenzer) – niemals aber so recht ganzherzig, wider den unerträglichen Ansturm der zahllosen Heteronomien, hoffnungsvoll verpflichtet. Ich nahm mir diese Aussicht intim zwar nicht ab, vertrat sie dennoch, rationalisiert zum intellektuellen Experiment. Rechtzeitig fiel mir dazu noch ein Brief an Klaus Horn, als Appendix meiner Studie zu den „Arbeiterfraktionen", ein, in dem ich eine initiale, nicht weiter ausgeführte Absetzung vom vormaligen Autonomiekonzept kundtue, auf die Horn und Co. nicht mehr replizierten: auf die Entpflichtung des wesentlich überlasteten tätigen Subjekts von seiner untragbar multiplen Autonomiebürde, unter Respektion seiner residualen Aufgabe, diesen spezifischen Wertekollaps darstellen zu sollen – welche Solitüde!

„… unterdessen gehe ich davon aus, *daß die beschworene Subjektivität schwerlich als ein Hort des Widerstandes*, vielmehr als *mikrologisches Modell der gesellschaftlichen Großstruktur des Kapitalismus* fungieren kann; daß die besagte *Subjektivitätsbeschwörung* ausschließlich insofern *kritisch und dissident* ausfällt, als sie an der *Entblößung dieser Struktur* mitwirkt, und *nicht* etwa, insofern sie inhaltlich sich als ein *transzendentes Kritikmaß* gibt. So geltend gemacht, bleibt sie dem Kritisierten nichts als verfallen, und selbst als Entblößungsmittel macht sie homogen und befangen von der entblößten und allein dadurch kritisierten Struktur Gebrauch."[1]

Ja, so auch die unabdingbare Verstrickung aller Kritik als signifikatives Unternehmen in das Kritisierte selbst – wie dann deren Geltungstranszendenzen noch behaupten können? Für mich damals ein sehr relevantes Abfuhrschweigen meiner

---

[1] In: Lyn Marcus (Arbeiterfraktionen): Jenseits der Psychoanalyse. Wie studentische Sinnwünsche in eine Falle geraten. Aus: Kritik der Hochschuldidaktik. Hg. K. Horn. Frankfurt/M. Syndikat. 1978, S. 296–357; Zweitpubliziert in: Retro I (1965–1980) Aufsätze und Rezensionen. Essen. Die Blaue Eule. 2005. Genealogica Bd. 35. Hg. R. Heinz, S. 385–437.

Freud-Institut-Genossen, erklärbar wohl aus den notwendigen Folgerungen aus dieser prinzipiellen Kritikversagung: les adieux vordem kriterialer Probleme, inbegifflich der Vermittlungsfragen, primär der zwischen Historischem Materialismus und Psychoanalyse. Denn beide sind ja, bis auf ihren als möglich unterstellten intellektuellen Abhub, nichts denn Handlanger dessen, wovon sie sich absetzen, jedenfalls, wie subtil auch immer, in ihrer belassenen traditionellen Version.

Seltsame, bis auf vor Kurzem leider nicht weiter verfolgte Insistenz von Philosophiestudentinnen während meiner Universitätszeit, bei dieser wohl abstoßenden Krisis von Kritik überhaupt zu weilen. Das erinnere ich genau noch: meine Wehr gegen eine solche apriorische Tabuisierung von Kritik schlechthin, die – so die Gegenargumentation – schlicht zu restituieren sei mittels den naheliegendsten Gründen dieser Welt. Gleichwohl nehme ich es mir jetzt heraus, den damals fast tumultösen Einspruch gegen mein Prozedieren, nach Maßgabe der „Kritischen Theorie", ernstzunehmen. Was hat es mit diesem befremdlichen Infektionskonzept, der unaufhebbaren Negation selbst schon der Möglichkeit von Kritik, auf sich?

Wie fremd auch immer, die Ansteckung der Kritik von ihrem Kritisierten, deren Destruktion, kann zwar nicht ausgeschlossen, wohl aber, wie üblich, abgedeckt werden zur Rettung dessen, was ich eben „intellektuellen Abhub" der apostrophierten Kritikdekadenz nannte. Weshalb aber deren durchschnittliche Verleugnung nahezu, wo doch ihre Vollzugspotentialität unbestreitbar erhalten bleibt? Das liegt an deren schizophrener Fusionsleidenschaft, deren letzten Bemächtigungsverheißung darin. Einfache Auskunft demnach:

Man lasse von dieser psychotischen Pathologisierung der Signifikation ab. Nein, nein – vergessen ist so, tatsächlich allenthalben vergessen, daß objizierte kollektivierte Psychose ihren Pathologiecharakter, wenn auch bloß zum Scheine, so doch de facto supereffektiv, einbüßt, und, weit darüber hinaus, führt alle bedeutungssichernde Distanzierung, die Rediskrimination des Kontaminats des Kritisierten und seiner Kritik, eben nicht in ein objektiv pathologiebefreites Jenseits, vielmehr in die rein psychotisch interne paranoische Parierung der grundlegenden Schizophrenie – kein Aufatmen demnach auf Dauer, vielmehr immer nur der passager befriedende Anschluß an die unkenntlich gemachte globale Hegemonie der Paranoia, in der sich das fehlbesetzte Heil der Gattung progredient verwirkt. Invers zum universellen Mainstream bedürfte es der besonderen intellektuell aufgeklärten Achtsamkeit auf die objektiv schizophrene Kulturfundierung versus deren offizielle Liquidation. Nochmals: die bedingend bedingte paranoische Entflechtung, dieser Normalitätsschein, verliert, als Anlaß sich rekreierender Signifikation, der Kulturarbeit, ihr ebenso objektiv psychotisches Wesen freilich nicht.

Damals schien die Wahrung solcher einmaligen Genealogie von Kritik, aber als deren Dispension, ausschließlich in weiblichen Köpfen zu spuken – weiblicher Protest? Trotz aller Elaboriertheitsdefizite, durchaus, und zwar im Sinne eines schwachen Wiederaufkommens überkommener weiblicher Opposition wider die patrifiliale Gegenrationalität. Auf diese hat ja die Gattung, um ihres Überlebens willen gesetzt, und sich damit zugleich ihr Finale eingehandelt. Und in diesem dubiosen Progreß verliert die Obtestation femininer Gegenpotenzen, zentriert um die Exposition objizierter Schizophrenie, alle Durchschlagskraft, um als bloßer Stimulus ihrer paranoischen Abfangung, zutiefst verborgen, zu subsistieren. Überhaupt fragt es sich, ob es ohne diese rationalitätskreative paranoische Abdrehung, rein nur schizophreniefundiert, menschliche kulturale Existenzchancen geben könne. Wenn nicht, naheliegenderweise, zerschellt, au fond schon, jeglicher Feminismus daran, gemessen an seinem eigenen subversiven Anspruch, restringiert auf seine Dienstbarkeit dem gegenüber, wovon er wähnt sich zu entfernen.

Dringend erwähnt werden sollte noch eine andersgelagerte – wie mit der eben thematischen zu vermittelnde? – Spielart dekonstruktiver Kritik der Kritik: deren zwingende Rückführung auf die Abwehrfront der „projektiven Identifikation", allemal ein Grundvorgang der Selbstbereinigung mittels des betreffenden Übels Anheftung am Anderen. Meine Empfehlung, jegliche, auch noch so moralisch gebotene, Kritik diesem Neutralisierungsmodus zu unterziehen, macht sie zum untragbaren Todfeind aller erpresserischer Wertesanktion. Ja, einmal auf diese gründliche Wertesistierung geraten, tue ich mich sehr schwer damit, ein solches Kritikverbot nachgerade, zumal im Extrem von Werteverletzungen, durchzuhalten. Wievielmal fällt, nach der Bibel, selbst der Gerechte am Tag, fällt er in den alten Fehler dieses projektiv identifikatorischen Austauschs, dieser Auswechselung je der eigenen Abträglichkeiten zurück? So daß deren eingeschränkte Lizenz fällig werden sollte? Die Vollzugssituation dessen bleibt aber dilemmatisch, und wäre als solche zu verwinden, ohne daß der reuigen Restauration des Wertegenügens stattgegeben würde. Vielleicht auch sorgt diese Kautel dafür mit, daß Werte, just die humanistischsten, wie so häufig, zu mörderischen Terrorgrößen degenerieren? Außerdem übereinkommen beide Modi der Kritik der Kritik in der Abwehr der paranoischen Hypostase: die erstangeführte durch die Supposition der Schizophrenie als notwendiger Anreiz der, davon abhängiger, kulturgenerativ paranoischen Abständigkeit; und die folgend ausgeführte hier durch die entparanoisierende Rückstufung der Projektion, identifikatorisch, auf ihre Provenienz.

Was das exponierte Autonomieproblem anlangt, so ist es hier wohl zweckmäßig, mich weiterer kaum begrenzbarer Ausführungen zu enthalten. Man denke etwa an alle psychoanalytischen Hypotheken diesbetreffend, dafür zentral, die reaktionäre ichpsychologische Ichautonomie. Anstatt dessen bitte retour zum Ausgangsbeispiel, den Kaffeefiltertüten, das, in der Folge, sich wegweisend erwies, und zwar in Richtung kapitalismusmaximierender Versingelung, überhöht allemal vom Schein der haltlosen Autonomiefrage, in seinem kritischen Wesen unterlaufen von seiner genealogischen Kritik, und, wie gehabt doppelt gedämpft; die, unvermeidlich, mit jeglichem Werterigorismus kollidiert und zu Kompromissen mit diesem, nicht selten, genötigt erscheint.

Kaffeefiltertüten und Autonomie – in aller moralischen Verblendung vermöchten sie, wie Alles, zum Fanal avanciere – schaut her! Umso triftiger ihre transempirische Herkunftsgeschichte, mindest mit auch ein Dämpfer ihrer phantasmatischen Emphase. Generalisierbar das projektiv identifikatorische Wesen aller Produktion, und die resultierenden Dinge gleich dem Sichselbstlosgewordensein, und am besten sogleich auch dessen Sichselbstüberlassen ob des drohenden Aufkommens der bleibenden Schuldigkeit der Projekte. Nicht zu unterschätzen zwar die allein damit vergönnte Freiheit, gleichwohl ist sie blind gegenüber dem projektiven Transfer der nämlichen Übel in Dinglichkeit hinein. Worin diese Mala bestehen? Notorisch im „negativen Ödipuskomplex", dem hypertrophen „Narzißmus", dem letztanmaßenden „Todestrieb", also in der Qual der – nicht hinlänglich rettenden – Sanktion der „Autonomie, Autarkie, Absolutheit". Diese verbogene Göttlichkeit wäre, konstitutiv, in allen kulturellen Dingen anzutreffen, jedoch kaschiert durch das besagte Liberationsgefühl; vergeblich aber, dessen Decke nämlich ist allzu porös, um nicht die „Waffenhaftigkeit aller Dinge", in Einzeldosierungen, durchzulassen. Allzeit überhöht der Preis dafür, diese violente Dingpathologie – Waren, Waffen – aus der Welt zu schaffen.

Hört man nicht die armen unschuldigen Kaffeefiltertüten unter der intolerablen Last dieser ihrer genealogischen Beanspruchung, fernab ihrer ordentlichen empirisch ontischen Genesis, ächzen? Eine derart philosophische Charge, sie ist noch nicht einmal ein zündender Witz? Vorsicht! – denn im Witz leuchtet ja das thematische Unbewußte momentan auf, und sein obligates Verlöschen kompensiert sich, in seiner schriftlichen Fixierung, immerhin, wenn auch nicht infinit. Aufrecht mögen wir halten das witzige Mißverhältnis zwischen der Marginalität des angängigen Sujets und deren genealogisch erhabenen Vindizierung, a fortiori als Wahrung jener abgründig martialischen Dignität. „Kein Dinglein ist auf Erden, Dir, Ares lieb, zu klein. Du ließt sie alle werden, und alle sind sie Dein." Gewöhnungsbedürftig? Mehr als das.

„Versingelung" – sie ist ein, gesellschaftlich beinahe erzwungenes, ethologisches Artefakt der feministischen Emanzipationsstrategie „Erwerbsarbeit". Als solche schickte sie sich alsbald an, als einzige dieser Planspiele zu fungieren, die anfänglich konkurrierende „entlohnte Hausarbeit" weit hinter sich lassend – bezeichnenderweise, wie noch erklärlich werden wird. In erster Linie geht die „Versingelung" Frauen an, in merklicher weiblicher Dominanz, wohingegen die zweifellos vorhandene männliche eher marginal, als abgeleitete Konsequenz der weiblichen, verbleibt. Nicht aber sind Frauen überhaupt von „Versingelung" betroffen, in Frage kommen dafür, zentriert partiell, eine Auswahl jüngerer potentiell berufstätiger und auch heiratsfähiger Frauen.

Mutterseelenallein – Tropologien zur Gewähr von Heide Heinz: „Zur Theorie der Versingelung"[2]

Wie aber kam es zur verbreiteten Option der „Erwerbsarbeit" als der exklusiven Emanzipationsstrategie, angängig die zitierte Frauenselektion? „Um der Gerechtigkeit willen", so die erhabene Leitidee, zwar kein Produkt moralischer Urzeugung, vielmehr abhängige Variable eines ganzen Systems übergeordneter Voraussetzungen, die sich im buchstäblichen Stand der Dinge: „kapitalisierte Technologie" versammeln. Als gehaltliche Referenzen dessen kommen in Frage die – konservativ unterdessen (bis auf die Atomwaffen) abgesetzte – Atomkraft, sowie die, nicht schon nur angesagte epi-

---

2 H. Heinz: Bausteine zur feministischen Theorie: Zur Tendenz der Versingelung. In: Die Eule. Diskussionsforum für rationalitätsgenealogische, insbesondere feministische Theorie. Hg. H. Heinz. Zugleich Organ der „Arbeitsgruppe für Anti-Psychoanalyse". Nr. 6. Wuppertal/Düsseldorf. Herbst 1981. S. 130–133. Zweitpubliziert in: H. Heinz: Wunsches Mädchen – Mädchens Wunsch. Rückblick auf die Unmöglichkeit des Feminismus. Wien. Passagen. 1994. Passagen Philosophie. S. 85–89.

kalyptisch medienkulturale Allverflüchtigung ätiologisch in Frage. Jedenfalls avanciert die „Versingelung" wie zu einem pars pro toto, dem Blickpunkt der, in unseren Breitengraden, universellen Demokratisierung aufgrund des technologischen Progresses.

Weitere Problemdimension: die Gründe der apostrophierten weiblichen Vorherrschaft in „Versingelung". Nun, es gibt vieles an kulturellem Mittun nachzuholen – so das immanent feministische Verständnis des historischen Weiblichkeitsschicksals der Depotenzierung. Hauptakzent indessen der gesuchten Begründung: das Mannsgebilde kulturaler Gewalt entschuldende Tochterwesen, bis hin zum produktionsgenerativen Vater-Tochter-Inzest – so die Öffnung des weitesten gattungsgenealogischen Feldes der auf der Stelle sich objizierenden Inzestemotivik. Fehlanzeige, daß sich die essentielle Kulturviolenz durch weibliches Mittun an Kulturarbeit ermäßige. Im Gegenteil, man muß sogar befürchten, daß sie sich, inklusive der Abfallproduktion – feministische Passion integraler Aneignung –, steigere.

Welch ein Fortschritt, die reinste Torheit: auserwählte Frauen, paradigmatische Töchter, nobilitieren sich zu „freien Lohnarbeiterinnen", dem feministischen Dignitätsultimum. Die zumal abzuleistende Arbeit bleibt fast gänzlich unerörtert. Alle Freiheit einschränkt sich auf den glücklichen Moment, alte als obsolet desavouierte Fesseln abzustreifen, um, also emanzipiert, in die offenen Arme des aviden Kapitals schnurstracks sich zu verlaufen, gnädig ob seiner Anonymität, längst substituiert durch Medienapparate. Demnach debetiert sich die Feminismusspitze „Versingelung" der kapitalistischen Finte der Maximierung des Warenumschlags, exklusiv fernab jeglicher moralischer Postulate. Verbeugung vor Marx, nicht ohne den mehr als komplettierenden todestrieblichen Ausblick auf das gebotene kapitalistische Bedingungsgeschäft.

Besonders instruktive Konsequenz aus der „Versingelung", immer inklusive ihres ökonomischen Zwecks: deutliche Modifikationen im Geschlechterverhältnis, inbegrifflich ein bisher wohl noch inexistentes Konkurrenzgebaren um die je entsprechenden Tauschwertpartizipationen, bis hin zum Gerangele um die „Prämiensexualität", die favorisierte Entschädigung für das „Opfer der Arbeitskraft", den kryptischen Sühnungsmodus der „Kriminalität der Produktion". So wie sich die Geschlechter quasi geschwisterinzestuös gegenüberstehen, erscheinen sie stigmatisiert von zölibatärer wie prostitutioneller Doppelung, „Sodom und Gomorrha" auf dem Ehetablett. So die selbstbezüglich angemessene Konvenienz beider. Nicht von ungefähr in diesem Kontext die wissenschaftshörige optimierende Reklamation der Familienplanung, mitsamt des Abtreibungsproblems. Trotz aller menschlichen Abkoppelung der Sexualität von der Prokreation, wie immer auch ermäßigt persistiert dieselbe, die „Zeugung im Fleische" als Körperpostulat, denn ohne sie entfiele ja das wenngleich angefochtene Telos aller Kulturarbeitsmühen, obsolet gesagt: die „Triebbefriedigung".

Für die betreffende Frauenauswahl gebiert so sich das Dauerdilemma – ça va! –, Hausarbeit, nicht zuletzt Kinderaufzucht, kompatibel zu machen mit einzig emanzipierter „Erwerbsarbeit", in diesem ihrem Anspruch jedenfalls tamponiert durch den häufig gebotenen Umstand subsistenzsichernd notwendigen Zusatzverdienst. Eine Lanze für die unterlegene „entlohnte Hausarbeit"? Ja, insofern sie wenigstens an deren maternalen Wert erinnert, ohne damit freilich aber die nämliche Botmäßigkeit unter Kapital/Staat zu quittieren.

Ansteht die Subsumtion der „Versingelung" unter den Utopismus der „Autonomie", das zugleich verständlichste wie unsinnigste spekulative Ansinnen, das, auf die Spitze getrieben, den emanzipationstragenden Tochterstatus in einen allgemeinen Lesbianismus hinein intensiviert. Und dann? Wesentliche Schützenhilfe dafür leistet die aktuelle Medienkonjunktur, die maßlose Pseudologie der Autonomieerfüllung in der Imaginaritätshegemonie über alle Welt. Gehts noch? Zum postmodernen Expresszug müßte man doch damit rechnen, daß, getreu der allgemeinen Indifferenzierung, sich die Grenze zwischen „Erwerbs- und Hausarbeit", nicht gerade zum Vorteil genealogischer Durchsicht, vermischt zu häuslicher Erwerbsarbeit/erwerbsarbeitlicher Hausarbeit. Szene: junge strapazierte alleinerziehende Frau erledigt, in Heimarbeit, jüngst genannt „Home Office", am Computer, einen eiligen Firmenauftrag und nebenan quäkt ihr Säugling, warum auch immer. Allzeit der Würgegriff des einzigen Hauptwiderspruchs zwischen „Kapital" und „Arbeit", nebst dem sich aufplusternden Nebenwiderspruch der „Frauenfrage" – Widerspruch?? –, manifest in vollen Windeln und Hungergreinen.

Nach einer anfänglich brauchbaren Rezeptionslage innerhalb feministisch engagierter Gruppierungen schandbar progredientes Totschweigen der damals frühen kritisch ausholenden Gedankenfülle. Selbst deren spätere aktualisierend kommentierende Zusammenstellung in „Wunsches Mädchen – Mädchens Wunsch" erwies sich als bloßer Erinnerungsflop, als Zeugnis mit auch des gegenwärtig gravierenden politphilosophischen Aufklärungsverlustes sowohl in Sachen Marxismus als auch Psychoanalyse, begleitet oft vom dümmsten aller Gegenargumente, diese einmaligen Gebilde bürgerlicher Selbstbesinnung seien überholt, wo doch dessen gesellschaftlich fast schon eschatologische Unheitsblüte im Kommen scheint.

Woran dieses Versagen liegt? Böse gesagt, an der exakten Konterkarierung aller verbreitetsten moralistischen Werteduselei. Differentiell wäre in diesem unbeliebten Unterfangen indessen zu respektieren, daß der kritische Zupack primär der Intellektualität der Genealogiesperre gilt, einer Angelegenheit beinahe des Überlebens der Kritikagenten. Und eine Etage darunter, was geschieht, kritisch wiederum, den fraglichen, genealogisch ja tabuisierten Gehalten, kriterial dem Versingelungskonzept? Fürs erste, deren hypertrophen Heilsemphase, ihrem Utopismus und der davon – gewerkschaftliche Beute – befreiten Überzeichnungen? Unbeschadet aller notgedrungenen Konzessionen, es muß dabei bleiben, den bloßen Regiewechsel der Abhängigkeit vom Ehegesponst in die vom „Kapital" höchst selbst tüchtig anzuschwärzen. Wohin das führt? Jedenfalls – unsere Kritikschwäche? – (noch) in keine Alternative.

Intimer Rechtsgrund dafür: nicht ist es mitanzusehen, wie feministisch verführte Töchter blind in die weit geöffnet einladenden Arme, dahinter ins offene Messer des „Kapitals", immer zur höheren Ehre desselben, eilen. Trotz aller dahinein geborgenen paternalen Protektionen, lesbianisch ambige erfüllt, Tochter ist auf diesem gewaltstrotzenden Irrweg buchstäblich „mutterseelenallein", die andere „Versingelung", bar der Erinnerung an die eigene fleischliche Herkunft. Einsprüchlich derart, ergäbe einen heterogenen Feminismus, der sich so auch nicht nennt.

Nicht selbstverständlich habe ich, rückblickend, meine substantielle Kritik der Kritik nicht vergessen: ihr projektives Identifikationswesen sowie, noch schwieriger, daß in ihr, schizophrenisiert, das Kritisierte die Kritik liquidisierend ansteckt, und damit beider paranoische (Re)diskrimination veranlaßt. Als ich alldem irritiert näherrückte, erlaubte ich mir, wie halbherzig auch immer, die Konzession einer Rückfälligkeit in reservationsfreies kritisches Prozedieren; wie eben, in meinen Versingelungstropologien, wie unbesehen, geschehen.

Prophetischer Zorn versus unbegrenzte compassio – ein bleibendes Dilemma, geschuldet meiner zerreißenden Existenzdoublette als passionierte Philosoph und kontramoralischer (nicht mehr) Psychoanalytiker.

Zwei ungewöhnliche Nachtträume, dicht nächtlich nacheinander. Die Erinnerung an den ersten bereits verwischt; jedenfalls geriet ich, nicht unberechtigt wegen eigener vorgängiger Vergehen, in eine massive handgreifliche Auseinandersetzung mit einer, mehr als kämpferisch ebenbürtigen, älteren Frau. Open end – eher bin ich, erwachend, unterlegen. Im zweiten deutlich erinnerten Traum mußte ich mich der gekonnten ebenso Racheattacke eines gut zehnjährigen blonden eher vornehm ausschauenden Jungen in einem roten Pullover wenig erfolgreich erwehren. Wiederum fragwürdig mich entschuldendes ängstigendes Erwachen, nachdem ich hinter einem niedrigen Holzverschlag Zuflucht suchte.

Pathognostische Exegese im Überschlag: meine Tiefschlafbewegtheit, mindest reduziert, wenn nicht blockiert, versucht sich durch zunächst rettendes Überschwappen in die Imaginarität des Traums, sogleich als Zweikampf, zu kompensieren, also keine asymptomatische Kompensation, aber doch eine, im Erwachen besiegelt. Problematisch die initiale NON-REM-Motilitätsbeeinträchtigung – ein Alkoholeffekt?

Ununtersagt die Nachfrage nach angesonnen heterogenen Selektionsgründen der älteren Frau und des kleinen Jungen. Die Spur führt zu meiner schon erwähnten somnialen Mutterverwendung, und, besonders drastisch, in mein desiderant restierendes psychoanalytisches Ausbildungsstigma der „Aggressionshemmung", in dem ich endlich, wenn auch nur fiktiv somnial und auch ohne für mich günstiges Ergebnis, wenigstens mit mir selbst mich polemisch auseinandersetze.

Freilich reklamieren solche Träume mindest umfängliche exegetische Abhandlungen.

Mein Infektionstheorem verdient weiterer Beachtung, der ich kurz noch stattgebe. Die bisherige Reservation der negativen Dialektik rein für den Kritikfall ist leichthin wohl aufhebbar zum Vorteil der Ansteckungsgeneralisierung für Signifikation überhaupt; nur daß sodann das charakteristische Tilgungsspiel, motivierend aneinander mangelhaft, gänzlich auszufallen scheint. In dieser anfänglichen Phase ohne Anfang stellte sich die wechselseitige Selbstliquidation der Signifikate und der Signifikanten auf Dauer, wenn sie, entropisch, nicht in destruktiver Indifferenz beider endete. Gleichwohl ist diese Phase – traditionell freudianisch so etwas wie die „Urverdrängung" bereits in pathologischer Ausgestaltung – als unursprüngliches Bezeichnungsinitial unverzichtbar, darohne fehlte ja jegliches Motiv der Repräsentation, unsere einzige Seinsgewähr im memorialen ante/inter/post festum der Signifikationsleistung, fehlte die faktische Materialität derselben miteinzubeziehen.

Das ist schon lange her, der dem Untergang geweihte vehemente weibliche Einspruch wider alle Souveränität von Sprachschrift überhaupt in ihrem memorialen Besagen und Beschriften. Wie das? Ein zweifelhaft antipsychiatrisches Plädoyer für die Protektion der Psychose? Nein, alleine schon deshalb nicht, weil, entgegen den übliche Vorurteilen, die immanente Psychotik von Kulturleistungen wohl unterschieden werden muß von der individualpathologischen Usurpation derselben mit ihrem objektiven Pendant der Rüstung. Genealogisch profunde vorrangig aber kommt dem exponiert reifizierten psychotisch gewandeten weiblichen Einspruch das allwesentliche Monitum zu, daß alle Signifikate in zu opfernder Maternalität bestehen, der es vergönnt sein sollte, wenigstens passager sich diesem ihrem universellen Schicksal mit der apostrophierten Infektion zu erwehren. Freilich, diese Rechnung geht nicht auf, denn die Hypostase der rächenden Ansteckung ist suizidal.

Nochmals: Inwiefern kann im durchschnittlichen Fall von Nichtkritik überhaupt noch von einer gelingenden Intoxikation, die Signifikation mindest trübend, gesprochen werden? Vor dem entropischen Vernichtungsende der signifikatsgetätigten Infektion – „Todestrieb" auf seiner kippenden Spitze dort, wo er nicht hingehört; vor der Aufhaltung dieses Endes in signifikativem Kollaps, etabliert sich, adaptiv vergleichsweise, ein labiles, anankastisch gefestigtes Ausgleichsverhältnis zwischen den Nicht-mehr-Antagonisten Signifikant und Signifikat – so der höchstbedingte Normalfall.

Hauptbedingung dessen – Näherung ans kulturgenealogische Zentrum – die immer nothaft gewalttätige (Re-)Diskrimination beider, die ein gegenständlich essentiell paranoisches Verhältnis zwischen beiden inauguriert – Schizophrenie, also, bleibend symptomatisch, in Paranoia hinein gerettet, die Exposition des Wechselspiels mutueller Verfolgung, (un-)beschadet aller verordneten Friedfertigkeiten darin. Was, pointiert, nichts anderes heißt, als daß die Rationalitätsspitze Wissenschaft just in diesem paranoischen Arrangement gründet – kein Wunder demnach von hier aus, ihre als solche kriegswissenschaftliche Kulmination.

Nicht uninstruktiv hierzu ein Blick auf die Paranoia betreffenden klinischen Zustände. Penetrante Erinnerung an die Seufzer mancher geplagten Psychiater, daß ihre reinen Paranoiker – Frauen waren selten darunter – knallschizophren würden, um sie allererst behandeln zu können. Ob die ehedem notorische Therapieresistenz isolierter Paranoia fortbesteht, recherchierte ich bislang leider zwar nicht, doch paßt sie, gleichwie, gut zur Paranoia als globale Universalpathologie, von ihrer szientistischen Epikalypse an, über ihre institutionalisierten Alltäglichkeiten, bis hin zu den unsäglichen Greuel der Gattungsgeschichte – die stabilste Kontinuität allen todestrieblichen Grauens. In dieser Aufklärungsausrichtung erscheint mir meine „Kritik der Kritik" wie aus der Hand geschlagen angesichts der bundesdeutsch rechten Hitlerverehrung – Hitler, einer der größten historischen Verbrecher compassio-limit? Wie dem drohenden Moralismus der Mitverurteilung des personell klinischen Paranoikers, mitsamt der dafür kriterialen Homosexualität – die allerheikelste Angelegenheit – entkommen? Das wird nicht möglich sein, weil der unvermeidlich urteilende Verdiktcharakter alldieser skandalösen Optionen subsistiert. Geschwächtes Entkommen aber mittels wissenschaftlicher Neutralisierung? Nein, sie verkommt zu fiction, umso schlimmer. Einzig die Gutherzigkeit der Konzession der „freien" Nichtwahl der paranoischen Verderbnis, mit auch das heroische Postulat der Verantwortungsübernahme von selbst nicht Verantwortetem abzuweisen; ebenso den Respekt vor der individualpathologischen Ambivalenz – Affirmation/Opposition – zu wahren, mag die Verlegenheiten moralischer Rückfälligkeiten ermäßigen?

Ich darf mir hier erlauben, meine orestische Paranoiarevision – Leitsujet der letzten Zeit – auszulassen, nicht aber, um mich davor zu drücken, mich dem Problem der diversen Fahrlässigkeiten auszusetzen, wohl an erster Stelle dem widerphilosophischen Als-ob-Tiefsinn der Seinserfühlung, in dem defensives verleugnetes Netz und Seil für die gesuchte große Erfahrung bloß noch Sentimentalität übrig läßt. Freilich, auf dieser verzagten Route kann es einen schon einmal gelüsten, die Seinsfrage abzuschaffen – Vorsicht aber, ein solches Eliminationsansinnen landet allzu oft in der Praxis seiner erborgten Gewalt. Was ich zum Ausdruck bringen will, einläßlich dieser Dimension lebt man gefährlich, von deren innerem Höllenbrand her, und, zudem, intersubjektiv durch Ächtung.

Zurück zum Problem der „Schizoparaden" – Grundfrage der metabasis der Schizophrenie in Paranoia, die schizophrenie-animose Grundlegung der Repräsentation. Nur daß sie, die Rettung, so nicht rettend ausfallen kann, denn ihre Repulsionskraft, gewaltbeerbt, ja alle Welt mit ihrer mörderischen Bedeckung männlicher Eingeschlechtlichkeit überzieht. Wann diese Wechselkonversion zweier psychiatrischer Pathologien, die, objiziert, keine solche mehr sei, versiegen könnte? Man übernimmt sich eo ipso mit einem solchen depressiven Utopismus, genötigt, selbst dieses Negativaxiologikum ins Nichts wiederum – o Buchstaben bloß! – zu streichen. Rein innerpsychoanalytisch – welcher überschießender Effektivität, in den Sternen stehend, aber? – wäre schon recht viel gewonnen, sich auf scheinbar beiläufige Gnomen Freuds, jenseits des hypostatischen Intersubjektivismus der Psychoanalyse, zu besinnen, etwa darauf insbesondere, daß die „gesellschaftliche Libido männlich sei"; immer noch bestens untergebracht bei Dahmer, dem einsamen Überlebenden des Freudomarxismus, publikatorisch inzwischen untergekommen nicht bei „Suhrkamp", sondern im „Westfälischen Dampfboot", bezeichnenderweise, nichts dagegen. So steht es derzeit um die bundesdeutsche Intellektualität.

Stark tränende und mäßig brennend schmerzende unentzünd-
liche Augen, im Intensitätsgrad schwankend, dazu laufende
Nase mit Niesanfällen; Abfluß farblos wässriger Flüssigkeit
en masse in den Hals und die dadurch belegten oberen Bron-
chien, ohne, wie mehrfach ermittelt, jegliche Infektionsindi-
zien.

Schon monatelange Persistenz dieser Symptome, nicht selten
verbunden mit Kopfdruck, Versteifungs- und Verbiegungs-
empfindungen um die eh ja pathologisch multipel lädierten
Augen herum.

Augenärztliche Fehlanzeige: diagnostisch die übliche Überkompensation von Austrocknung, und, folgend, vergeblich,
mit einem Artelac-Präparat therapiert. Ich muß mich selber
fragen, weshalb ich jeden weiteren therapeutischen Zugriff
aussetzte, bis, vor kurzem, wie schlagartig, die überfällige
andere Aufklärung – ob wohl tatsächlich modifikationsbe-
gabt? – gelang.

Mehr als kontingente Subsidien dazu: eben der – von mir gar
unterstützten – vorherrschenden Symptompenetranz zusätz-
licher Lektürebehinderung. Ferner der alters- und primär
pandemisch-bedingte Status sozialer Isolation, die zu einer
Sonderkathexe des Schreibens mitverführt, deren überdeut-
liche somniale Sanktion ja nicht ausblieb. Dazu ein eher di-
rekter Fingerzeig: die Gedächtnisblockade, der lektorale Re-
produktionsausfall durch die enigmatische Entrückung der
eigenen Schriftlichkeiten. Welche Mühe oft derselben paradoxen Begünstigung! Allemal stabilisiert sich so der vorrangige Zusammenhalt von Sehen und Gedächtnis.

Seltsam abdriftiger psychoanalysetranszendenter Voyeuris-
mus, der zwingend darauf hinausläuft, das aus seinem Hin-

tergrund hervortretende basale Defizit anzubringen: Adlerianische Spuren legend, den memorialen Mangelfall, „organische Minderwertigkeit" des Gedächtnisses, die ihre Kompensation, um des Überlebens willen, erfordert, ungefeit dagegen, symptomatisch überkompensatorisch zu degenerieren. Wie hier ja zugange: in der besagten visuellen Überbürdung, die mit dem Gedächtnis fusionieren müßte, um dessen Mangel auszugleichen. Frustrane misera – selbst wenn dem ein fetischistischer Rest verbliebe, die kompensatorische Überwertigkeit geriete allzu prägnant, um das schriftliche Abgleichungsgeschäft zu retten. Zuviel der besagten memorialen Hilfsumstände, die, de facto ja von der Dignität von Gelegenheitsursachen, das große Schriftdebakel summieren: die symptomatisch überangestrengt skripturale Situation, deren Solitüde, deren Persekution bis in die Träume hinein, überhaupt deren Dechiffrierungsqualen selbst gegenüber eigenen Schriftprodukten.

Nicht vergessen die Belange dieses supermemorialen Organons Schrift, die Austragsstätte alldieser abgeleitet wissenschaftswidrigen visuell endenden Misere. Mit Schrift eröffnet sich, im Ausgang vom besagten symptomatischen Entrée der Lektüreversperrung, der spekulative Großraum humanitärer Genealogietotale. „Im Anfang war das Wort, und das Wort war bei Gott, und Gott war das Wort", sprich jetzt (???): den Ursprungsentzug macht die verbale Schriftfixierung, bis auf das Mirakel der „resurrectio mortuorum", der Erweckung des „toten Buchstabens" zum „lebendigen Sinn", Eros-Thanatos-Verklammerung gesamtkunstwerklich, Befehlshaberschaft aller abkünftigen Verdinglichung der weiten zirkulären Wiederankunft bei der litteralen Totheitsdisponierung, Anamnesis aller Welt, „n-tes Futur im Irrealis", gleich Rüstung, auf den vergeblich obsekrativen aufgeklärt inneren Begriff gebracht.

Schrift dergestalt, mein philosophiegenerisches Urkompensat (gleich dazu wofür). Unvollständig noch und zerstreut insonderheit die Eigenarchäologie desselben, vorausgehend und nachfolgend etwa dem frühen prägnanten Szenarium: ich brenne, unter dem Schutz des mütterlichen Fernblicks, mit einem glühenden Stocheisen Buchstaben in Holzscheite. Ungern erinnere ich mich zudem der ersten gescholtenen Schreibversuche zu Beginn des ersten Volksschuljahrs auf einer Schiefertafel mit einem Schiefergriffel derart buchstäblich eindrücklich, daß die eingeritzten Buchstaben nicht mehr gelöscht werden konnten. Auch Schönschreiben mit Tinte mißglückte mir, bloßgestellt dafür, fast immer.

Ja, aber muß da so heftig kompensiert, mehr noch: überkompensiert werden? Obenrüber ist das schon recht klar: schuld daran – was anderes sonst? – ist ein Gedächtnisdefekt. Nur daß dessen isolierte Objektivierung bisher fast gänzlich ausblieb, bloß aus der präjudizierten Kompensationsvehemenz erschlossen werden kann. Indiz vielleicht dafür: wohl circa sechsjährig, erwachte ich einige Male panisch, weil ich einige Sekunden lang nicht mehr sprechen konnte. Viel später, zur Zeit des Studiums, kämen dafür wohl, mitverursachend, epileptische Allusionen in Frage: „Sprechhemmung (wie schon angesprochen), Zeitsinnstörung, epigastrisches Gefühl, Blässe, Schweißausbrüche".

Viel explikative Nachholarbeit also, angewiesen auf den – zur Zeit absenten – Beistand intelligenter Organmediziner. Überhaupt hierbei: ohne Physiologie, angängig, kein Auskommen?

Kompensatorischer Betreff war bisher das Schreiben selbst, durch vielerlei Umstände hypertroph geworden und dadurch, wenigstens somnial, einer besonderen Sanktion ausgeliefert. Gleichwohl, es gedeiht ja üppig weiter!, mit Abstrichen. Entscheidend hingegen behindert das Lesen, die Lektüre, sei es fremder, sei es, a fortiori, eigener Texte. Wie das? Zum Schreibensvorgang insgesamt gehört das Nachlesen des Geschriebenen gewohnheitsmäßig dazu. Verkommt es nun zu einer fast detektivisch aufwendigen Dechiffrierungsmühsal, immer mitbedingt durch Kurzzeitgedächtnisschwächen, so initiiert ein solches eingreifendes Sanktionsregiment vorausgehend besondere Prätentionen, pointiert eine Art symbolischer – objektivistisch verschobener (un)entstellter – autophagischer Selbstverschlingung, ultimativ ödipaler/narzißtischer/todestrieblicher Notgeburt der Zufutterrecherche, wenn nicht außengeöffnet, selbstreferentiell verbleibend, suizidale Selbsterledigung, überhöht das Ontologiemalheur des „Todes Gottes" ob seiner Absolutheit, schlechthin. Davor schon in seiner Divinität, so opferheischend und sanktional, sich selbst widerlegend.

Pointiert mundan wiederum, so wie hier, nicht minder, überhaupt die Dauermalaise, zunächst unseres Gottes selbst, der Beschaffung von Subsistenzmaterie, der Alimentierung des Absolutheitsfimmels, des Assemblées letaler Gewalt. Wie dem entkommen? Zwar die naheliegendste Präge dieser Welt, die Antwort jedoch läßt alles weiterhin zu wünschen übrig, so die paradoxe Rettung in der Ambiguität bloß von Symptomen besteht, also in der konservativen Rückbindung an das initiale Übel, ineins mit dessen Attackierung; was immerhin einige Aufmerksamkeit erregt. Zudem ist eo ipso damit ja zu rechnen, daß, selbst im Falle subjektiver Symptomfreiheit, die nämlichen Symptome in kulturobjektiver Gestalt, wie unerkannt auch immer, beengend peristasieren.

Nun zu den Symptomen selbst, wie zum Kapitelanfang angesprochen und in der Folge präparierend paraphrasiert, bis zum, jetzt noch zugange, resümierenden Neuansatz. Exponiert supplementierende Gelegenheitsursachen zunächst, Pathologie akzelerierende Umstände: altersgerecht sitzt mir der Tod im Nacken, und die expansive Corona-Pandemie sorgt für die schreibensinflationäre Isolationshaft. Der derart zunehmenden Anmaßung, mitsamt deren konsequenter Sanktion, und ebenso der dadurch erfolgenden Behelligung meines integralen, die Eigenlektüre mitumfassenden Schreibens, genug, pathologisch irritiert, zwar keine Arztbesuche, doch – immer noch stockend – pathognostische Dekodierungen auf den Plan zu rufen? Gewiß, aber, tränende Augen etc. allein fundieren eher nur als Mitgründe der symptomatischen Lektürebeeinträchtigung, denn unerwähnt bislang blieb meine gravierend zentrale Augenpathologie, die Lektüre und anderes empfindlich verstört: Maculadegenerationen, rechts, sich selbst überlassen, trocken, und links, feucht, die Dauertherapie von Rezidiven. Also wäre damit mein schönes authentisches Zugangskonzept dazu außer Kraft gesetzt? Nein, überhaupt nicht, gleichwohl unbewährt, weil ich ja die Maculaangelegenheiten pathognostisch nicht aufschloß – ich komme mir, so medizinisch okkupiert, zur Zeit nicht nach; was gleicherweise auch für meine Polyneuropathie mitgilt. Unvollständig demnach die Deduktion meiner Schrifterkrankungen, die, betreffend die Macula, der transphysiologischen Sinngebung ihrer Degenerationen harrt.

Gut, deren Ausstand desideriert. Nicht zu übersehen aber, daß sich, wissenschaftsverpflichtet, die Überbietungsvalenz eines wie heterogenen Substrats anzumelden scheint, das alle überschießenden Sinnvindikationen zu einer tunlichst verzichtbaren Dekoration entwertet. Mitdenkend in diese Richtung käme man bei irrationalen Letztfakten an, allzeit szientistisch verstellt zum einzigen Denkgenügen, unsererseits aber konzediert als Monitum des Entzugsrests in aller, und sei sie auch noch so umfassend und gründlich geraten, sublimen Sinngebung. Ja, vielleicht ist diese bornierende Todeserinnerung, durch alle Verstellung hindurch, mit auch ein Erfolgsgrund von Wissenschaft? Dem sich selbstkritisch zu stellen, würde es dringlich – um das veranschlagte Pathologiebeispiel einschlägig zu bemühen –, bei der, weil überkompensiert kaum mehr manifesten Trockenheit der Augen zu weilen, weg von deren wissenschaftlich verfälschten waffenträchtigen Hypostase, und ebenso weg, zumal, von jeglichem erhaben genealogischem Zugriff. Zu welchem Zweck? Der Lizenz der Anerkennung von so etwas wie des factum brutum, bloß aber nur im Sinne eines Todesmenetekels der Unverfügbarkeit, das alle gelingende Disposition stigmatisieren sollte. Nochmals: in Erinnerung an die damalige Befremdlichkeit der ausgerechnet Ricoeurschen Apologie des „energetischen Gesichtspunkts" der psychoanalytischen Metapsychologie, Überraschung, die wohl in der selben – nunmehr schätzenswerten – Ausrichtung dieser meiner Rehabilitation der besagten wesentlichen Dispositionssperre liegt. Um sogleich möglichen Mißverständnissen vorzubeugen – ich beabsichtige mit dieser Wendung keineswegs den Widerruf der kritischen Implikationen in meiner Wissenschaftsgenealogie, meine aber befugt zu sein, den Finger auf die wenngleich gänzlich oblique Todesreverenz der Wissenschaft zu legen, ineins mit dem Verweis, daß die nämliche Wissenschaft fast alles daran setzt, schlicht todestrieblich dieses ihr Ultimum an Selbstkonterkarierung abundant ungeschehen zu machen. Es ist, philosophisch eingebunden, die alte Formresistenz der hyle – „Man sieht vor lauter Bäumen den Wald nicht mehr" –, negentropischer Differenzeinschlag, wissenschaftlich zum Anlaß genommen, jeweils – bis zur Endgültigkeit – aufgelöst zu werden, meinerseits dagegen exklusiv in Anspruch genommen als schlechterdings unüberwindliche Verfügungspräklusion. Sicherheitshalber aber möge es anstehen, in avancierter Wissenschaftstheorie nach möglichen Andeutungen dieser abweichend verdeckten Wissenschaftseignung zu recherchieren. Die übergeordnete Prämisse meines teilweisen Symptomaufschlusses – die Prätention des SehenSehens als das Gedächtnis selbst in Gänze in seiner unvermeidlichen Sanktionswürdigkeit – bleibt freilich auch dann aufrechterhalten, wenn die Ätiologie, davon isoliert, der tränenden Augen etc. eingeschränkt andere Wege einschlägt: übermäßigen Tränenfluß als Hyperkompensation affektiver, insbesondere funebrer Dehydrierung akzentuiert. Ungenehm, daß solche, ja für sich nicht abwegige, Vereinseitigungen psychosomatistisch bis in Illustrierten („Punk Uhr") hineinreicht. Fehlt dann nur noch, einen mir bekannten anthroposophischen Augenarzt zu zitieren, der, naturverbunden, hausfraulich pragmatisch, als entsprechende Therapie Zwiebelschälen empfahl (minus mal minus gleich plus).

lacrimae memoriae – ja, das Gedächtnis weint über sich selbst, weil sich verlorengeben zu müssen. Aber, immerhin, weint es eben noch, gibt dieses sein Schwinden kund. Und veranlaßt mich so, nicht zwar diesem pathologischen Defizit Paroli zu bieten, jedoch es mit intellektuellen Mitteln zu unterlaufen. Und meine Augen tränen weiter, und, mehr noch, aufkündigen, anders bedingt, o macula!, meine Lektürebefähigung, nicht ewig, aber ohne Erdenselbstempirie.

Ein noch schwärzerer Bote

„Über Hausarbeit. Für den Bundeskanzler

Nicht eigentlich kann man es solistisch anmaßend wissen: ob nun der gnadenreiche Heiligkeitsstatus des Hausrats bloß ein schlechter, doch hoffnungsvoller Witz sei, oder aber, ganz seriös, die lautere Wahrheit. Wie sich entscheiden? Freilich schlicht demokratiegemäß staatsbürgerlich intersubjektiv (um nicht sogleich zu sagen wissenschaftlich): was eindeutig heißt – man möge es demnach mit den oft neckischen Serenitäten zwischen den Sterblichen, weiblich, und ihren huldvollen Göttern (dem Einen Gott auch des Hauses) in den Satyrspielen der Werbung nicht übertreiben! –, er ist die ernste lautere Wahrheit der Haushaltsgegenstände und -geräte, zur Zeit gar mit der moralisch-altruistischen Obligation der Arbeitsplätze-Erhaltung indiziert.

Folgenreich dieses von der breitesten Mehrheit getragene Votum. Es macht nämlich zwingend, daß es keine imperfekten Dinge – verschmutzende, verschleißende, verrottende, kaputtgehende (reparabel und/oder nicht) – geben kann. Im Scheine dieses negativen Dingcharakters widerspiegelt sich ausschließlich – welche Hausfrauenverantwortung also! – rein subjektives Versagen: rein nur die mangelnde Opferbereitschaft der Konstitution vollendeter Wartungskraft. Ja, man muß soweit gehen und geltend machen, daß einzig die im Körperinneren faulenden, nicht geopferten: nicht schon in dienstbare Arbeits-(Wartungs)energie transfigurierten Fleischreste wie die Wiederkehr verdrängter Faulheit als diese scheinbar nur objektiven Mißqualitäten begegnen – gestufte Gebrauchsbeeinträchtigung als Rache für solchen inneren, sich, wenn man nicht achtgibt mißverständlich, außen-reflektierenden Materialismus. Um es nochmals zu sagen: Schuld an jeglicher Art von dringlichem Störfall haben einzig die fleischlichen Menschen, zumal – auch dieses muß frei von jedem Ressentiment gesagt sein – im Hausbereich mindest die Frauen. Nicht daß man ihnen die ausgeprägtere Mitgift an Sinnlichkeit, die widerständigen Relikte einer anderen, sich in sich verbrauchenden, nicht linear fortschreitenden, also zyklischen

Denkungsart zum Vorwurf machen könnte – das ergibt wegen der Natürlichkeitsvorgabe derselben keinen Sinn als zweifelhaft aber erweist sich die diesem Naturelement aufgesetzte supplementäre Leidenschaft seiner Universalkopie: just auch übertragenerweise vom zyklischen Metabolismuswesen schier nicht ablassen zu wollen. Insofern – nur insofern – macht das andere Geschlecht die Hauptschuld dinglicher Dysfunktionalitäten – wahrscheinlich den Hauskontext überbordend – aus, so daß die Klage über die Mediävistik der Haushaltstechnologie im Vergleich etwa zu der der Raumfahrt überhaupt nicht verfängt: ist doch das Wesen der Frau so beschaffen, daß sie ihren angestammten Ort als einen immer veralterten selber wünscht.

Wesenskorrekturen aber wären nach der Extremdisziplin der Neutronenbombe – nach Ottos ungehörigem Scherz das Reinigungsmittel „Raus" (raus mit der Hausfrau aus der alleine durch sie – unsichtbare Mini-Metabolismusabsonderungen der Haut etc. – verschmutzten Wohnung, zumal der Küche) – durchaus vergönnt. Zu denken wäre dabei in erster Linie an die angemessene Ermäßigung dieser Spitzenzucht zum Lohn für Hausarbeit, dessen Autonomisierungsanreiz die innere Opferwilligkeit zum Zweck der Aufhebung der – scheinbar objektiven – Rationalitätsgefälle gewißlich förderte.

Auf diesem Wege erwüchse der Hormontherapie des prämenstruellen Syndroms – dieser typischsten, zur Ausdehnung auf den gesamten Monat neigenden Hausfrauenkrankheit – eine außermedizinisch-politische Stütze. Dieses Leiden nämlich vermag nicht Rand zu halten: nicht zu unterscheiden, wie es nur recht und billig wäre, zwischen dem allerlei Unrat (und ja auch ausnahmsweise wiederum Unratproduzenten, Kinder) ausscheidenden weiblichen Körper, dem exklusiven Schuldträger, einerseits, und den an sich nichts als properen, a priori exkulpierten Haushaltsdingen andererseits, so daß diese illusionistisch mit jenes Stigmata überzogen erscheinen und und so allererst rein in der Einbildung zu dem gemacht werden, was die monatliche Hyperhygiene am gänzlich falschen Ort – wie wenn es sich um die Nachkommenschaft im Säuglings- und Kleinkindalter handelte – provoziert: verdreckt, mit Verletzungen übersät, infektiös-krank. In der Tat benehmen sich diese Kranken so – man kann darüber trotz allen Verständnisses nur noch entrüstet sein –, als sei selbst die gediegenste Wohnungseinrichtung ein einziger Abort-Wechselbalg, freilich illegitim, die Summe toter menses-Unrat-Kinder: hexengieriges Brutgeschäft mit Schnudel-Totgeburten, Wahnsinns-quid-pro-quo von (medizinisch längst doch aufgeklärter) Menstruation mit Engelmacherei und dem Folgewidersinn der Aufzucht der toten Abtreibungen; ein Spuk, der, autosanktionell-tückisch diese schandbare Unterwelt also aufrechterhaltend, in einem für diese Erfindungen büßt, indem er das dafür Falscheste vom Falschen – unschuldige, indifferente, an sich perfekte Dinge – mit Leichenbittermienen-Beflissenheit auf Sonntagswichsglanz freilich immer nur zur höheren Ehre des angeblich so peniblen allmächtigen Vaters bringt. Das nennt man Problemlösung am falschen Ort; und – mit Verlaub – bestände nach der Maßgabe dieser Unterweltrenitenz des prämenstruellen Syndroms, währenddessen es ja leicht auch zu weiteren kriminellen Handlungen (wie zum Beispiel Stehlen) kommt, die wahre Hygiene im menstruellen Verbluten solcher Frauen, das es – gottseidank – aber nicht gibt.

Man darf aber damit rechnen, daß Dank des Fortschritts der Wissenschaften (vielleicht auch in Hinsicht der Beherrschung der Mondanteile an dieser Störung) nicht zuletzt auch solche skandalösen Ungleichzeitigkeiten schwinden; daß also die längst gegebene Erwachsenheit der Haushaltsdinge ganz auch ins aufgeklärte Hausfrauenbewußtsein als ein unanfechtbarer Wesensbestandteil eingeht. Nicht die Dinge im Hause können je – von der Oberfläche bis in die Tiefe – korrumpieren – recht besehen sind unsere schmucken Bürgerwohnungen, insbesondere darin die Einbauküchen, schon wie Waffenmuseen –, wohl aber die Funktionen der Dame des Hauses, die ihren autochthonen Platz zwischen Produktion, Tausch und Konsum, den des schönen Überflusses der Wartung, weiterhin einnehmen möge. Welch ein Unsinn also zu träumen – wie neulich von einer einfachen Hausfrau mitgeteilt –, daß der Marmorkuchen im Backofen sich derart ausbreite, daß er den Ofen selber gar sprenge und daß dies der Opfertod Christi sei; kichernd aber habe sie sich neben diesem glücklichen Unglück stehend erlebt."

anon.[3]

Dieser in der „Schwarzen Botin" anonym publizierte Text stammt – unterdessen ein offenes Geheimnis – von mir RH. Daß er in diesem radikalfeministischen Organ unterkam, verdankt sich einer meisterlichen Mutter-Tochter-Intrige der Einschmuggelung des gänzlich deplatzierten, weil, unerkannt, männlichen Beitrags ebendort, einem einmaligen intellektuellen lesbischen Unternehmen im damals akuten Feminismus, mit der führenden Front der – längst, wie von HH prognostizierten, politisch realen – Emanzipationsstrategie „Erwerbsarbeit", angeführt von Alice Schwarzers Kampfzeitschrift „Emma".

Unerfindlich, weshalb die Macherinnen der „Schwarzen Botin" diesen Text nicht als männlicher Observanz identifizierten und ins Exil schickten. Sollte ich mich also geehrt ansehen, daß mein Pamphlet mit seiner Machart und seinen Gehalten die volle Gnade dieses exkludierend autonomieversessen lesbischen Horts fand?

---

[3] Aus: Die Schwarze Botin. Hg. B. Classen. Nr. 29. Berlin/Paris/Wien. Verlag M. Auder, Dez. 1985–Feb. 1986, anonym publiziert, S. 19–20.; Zweitpubliziert in Retro II (1983–1994) Aufsätze und Rezensionen, Genealogica Bd. 36, Hg. Rudolf Heinz, Essen, 2006, S. 92–94.

Dazu, als anleitender Vorspann, wenigstens der Hinweis auf eine ausgiebige, mit Honorationen nicht inkompatiblen[4] Auseinandersetzung mit der Ideologie der „Schwarzen Botin", zusammengefaßt als ausgeführter Zweifel mindest an der lesbischen Autonomiesupposition, eines widergenealogischen Gebarens, mögliches Einfallstor auch für irrig hypostatische Verquerungen, meistenteils lebensphilosophie-affiner Art. Meinerseits teile ich diese Kritik. Allein, was ich in meinem thematischen Hausarbeitstext, astronomisch weit entfernt von allen zivilen Gepflogenheiten (deshalb dem Bundeskanzler gewidmet), propagiere, ist auch jenseits der Ausführungen von HH angesiedelt, unparteiisch anknüpfend an die Streite um die schwache alternative feministische Emanzipationsstrategie „Lohn für Hausarbeit".

Die gegebene Konzentration auf Hausarbeit mag den Vorteil für sich buchen, die hygienische Ausweitung unserer Kulturalität mitsamt dem rationalitätsimmanenten Skandal deren Wesensgrenze, zu problematisieren. Hausarbeit nämlich, in ihrer hauptsächlichen Dreifaltigkeit von Küche, Schlafzimmer und Toilette erweist progredient sich als Provokanz einschneidender Traumatisierung, die gesichert wird durch die hyle-Resistenz des menschlichen, zumal des weiblichen Körpers, bis hin zum postmodern schreienden Widerspruch dieses Schandkörpers zur selbstbezüglich abgeschleckten unverwendbaren Einbauküche, die – hommage à Otto Walkes – das „Raus" der immer unreinen Hausfrau fordert, um unbe-

---

4   H. Heinz: „Das Gesetz sind wir". Offener Brief an Brigitte Classen und Gabriele Göttle. In: mamas pfirsiche. Frauen und Literatur. 7. Hg. Ch. Steiniger, J. M. Walther. Münster. Frauenpolitik, 1977, S. 126–145.

fleckt museal – nach Maßgabe der vorbildlich „unbefleckten Empfängnis" – in ihrem reinen Fürsich fortzubestehen. Nicht demnach ist die „Abendländische Metaphysik" eine Ausgeburt überwertiger Philosophenköpfe, vielmehr stabil reifiziert in solchen marianisch ewig jungfräulichen, allzeit häretisch lädierten Einrichtungen, der purste dinglich erfüllte Manichäismus.

In meiner frühen Jugend, in der Nachkriegszeit, in hybrid ländlich kleiststädtischen Verhältnissen, hielt man sich, anfänglich rationalitätsbeflissen, eigenintimistisch, nur die Nase zu gegenüber Haushaltsfremden, eventuell Gästen und, eher, der Säuglings- und Kleinkindwartung. Das hat sich, bis heute, fortwährend, zu Gunsten der allgemeinen Ruchlosigkeit, perfekt im TV, geändert. Man muß aber doch noch manches tun, um die adaptive Körperepoché, nutritiv, exkremental, i.e.S. sexuell, zu konsolidieren. Schrägblick eben noch auf der Küche olfaktorischen Sonderfall der Wohlgerüche, damals aber leicht getrübt durch die einschlägig kulinarischen Kruditäten; an denen ich, als Angler familial beauftragter Fischeschlächter, diese Untaten sühnend durch Verweigerung, Fischgerichte zu essen, nolens volens teilhatte. Durch das beinahe von-der-Hand-in-den-Mund stellt sich das Problem der Entehrung dieser, weiland unperversen, Fleischesakzeptanz nicht. Im Laufe der kulturbefördernd fortschreitenden Zeit indessen wäre ein erheblicher Zuwachs an besagter manichäistischer Körperdiskrimination zu verzeichnen, Fleischesabspaltung mittels eines Rationalisierungsübergriffs auf das, im Seinsrang mindere, Abgespaltene, ein Fetischisierungsvorgang libidinöser Beglaubigung der betreffenden Gewalt, im Erscheinungsbild zwangspervers violenzgenüßlich – wie auch sollte solche Freiheitsverheißung nicht grosso modo seduktiv sein?

Ein Hoch auf die Freudsche symptomatische „Wiederkehr des Verdrängten", der Heimstatt nicht zuletzt aller ambigen Pathologie. Was ja nichts anderes bedeutet, als daß die rationalisierend nachfassende Körperdiskriminierung, die der Maternalität, wie auch immer inexistent und verbannt, solange es überhaupt noch Menschen gibt, subakut perenn, vergeblich eliminierend, motiviert: ja, Waren/Waffen – Dinge ohne Körperanstößigkeit selbstbezüglich annihilisierten, im Pseudos ihrer Absolutheit sich selbst. Inbegrifflich der Mutterkörper, mitbestimmend alle Körper sonst, wirkt aus sich wie ein währender Begleitschatten aller progredienten Rationalitätsmaßnahmen, ebenso störend wie unverzichtbar sein lichtes Kontrarium initiierend. Das ist wie ein Gesetz: je gewaltig reüssierender das vernünftige Körpersplitting, das fortschrittliche Materiestuprum, umso nachdrücklicher die maternale körperrache-verursachte Entropie aller rationalen Erhabenheiten, eschatologisch final die letale Indifferenz der Verdrängung und des Verdrängten, der haltlosesten Absolutheit der Kulturalität und der ententwürdigten Vorzeitbarbarei. Und wenn sie sich, zuvor bereits, als identisch erkannt haben würden?

Im wie äternen Status der Defensive, der kaschierenden Absorption der Vor- in die Geschichtswelt – man halte, exemplarisch, die Immakulata der Einbauküche im Auge – perennieren beide freilich different, im Sinne der „inklusiven Disjunktion", überhaupt der zentralen (Un)kategorie genealogischer Observanz aller derart im/explosiv zugerichteten, wie willkürlich verteilten, nach essentiellem Körperbedarf notwendigen Dinge. Und die letzte dingliche Verschlußassekuranz macht die warenästhetische Ikonisierung, das coeleste Großreinemachen aller Welt, der superfiziellen Klausurtotale des Scheinschwunds allen Fleisches. So das ganze Grauen des „Neuen Himmels und der Neuen Erde", „siehe, ich mache alles neu", infame Parole der Werbung, auf Schritt und Tritt gewährt. Bedauerlich, daß die Transsubstantiation, das Monitum der blutigen Opferprovenienz der Kulturobjektivitäten, christlich kultisch nicht wie zumal in säkularem Verstande, ergreifend erlebt, als psychotisch behauptet wird? Gewiß, aber ohne damit die klerikal alltägliche Praxis des obligaten Gottesfraßes zu legitimieren, die wenn auch bloß intellektuell vorgestellte Transsubstantiationspsychotik – Vorsicht! der Psychotiker fühlt sich allein schon dadurch enteignet! – möge als vertiefende Genealogieenervierung gewahrt sein.

Fällig, immer, wenigstens, ein diachronischer Laienblick auf die nähere Geschichte dieser, kurzum, „Dialektik der Aufklärung". Feudalistisch virulent die Trennungslinie zwischen elementaren Körperbelangen und deren – wie weit reichenden? – purifizierten Repräsentationsaufsätzen, oftmals eine Art Perversionsheiligung obenauf gesetzt. Manifest die großbürgerliche Beerbung dessen, bürgerlich residual architektonisch etwa in der Distanzierung der zum Garten geöffneten Küche vom vornehmen Eßzimmer, flurgetrennt. Was sich, auf fortgesetztem bourgeoisen Niveau, wie ein Traditionsbruch ausbreitet, das erweist sich, immer noch recht imperfekt, als Ersetzung der häuslichen Dienerschaft durch die längst proliferierende Fülle der wartungszwecklichen Waren, Geräte, Chemikalien. Nicht viel mehr als im Ansatz Entlastung von leiblicher Dienstbarkeit, um den Preis eben auch der Arbeitseinbuße. Fortschritt gleich diese Substitution. Zur Verifizierung brauchte man sich bloß unsere Wohnsituation ansehen – die reinste übliche verselbstständlichte Klassen-

herrschaft: Wohnungseigentümer versus -mieter; vorderfront-
gemäß dem Straßenlärm ausgesetzt, nach der Rückseite, mit
Blick auf viel Vegetation, davon verschont; Putzfrau (pardon! Raumpflegerin) zur Wartung der Vorräume, der Flure,
der Treppen, des Aufzugs. Freilich, als Eigentümergemein-
schaft, mit dem obligaten bürokratischen Aufwand professio-
nell verwaltet. Wohin diese Reise wohl führt? Selbst wenn –
unwahrscheinlich – in einen gewerkschaftlichen Egalitätszu-
stand, so abstrahlen ringsum auf uns, von weit anderswo her,
späte mörderische Rachefeldzüge wider die Sünden unserer
Väter.

Hauptdevise: Kritik des „Lohns für Hausarbeit". Aber handelt es sich nicht, bei dieser minderen bis nichtigen feministischen Emanzipationsstrategie, um die überfällige Aufwertung eines in Wahrheit nicht eben minimalen und margina-
len Arbeitsbereichs, fast ausschließlich, bis auf Gegenan-
wandlungen männlicher Beteiligung, von Frauen – welchen
Rangs? – getätigt? Um eine durch und durch noble Maßnahme? Das scheint nur dann aber der Fall zu sein, wenn,
rahmenmäßig, ein ganz anderer Entlohner angeführt werden
könnte, ein heterogener, als Kapital/Staat, der, im Verein,
den bemächtigenden Aufkauf des Hauswesens besorgt. Und
so stolpert die scheinbefreite Frau von einer Abhängigkeit in
die nächst höhere andere – Freiheit ade! Selbst wenn sich der
übergeordnet verobjektivierte Geldgeber als guter Onkel ohne
Hintergedanken ausnehmen sollte, behielte die mit Hausarbeit befaßte weibliche Emanzipationsstrategie einen unschö-
nen Haken. Worin nämlich besteht die, ja bloß formal finan-
ziell, nicht ihren Gehalten nach, nobilitierte Arbeit? Selbst
wenn auf dem Wege zu ihrer technologischen Substitution,
verbleibt ihr, wiederum klassenhierarchisiert, ein dicker Rest

an nicht durchrationalisierter Körperlichkeit, in Ermangelung alternativer Emanzipationen, dieses mißliche Residuum an Irrationalität zu bereinigen? Nein, so endeten wir abermals bei Ottos „Raus". Und die Alternative dazu? Am ehesten lebensphilosophische Optionen.

Freilich nicht dagegen empfehlenswert die Strategiesierung des Undergrounds domestizierenden Werkelns: sadomasochistische Zwangsperversität, hauptsächlich bezogen auf Säuberungsmaßnahmen, Hygiene.

Wo sind wir damit angekommen? Beim viskosen Unbewußten dieser Arbeitssorte. Eingedenk des zwar ernstgenommenen, jedoch durchweg de facto wenig respektierten Verdikts, daß die Psychoanalyse „keine polemische Methode" sei, wäre die Supposition dieses Unbewußten der Hausarbeit mehr als tolerabel, und dies, zumal ja, als beide konträren Alternativen in ihren Extremen in rationalistische Sackgassen führen: in hyperhygienisch wie lebensphilosophisch sentimentalistische existentiell irrige Übertreibungen. So sei es denn, wie gehabt, mit dem „sadomasochistischen zwangsperversen Unbewußten der Hausarbeit" dieser Affektionierung der Legion insbesonderer weiblicher Mühsal? Nein, memo: ist doch die Psychoanalyse „keine polemische Methode" – gewiß, sie klingt indessen weiterhin so, trotz allen empfehlenswerten Respekts gegenüber solcher ihrer Anwendung: als objiziert symptomatischer kryptisch lustprämierter Arbeitsansporn, sühnend epikalyptisch in die Reihe gebracht durch das „Opfer der Arbeitskraft". Die Vermittlung dieses Respekts, immer wieder konterkariert mittels der Gegenbehauptung des gleichwohl kritischen Charakters der fraglichen anstößigen Termini – Kritik gar „ohne Alternative" – hält, ohne – wie dann lautende? – Umtaufung schwer. Was aber hauptsächlich ansteht an leicht übersehbarer ontologischer Defizienz, der unaufhebbaren, aller – wie auch immer pseudologisch entschuldeter – Arbeit, das ist die triftige Todestriebpassioniertheit, will sagen: die apriorische Vergeblichkeit allen kulturalen Forcements. Ein noch schwärzerer Bote? – „Der Engel des Herrn brachte Maria die Botschaft, und sie empfing vom Heiligen Geiste." – Eine angelische Heilsaffaire, kerygmatisch versammelt in der dritten göttlichen Person (aber keine Vielgötterei).

Häretische Quittierung dieser angeblich lichten Oberwelt, wie es im Talmud steht: Jungfrau Maria eine Nutte, und ein römischer Legionär der Heilige Geist.

Sturz der Engel (kanonisch?), die Teufelsgeburt, noch schwärzer als schwarz. Weshalb dieses Extrem der abdriftigen Gottesschöpfung? So das Drama paranoischer Gottesbewährung in diesem immanenten Splitting. Maternale Weiblichkeitsmaskerade – „des Teufels Großmutter" –, männlich travestiert zur Scheinbarkeit des schwulen Gotteswidersachers. Höllenbote, derart ganzschwarz, daß jede Detailsichtung ausfällt – zu seinen Schreckensgunsten? Ja, gleichwohl sollte Vorsicht geboten sein, denn, in früheren Zeiten, war es Usus, den Überbringer schlechter Nachrichten zu töten.

Nein, davor bringt er sich in Sicherheit durch den Terroreinfall eben seiner Schwärze; nicht fällt sie tödlich auf ihn zurück, offensiv dagegen streckt er sie vor zum schwärzegerechten Fugatum seiner Adressaten; viel mehr als ein Bote der Sünde, sich rettend sogleich als Todesengel, wie ein hiesiges „schwarzes Loch", und wer da hineingerät, „kömmt nimmer wieder". Obsekration bloß? In ihrer letzten todestrieblichen Blöße offenlegt sie ihren lächerlich anmaßenden Aberwitz dieser Todesstatthaltung. Am besten demnach, man sage sich davon gründlich los und überlasse sich fromm dem anderen Gotteswesen? Weit gefehlt – das macht nur eine „inklusive Disjunktion", und alle Selbstkritik des „Neuen Himmels und der Neuen Erde" in Ehren, umzingelt sind wir, nichtsdestotrotz, von der ganzen Reifikationsdichte der nämlichen Prätention, den mitnichten unendlich kriegsdifferierenden Waffen.

Sollten meinen Lesern, so es sie gäbe, meine aufdringlich konzessiv adversative Schreibweise – JAABER – auf den Geist gehen, so schließe ich mich selbst ihnen an.

Coiffeuria-den Nicht kann ich mich enthalten – im Zusammenhang meiner Designkritik – den Coiffeuriaden als Entrée meine Friseurtraumata voranzuschicken, und dies in der Voraussicht, eben auch in dieser Dimension modegenealogische Elemente subsidiär vorzufinden, Urszene diesbetreffend: anstand während der ersten Evakuierung im Zweiten Weltkrieg in Nordhausen, wider den Wildwuchs meines Kopfhaars, der obligate Gang zum Friseur, den ich erfolgreich verweigerte, bis mein sehnlichst herbeigewünschter Vater auf kurzem Heimaturlaub erschien, und ich, um nicht seine Gunst zu verlieren, in den gemeinsamen Besuch des Haar- und Bartschneiders einwilligte. Das ließ sich zunächst auch recht gut an, bis ich mich, voll der Angst, von der väterlichen Hand losriß und davonlief just über einen sehr schmalen ungesicherten Steg über einem tiefliegenden tiefen Mühlenbach, den ich glücklich passierte, ohne daß mein Vater mich dawährend einholen konnte. Wie es weiterging, entzieht sich, fester Bestandteils des Familienromans, meiner Erinnerung. Jedenfalls nahm ich mich, trotz aller geängstigten Besorgnis ringsum, etwas gedämpft eher heldisch wahr, der ich den kaum erbosten Vater abhängte und nicht in die Tiefe stürzte. Freilich – Psychoanalyse vor! – welche Angst beherrschte mich ob der Flucht vor dem Haareverlust? Wie ist diese in diesem dekorativen Kultursektor der Haarpflege untergebracht? Dazu bald, im Vorgriff, mehr, nachdem ich weitere Schicksale dieser meiner Aversion erzählend gestreift habe. Um es kurz zu machen: ich ließ es, merklich oft, mit dem einschlägigen Bußgang darauf ankommen, bis heute, indem ich meine private Bezopfung dem hypertrophen professionellen Haarstyling vorziehe, bequem, nicht wahr? Ähnliche Beispiele gibt es zwischendurch viele. Eines davon sitzt mir im Gedächtnis besonders fest: die Rationalisierung der besagten Rekusation mittels des Dilettantismus des lokalen Friseurladens. Im Ernst, der angeheuerte junge Friseur setzte seiner männlichen Kundschaft einen Topf aufs Haupt, der Grenzziehung wegen – die Frisur bestand darin, das vom Topf bedeckte Haar sich selbst zu überlassen und die Haare unterhalb des Topfrandes wegzurasieren. Verständlich, daß der Laden leer blieb, bis auf einige wie Sträflinge ausschauende Kinder. Noch sehe ich im Geiste das demonstrativ vorgestreckte steife rechte Bein des nicht mehr arbeitenden kriegsversehrten Ladenbesitzers. Und der junge wahrscheinlich gar nicht ausgebildete mißglückt smarte Friseur namens „Toni" mußte strikte „Anton" genannt werden, als er zum Schwiegersohn avancierte.

Intermezzo. – Fehlt ja noch der zünftige Aufschluß meiner Figaroängste, deren Nachwehen – wann war ich das letzte Mal beim Friseur? vor Jahren! – bleibend spürbar sind. Vero, ein Fall starker „Kastrationsangst", der quasi diagnostisch naheliegt, insofern auch beim Friseur, ob der, wie auch partiellen, Kontakte, die körperliche Integrität auf dem Spiel steht, die sich notorisch genital konzentriert und spezifische Befürchtungen – „Kastrationsangst" – hervorruft. Das wird man, psychoanalytisch belehrt, zwar konzedieren können, doch darin fehlt die Berücksichtigung der beeinträchtigten Funktion der Haare: bedingterweise der Berge und der Verdeckung. Demnach gründete, häufig übersehen, die apostrophierte Angst in der Reduktion meiner Chancen, einen kulturellen Vorgang der Schutzsuche wider äußere Bedrohungen zu verhüllen, regressiv nur in der Anmutung der Flucht wie in den Mutterleib retour. Erweiterte man den Kastrationsbegriff, in Lacanschen Bahnen, zum Kriterium von Kulturgenese, so beträfe die „Kastrationsangst" die zu erwartende Einbuße hie der Kulturgabe der Hüllung, durchaus ätiologisch passend zur Kriegssituation. Ließe man diese aus, so fehlte die übergeordnete Angstbedingung.

Udo Walz: „Ich kann nur Haare." Hauptsujet nunmehr: die Genealogie der Leidenschaft des professionellen Haarestylers. Haare? Hüllung sui generis. Körperorgan zwar „physei", doch übergängig dinglich fühllos, steckengebliebene Objektivitäsekstase; vorteilhaft, weil naturaliter vorgegeben, nachteilig hingegen ob ihrer Anhaftung; „thesei" perücken-kompensiert zwar, aber die störende Künstlichkeit des Haarersatzes bedarf, jedenfalls im Bürgertum (es hat es nötig) der Naturalisierung – „Nur/für Natur ...".

Humane Tierheitsquittierung – Totalbefellung stand vor Zeiten unter Heiligkeitsvorbehalt (Heilige Maria Magdalena) –, animalische Residuen erscheinen – „Schamhaare" – heterogen funktionalisiert. Achselhöhlenpilosität wirkt indessen wie eine grotesk überflüssige Berge in der Berge, rückverweisend auf ihre physiologische alterierte (?) Provenienz. Die Überbleibsel hauptsächlich männlicher Körperganzbehaarung, nicht selten abstoßend atavistisch, machen sich eher insgeheim esauisch widerkulturell attraktiv. Bezeichnenderweise wohl spricht man hierbei nicht von „Pell", sondern von „Pelz".

Zur perfekten Hüllung gehört die Haaredichte, Aporösität, Opazität, leicht verifizierbar durch Aversionen gegenüber schütterem Haar, gesteigert durch kahle Stellen. Sonderfall Glatze, männlich reservierte prominente „Verschiebung von unten nach oben", beinahe zum Klischee geworden: Kopf – Glans penis, Glatzenmajor. Schreckende Erinnerung immer noch: in einer Art Aufenthaltsraum in einem nordspanischen Nobelhotel versammelte sich eine Vielzahl alter Männer, die alle beglatzt wie konspirativ schweigend Zeitung lesend wie Kopien von Franco ausschauten. Geschehen während eines Ferienaufenthalts, ich darob im Hotel das Weite suchend.

Die Haareumhüllung umfaßt ja nicht den ganzen Kopf, sie läßt vielmehr das Gesicht, wie eine Art Fenster, involutiv – Freilegung des Sensoriums (und die Ohren?) – aus. Die Gesichtsverdeckung – „O Muse, verhülle Dein Haupt" – geschieht mit den Händen; wenn mit den Haaren wie als Bühnenvorhang, eher parodistisch.

Schwänzelnden Figaros Positionierung a tergo, wie ein (pardon!) Kopfkoitus von hinten. Allusionen auch in Richtung Geiselnahme, Schutzschildarrangement. Ohnmacht der Hintenauslieferung an den beflissenen Herrn des Avers. Auch um das Aufkommen notorischer Peinlichkeiten – Andersen: Man sollte niemanden von hinten ansehen – zu vermeiden, machen sich Plaudereien – worüber wohl – anheischig.

Verstärkendes Ingredienz der Hüllendensität: die Haarfarbe, ob blickfängig absorptiv oder repulsiv, marktschreierisch oder dezent. Viel Anlaß auch, Kulturgeschichte zu konsultieren, exemplarisch etwa die Rothaarigkeit betreffend. So waren noch in meiner Nachkriegsjugendzeit, in ländlichen Verhältnissen, vornehmlich rothaarige junge Frauen, hinter vorgehaltener Hand, in aller affektiven Ambiguität, des Teufels. Was es mit Heinrich Sutermeisters Oper „Titus Feuerfuchs" auf sich hat, entzieht sich meiner Erinnerung um Opernbesuche während meiner Saarbrücker Studienzeit.

Riskant genealogisch synchron definiert die Initialfarbe „Rot" so etwas wie den dissident deplatzierten Hervortritt, körperlich des Bluts, in seinem anormalen Wesen zugleich aber immer auch wie apud inferos faszinierend. Entborgene Innenkryptik zum Fanal, phänomenale Seinsapertur zukünftig. Naheliegend inbegrifflich eingedüstert die Menstruationsreferenz, quasi die „Rücksicht auf Darstellbarkeit" der Lebenskontinuitätsverweigerung, wie ein hämischer Abort apriori. Freilich das reinste persekutive Gift für alle Paranoia. Wie herrlich weit wir es dagegen gebracht haben.

Bedenkt man den großen designerischen Aufwand, den weiblichen Körper hüllend zuzurichten, bis hin zur totalisierenden Selbstzwecklichkeit der Substitution des Gehüllten durch die Hülle, so wird die Frage danach bedrängend, was es denn sei, das derart epikalyptisch gemacht, ja wie aus der Welt geschafft werden müsse.

Das gesuchte Sujet der dekorativen Verdeckungsmühen, durchaus ein prekärer Gegenstand, das ist, um mit dem alten Freud mit der Tür ins Haus zu fallen, „die Mutter mit dem Phallus", generationssexuell arrangiert die „Magna Mater", allzeit vorgeschoben exekutiv phänomenal die Tochterfrau: kahl, nackt, totalepiliert zum Ganzkörperphallus, archetypisch die „kahle Sängerin" mit ihrer musikgenealogischen Spurenlegung hin zum maternalen Soundabyssos, der, um, kulturprogressiv, Musik zu generieren, der – filialen mannsgemäß kontrastierenden Repräsentationsfolie bedarf – siehe den nur noch männlich assimilierten musikinternen Widerstreit von Apollon und Dionysos. Am ehesten wohl figuriert die Sphinx als antikes Paradigma der „kahlen Sängerin", mythologisch ergänzt damit, was sie den thebanischen Jünglingsopfern, verspeisend homosexualisierend, antut; bis auf den erwachsenen Ödipus, den passager rettenden Banausen, der dem halbwegs nur kulturellen Vorzeitstigma den Garaus macht – die eben angeführten Musik- und überhaupt Kunstgötter in ihrer Mannshypostase genügen anscheinend nicht, alle prähistorischen Reminiszenzen an politiktranszendenten Kunstangelegenheiten zu tilgen. Welch Realismus!

Soweit die Skizze einer skripturalen Fetischismusgenealogie, Fetische selbst sind notorisch dagegen dinglicher Observanz. Fehlt noch des Fetischismus' subsistenzsexuelle Entstehungsversion, über die apostrophierte spätfreudsche generationssexuelle hinaus: im Körperpendant (nicht -ursprung) die geheiligte Scheiße, säkularisiert die abdeckend dejektive Sexualisierung – ein weites Feld psychoanalytisch vorgegebener Erkundungen.

Womit sich die existentialontologische Funktion des Fetischismus avisiert: die Liquidierung aller Differenz, Fetischismus, der universelle Differenzenkiller – Vorsicht aber sogleich: das letztendlich frustran Weggeschaffte wartet, dialektisch, nur darauf, destruktiv wiederzukommen; die Differenzen des Geschlechts und der Generation, die narzißtische des alles nichteigenen Anderen, die todestrieblich absolute Eros versus Thanatos.

Erstletzte Verfänglichkeit dieses ubiquitären Indifferenzierungsgeschäfts: fetischistischer Erosauftritt des Erzbetrügers, seines unwiderstehlichen Anreizes, die ganze Gewalt dieser Umkehr, des Differenzverrats, wie für alle Ewigkeit zu tamponieren. Gut, aber solche Kritik – von woher legitimiert? – bleibt einem im Halse stecken, denn die Erosdienstbarkeit der Gewaltverkleisterung an dieser entscheidenden Umbruchsstelle zu suspendieren, erzeugte einen widerproduktiven ethologischen Heroismus nur, abgeschwächt in seiner nolensvolens zutiefst eingefleischten Sympathie mit den trügerischen Eroswerken. Welche Verlegenheit, unausweichlich! Adorno, ausgeweitet: „Ohne Fetisch kein Glück".

Zurück zum Exempel, angekommen beim Sujet, dem Umhüllten der Hüllung, namens Fetischismus: die konspirative Inhibition der Freisetzung des Sohnesmanns als Mann ob des inszenierten Vaterausfalls. So die ominöse „Mutter mit dem Phallus", wohlgemerkt eine fetischismusgenealogische Formel bereits, immer mit dem fetischismuskriterialen Exkrementenkonservat, dem residualen Männlichkeitsüberbleibsel in aller weiblichen Allmacht.

Die exekutive Darstellung derselben, die publikere Repräsentation, obliegt der vollkommen phallifizierten Tochterfrau, dauermenstruell, aisthetisch die „kahle Sängerin"; retrospektiv mythologisch die „Sphinx", wie gehabt. Instruktiv noch der Schrägblick auf Science Fiction, wo Frauen kosmologisch fremder Rassen des öftern derart offen fetischisiert ausgestattet werden. Auch mag es sich lohnen, des heiligen Thomas von Aquins fast apokryphe Präparationen des „verklärten Leibs", post resurrectionem mortuorum, einzusehen – die reinste Fetischismuskunde, verstohlen gemacht. Vielleicht rekorporalisieren auch so sich die szientistisch verkleidet überaus philosophienahen Freudschen Spättheoreme, wie hier die „Urverdrängung", die der Signifikanten, mitsamt deren Dingeeinbehaltung, die Negativität des „Ödipuskomplexes". Die „eigentliche Verdrängung" wäre der besagten Filialität repräsentative Delegation, umwillen der weiblichen Allmachttradierung, totalisierend an die also eingefangenen einzig weiblichen Nachkommen.

Ausschlaggebende Paradoxie des kunsthandwerklichen Damenfrisierens: es entzieht aller genealogischen Fetischismusepiphanie den Blick, primär der Eigengewahrung. Weshalb, weshalb solche befremdende Devise? Laßt uns keine Sphinx entstehen, trotz des Ödipus' Sieg über sie (aber in den Träumen?). Denn weiterhin droht die Mannsvernichtung, „SCUM", ehedem ganz real (siehe Solanas), und, zumal, der masochistische Konsens damit, eine solitäre Provokation. Abwehr über Abwehr über Abwehr – die Notdefensive des leibhaftigen Nudismushorrors, der Apokalypse der unverhohlenen Fetischismusoffensichtlichkeit monogeschlechtlich weiblich, und der Haarekünstler flieht diese mörderische Blöße, wie, invers, der Teufel das Weihwasser. Die Abwehrrechnung aber geht nicht bleibend auf, wie schon angedeutet, wird sie, in ihrer Vollendung, eingeholt von ihrem skandalösen Abgewehrten, meistenteils symptomatisch verschoben und entstellt – so etwa in den Toden der Meistercoiffeure Walz und Meir.

Alles in allem: einmal unterstellt, all dieser Defensiveinsatz sei, oblique, auf die Rettung der fetischistisch quittierten Differenz aus, so verurteilt sich dieses eh unabsichtliche Ansinnen instantan zum Scheitern ob der Dialektik aller Abwehr – rien ne va plus. Auxilium, zwar, bedingterweise, aufschiebend, jedoch im Ganzen ungeeignet, den letzten Sog der fetischismusgemäßen Indifferenz aufzuhalten – ist doch jegliche solche Maßnahme sogleich überholt von den vorausgehenden auflängenden, gleichwohl explosiven Reifikationen der nämlichen Kontrarietäten. Hoffentlich wähne ich mich nicht nur jenseits der kritizistisch outrierten Mißgunst, so, sicherlich nicht von oben herab – „Verneinung"? – konzedierend, wenn auch allzeit einbruchsgefährdet passagere, Zuträglichkeiten, existierbar produktive Moratorien in der vergönnten Abwehr selbst.

Negativtelos wesentlich scheiternder Abwehr – erhobener Zeigefinger für alle, besonders die prominenten Damenfriseure: die Schlangenhaare der Medusavorzeit demnach, deren rächende Renovation, alle kallistische Kultivierung korrumpierend. Kopfverpackung finalisiert – Verpackung überhaupt bleibt von diesem Abwehrende traumatisierend nicht unberührt. Im damaligen Kontext der Homosexuellenemanzipation – die ja, aktuell, sich in der Tabuisierung ihrer Genealogie immunisiert – brachten Dannecker und Reiche (in: „Der offen Homosexuelle") mit auch die floride warenästhetische Verkitschung in manchen Homomilieus zu Tage, mindere Herren des Design, die sich ästhetizistisch vergreifen in dieser – immer noch virulenten? – mehr als Randerscheinung sozialisierter Fetischismusdomestifikation, überhaupt datieren alle solche Konventionen, fernab von Abweichungen etwa, auf die Hegemonie des Bürgertums zurück, so zentral im exponierten Modelwesen, ineins mit der dominierenden Homosexualität der Modekreatoren, postmodern stabilisiert, überwertigerweise indessen wiederum auf Indifferenzierungskurs. „Nur der Schönheit weihe ich mein Leben", nur daß die überbauliche Schönheit – das kann man wissen – sich, überaus labil, der höchst dialektischen Fetischismusdefensive verschuldet.

Lacan: „Signifikant Phallus" – die fetischistische Regression retour zur fundierenden Weiblichkeitsverkehrung, die schreckend totale Kahle, legt ja, nicht zuletzt, ebenso das Gesicht frei, und damit das gesamte Sensorium, die Peristatikeröffnung, Mission der imperialen Signifikation. In seiner Unverhülltheit wegtätowiert das filiale Terrorgesicht den hüllungspassionierten Sohnesfehl, der aber davon ausgeht, daß mit der Haareinvolution im Beispiel das mächtig signifizierende

Gesicht entmachtet sein könne. „Signifikant Phallus" – das ist der enigmatische Sphinxgesang in seiner Mannsabsorption, der, ödipal wie erledigten, doch immer noch mehr als auflauernde. Ob Lacan wohl mit dieser meiner Version des „Signifikanten Phallus" einverstanden gewesen wäre, mit der grundlegenden filialen Metonymie, der Kundgabe des maternalen Urfetischs; mit der okularen Blendungspotenz des freigelegten Tochtergesichts, dieser beschriftet sensorischen Sonderkahlheit; insbesondere mit der Dialektik des repräsentativ verschobenen Fetischismus, mitsamt aller Signifikation, dem entlehnt sadomasochistischen Wechselspiel fetischistischer Konzession in deren Defensive, das höchste der Gefühle an Übereinkunft? Anscheinend ist die ganze mütterliche Allmacht tückisch an die phänomenal filiale, die sphingische „kahle Sängerin" abgetreten, skriptural blendend aufblitzend, und a fortiori dialektisch „Trieb" und „Abwehr" kompromissuell symptomatisierend zu restringierter Existierbarkeit. „Signifikant Phallus" – so das genealogische Gesamtszenarium abgelesen, paradigmatisch, an der Profession prominenter Damencoiffeure.

Nun ja, nicht alle Welt, schon nicht alle mit Frauenhaaren befaßten Friseure, eignen sich thematisch zu diesen tiefgründig dubiosen Metabetrachtungen jenseits allen publik medialen Konsenses. Aber sie sind meistenteils im sich ausdünnenden Schlepptau der idealen Prominenzen gefangen, und leisten somit einen probaten Beitrag zur Gegenaufklärung solcher demokratisierten Kulturminderspitzen. Wie nun bleibt die Beispielsgabe, immer bezogen auf die apostrophierten Fetischismusangelegenheiten, zumal der besagten Dialektik in ihrer verdeckten Offenherzigkeit unterworfen, und wie auf dem Präsentierteller ihrer gesellschaftlichen Dienstbarkeit gelegen?

Alldessen Inbegriff: Homosexualität. Das körperlich gesichtliche Gehüllte ist in seiner mütterlichen/töchterlichen Weiblichkeit usurpatorisch phallifiziert – so das basale Homosexualitätskriterium: der Schrecken totalisiert genderischer Indifferenz, aphanisisch für Mann, wenn er nicht auf Epikalypsekurs geht und dabei, weiterhin abgedeckt, sich gedoppelt sadomasochistisch dieser eingeschlechtlich fetischistisch weiblichen Montruösität gegenüber leidlich rettet. So die Geburt der Hülle, immer auch von Gnaden des also wie großherzig umhüllten Grauens, beauftragend die Selbstreferentialität des tegumentum, so als gäbe es, gar um den Preis Firlefanz zu produzieren, keinen mannsvernichtenden Inhalt. Es ist die ganze Tücke dieser Defensiven, selbst vor ihrem wesentlichen Kollaps – „inklusive Disjunktion" –, vor ihrem Abgewehrten, verblieben abwehrend, kapitulieren zu müssen. So das Folgekriterium der Homosexualität: die, kurzum, Dialektik, die nagende Aushöhlung der defensiven Hülle.

Demnach wäre Homosexualität ein geblichvergebliches fürs erste bewußtloses Unterfangen, auf fetischistischem Wege die Totale weiblicher Allmacht, wenn schon nicht zu brechen, so doch, wie befristet und in sich begrenzt auch immer, zu bestehen. Auf fetischistischem Wege? Anscheinend fehlt noch das bestimmende Element der männlichen Faszination, knallödipal törichst, von der fetischgenerischen maternalen/ filialen Mannseinverleibung, ob der immer unsicheren Bewältigungsnot dieses Faszinosums, das ja, verlogen, für den diesbetreffend wie debilen Sohn den endgültigen Tod des Vaters verheißt. Wie nun dieser ödipale Trug – schlechte

Karten für die Homosexualität – ab wann? – als wohlgemut triumphalen fetischismuskreativen Zugriff auf phallifizierte Weiblichkeit kompatibel zu machen mit dem zutiefst nothaften gewährslabilen Ansinnen, die destruktive Schlagseite dieses wohl doppelgesichtlichen Gebildes zu bannen? Allzu große Frage – ich bescheide mich deshalb mit der Sympathiebekundung für den besagten Notfallfall, nicht ohne Mitgefühl, bitte, für die direkt ödipale flachere Fetischismusmotivation.

Ich mache, gut kulturpathologisch unverdrossen, keinen Hehl daraus, die thematischen genealogischen Damencoiffeursgeschäfte der Symptomatik zu zeihen, die allerdings in ihrer objiziert kollektivierten Verfassung, insbesondere durch Arbeit legitimiert, ihren Pathologiecharakter – so ja schon Freud – de facto einzubüßen scheint – für mich freilich kein Hinderungsgrund, auf dem pathognostischen Verdikt der „kranken Dinge" zu beharren, und zumal dann, in der Folge dessen, nach den Gründen deren konträren Geläufigkeit, sich derart unbeliebt machend, zu fragen. Nun, die Geläufigkeit als willkommenste Toleranz Homosexualität gegenüber verdankt sich – so die These – keineswegs einer moralischen Konversion, vielmehr – und diese Beinahe-Häresie sei erlaubt –, dem Rüstungsprogreß, sprich: die „Entfesselung der Produktivkräfte" nebst Auflockerungen in den „Produktionsverhältnissen" können es sich leisten, die blinde Bloßlegung deren eigenen genealogischen Prämissen wertschätzend in Dienst zu nehmen, gebührend zu funktionalisieren. Woraufhin? Am Beispiel, um dem fetischistischen Genderantagonismus, dem scheinbeigelegten, zusätzlich alle Zähne zu ziehen, ihn parat zu machen für eine Art überbaulich ästhetizistischer Arbeitsentschädigung, unterm Versteck des eigenen einzig satisfizierenden Arbeitsaufwands, und, an allem Egalitätsmoralismus vorbei, reserviert für die Amüsementprivilegien der „Hautevolée" – welch schöne Homosexualitätsservitüde für den Unterhalt kapitalistischer Klassenunterschiede. Käme man nun auf die widermißgünstige Idee, solche zweckgerichteten Vorzüge ließen doch die Kirche im Dorf, ja retteten gar ein Element bürgerlicher Kultur, so widerlegt sich jegliche beruhigte Weile dabei im entfernt medialisierten Andrang notorisch global akuter Katastrophendelirien. Fällig also die Reform des Homosexualitätsbegriffs, fällig die Remedur der einschlägig ätiologischen Verhältnisse, die pathognostische Feuerprobe, nämlich die Primordialität des homosexuellen Wesens im Beispiel, objektiv der modischen Damenfrisierung – die assekurierten Homosexualitätskriterien muß ich hier nicht wiederholen, sie sind, vorausgehend, mindest die Auswahl-, wenn nicht die Erschaffungsgründe je der subjektiv homosexuellen Coiffeuriadeagenten.

Der Blick auf dieses schwankende Ableitungsverhältnis ist, insbesondere psychoanalytisch, verstellt durch das übliche quid pro quo des Deduzierten mit seiner Deduktionsbedingung, stabilisiert durch das Versprechen intensivierter Disposition. Selbst aber wenn solche Bescheidung nicht der Produktion, vielmehr nur der anders geschaffenen Zweckunterwerfung gälte, so dürfte man gleichwohl annehmen, daß diese Inregienahme der Heterogeneität ihrer faktischen Herkunft gegenüber obsiege. Verabschiedung der Psychoanalyse demnach? Keineswegs. Abgesehen davon, daß sie als ausgedehnter Startpunkt aller kritischen Folgeunternehmen diente, ihre entscheidende Extrapolation in eine „Psychoanalyse der Sachen" büßt nicht im Geringsten ihre ursprünglichen Gehalte ein, im Gegenteil, ihr durch die Reifikation verpflichtender Tiefgang, noch über den Kleinianismus hinaus, führt zu ihrem erfüllenden Finale. Selbst in uneingeschränkter Botmäßigkeit unter die objizierende Volte der betreffenden Bestände, reserviert sich ein Platz für die psychoanalytische Konvention, nicht zwar als Generierungsstätte ihrer Institutionalisierung, vielmehr, strikte ausschließlich, als Vermittlungsinstanz in subjektivem Betracht ihrer primären Vergegenständlichung. Mag auch sein, daß in deren Eruierung sich ein disfunktionaler Bodensatz meldet, der die Funktionalisierung wie selbstkritisch sperrt. Wie damit umgehen?

Jedenfalls gebe ich, post festum, dem philosophischen Urpraktiker Achenbach recht, der mich, möglicher Adept seines Unternehmens, damit abwies, daß ich, selbst in meiner Psychoanalysekritik, ein hundertfünfzigprozentiger Psychoanalytiker geblieben sei. Seis drum – welche Ehre!

Volle Lizenz dafür, um das kryptische Innenleben des Starfriseurs und seiner prominenten Kundinnen bekümmert zu sein, wenn immer man die gänzlich okkulten Genealogica dieser besonderen Hüllungskonstellation – Tabubruch! – mit ins Kalkül zöge. Wer weiß, ob dann aber nicht die kulturpathologischen Valenzen, zum Vorteil einer konservativ obsekrativen Behilflichkeit, in den Hintergrund träten? Solche Gedanken sind zwar frei, aber dagegen müßig, also wohlfeil. Und so bleibt es bei der in mir eingesperrten Sorge, wie unvermittelt vikarisierend, für beide dramatis personae quasi albzuträumen, daß alle Frisuren just in ihrer höchsten Vollendung umschlügen ins Medusenhaupt, die Schlangenhaare und den tötenden Blick. Und, zu meinem Glück, wurde der

Medusenmörder Perseus zu meinem rettenden Erwachen, dem sogleich – o weh! – hoffnungsvollen Blick auf dieses Foto:

Der Prominentenfriseur Gerhard Meir stylt während der Fernsehsendung „Chic" am 22.1.1986 im Studio Hamburg das Haar von Fürstin Gloria von Thurn und Taxis zu einer modernen Punkfrisur.
picture-alliance / dpa / Werner Baum

Amen.

Wider den vorsätzlichen Miszellencharakter platzt mein designkritisches Sondertraktat in seinen Problemen aus allen Nähten, und ich wehre dem nicht, anvertraue mich vielmehr den kognitiven Binnenanforderungen darob, indem ich wenigstens einige dieser fraglichen Punkte wiederaufnehme und nachtragend präzisiere.

Unklar, weshalb der gleich folgende homosexualitätsätiologische Einsatz, trotz seiner naturwissenschaftlich physiologischen Herkunft, soweit ich, wie unzulänglich auch immer, orientiert bin, einschlägig keine Rolle spielt – befremdlich vertane Chance?

Ich kam vormals schon, nach Gelegenheit, darauf zu sprechen: berücksichtigt werden müsse, betreffend die Genese männlicher Homosexualität, krude zunächst das szientifische Faktum, der wie kuriose Umstand, daß, intrauterin, das männliche Kind in genetischem Betracht zwar männlich determiniert ist, hormonell dagegen aber konträr weiblich: und daß es, in der entscheidenden Folge, darum geht, daß sich das ursprünglich genetische Geschlecht wider das hormonelle – filiale Mannsgeburt allererst – durchsetzt. Scheint sich zu verstehen, daß diese Ablösung nicht absolut garantiert sein kann, daß sie, gestuft, defizitär ausfällt. Und dieser Mangel wäre dann vindizierbar als Mutterboden von Homosexualität, der Mitgift männlicher Weiblichkeitsverfallenheit.

Was darob sich alles an Beachtenswertem herausstellt? Eigenverdacht auf unsaubere wissenschaftliche Diktion. Ja. Fraglich überhaupt auch, ob meine ätiologische Skizze aktuellen Erkenntnisstand repräsentiert. (Es ist mir leider, krankheits- und altersbedingt, versagt, die Spuren zu solchen Problemen aufzunehmen, und auch in meinem fachlichen Umkreis mangelt es an Interesse dafür.) Problematisch ebenso der Modus, den embryonalen Hormonstatus zu ermitteln. Ferner: handelt es sich in dieser Fehlentwicklung um die schlechthinnige Ausgangsbedingung der Homosexualitäts-Genese? Und in welchem Verhältnis zueinander sind die frühen organischen Abweichungen und die späteren intersubjektiv psychogenen Erklärungsmuster begriffen? Spitzenvernachlässigung: die womöglich defizitäre Parallelphysiologie der weiblichen Homosexualität? Also belasse ich es bei dieser supplementären Markierung einiger für mich relevanten Genealogieprobleme, und behalte die konjekturale Plausibilität der besagten Homosexualitätsätiologie bei mir für mich.

Ein kulturwissenschaftliches Hauptsubsidium: wo, wann, unter welchen Bedingungen wurde ein Zusammenhang spruchreif zwischen coitaler Sexualität und Schwangerschaft, als Initial sodann hegemonialer Vaterschaftskonstitution? Wie konnte sich dieser, die Generation betreffend ausschlaggebender Patriarchalismus, trotz seiner bloßen Mutmaßlichkeit (pater semper incertus) wahren? Wo wir kapitalistisch angekommen sind, steht längst ja fest: beim wissenschaftlich gesicherten Vaterschaftstest, residual nur noch eingeschränkt durch das Rechtsgebot weiblicher Einwilligung darin. Könnte man nun, wissenschaftsgetreu, erwägen, daß der große szientifisch erwirkte Zuwachs an Sekurität in der kulturkriterialen Vaterschaftsfrage gewaltmindernd sich auswirke? Kaum bis gar nicht, denn wir befinden uns auf dem besten Weg, derart die Geschlechtsdifferenz abzuschaffen – nein, sie ist, axiologisch abgedeckt, schon abgeschafft (siehe Freud: die gesellschaftliche Libido sei männlich), muß aber immer erneut approbiert werden, und der Vaterschaftstest zählt zu den eingebürgert leicht heruntergespielten Bestätigungsmodi. Weshalb, präziser, eben gewaltsteigernd? Einen verursachenden Hauptanteil daran könnte die angesprochen filiale, entscheidend die emanzipierte Tochterfrau einbeziehende, kulturkreative, sich der Namen entledigende Einebnung sein. Wo ist die feministische Opposition dagegen, jenseits lebensphilosophischer Scheinalternativen, geblieben?

Worin aber besteht die Bedeutsamkeit dessen, dieser diachronischen Nötigung, wahrscheinlich einen irgend weiblich dominierten Gesellschaftsstatus vor dem besagten Eintritt des Patriarchalismus für meine kulturgenealogischen Belange anzunehmen? Im – wohl immer noch – unvermeidlichen? – Nachbeben paternaler Insekurität, ja überhaupt, angängig den weiblichen Graviditätsvorzug; man muß befürchten, daß sie sich gewaltintensivierend auswirken könnte. Merklich auch die wissenschaftliche Helfershelferschaft zur aktuell eher verstreuten patriarchalen – besser: patrifiliarchalen – Konsolidierung. Also: allemal vermieden werden sollte die Isolierung des Paternalismusproblems, die medizinisch und psychologisch übliche, weg von dessen kulturtragender Zweckbindung. Unbrauchbar, ja verfehlt, erachtet die patriarchatskritische Berufung auf eine, zudem des öfter idealisierte matriarchale Vorzeit – aber man muß ja nicht sogleich sie als bloße Legitimationserfindung des kulturzeitlichen Patriarchats desavouieren, um sie kritikabel zu machen, fürs erste möge ihre empirische Falsifikation genügen. Die Rückläufigkeit exponierter Namen, zu Gunsten anonymisierter Gruppenkooperative, nicht verkennen als Gewaltreduktion (Vorsicht: Brüderhorde!). Die Großtaten der Wissenschaft nicht auf eine Heilskerygmatik – triviales Monitum fast – vereinseitigen; wofür denn erweist sich, gemäß unseren Metameditationen, der wissenschaftliche Vaterschaftsnachweis von Nutzen? Als

keineswegs geringfügiger Entropiebaustein unseres Gattungs-
projekts der Vernünftigkeit. Pointe dieses Nachtrags: so ein
geläufiger Nachweis fungiert als essentieller Faktor der
„Abendländischen Metaphysik", hiesig der kapitalistischen
Rationalitätsprotektion, namentlich rückläufig, aber umso
brutaler.

Meine rücksichtslosen Ausführungen zur männlichen Homosexualität setzen sich wohl, wenn wahrgenommen, manchem
Mißverständnis aus. Freud: das Moralische verstehe sich von
selbst – jedenfalls so – weitgehend, fahre ich meinerseits fort,
daß ich meine obligate projektiv identifikatorische Eigenbe-
teiligung an jeglichem gleichwohl Kritisierten mißachtend,
mich postwendend zum Gegenangriff wider Schmähungen
des Homosexuellen rüstete. Ja, so aber machte ich die Rechnung ohne den Wirt, indem ich – um mich sogleich fachge-
recht auszudrücken – die Untiefen der „Gegenübertragung"
vergäße, für deren defizitäre Kultur ich immer nachdrücklich
plädierte. Es ist wie ein Anstandsgebot, den möglichen Bodensatz an Aversionen nicht wiederum moralistisch wegzuschaffen, vielmehr, nach Kräften, vielleicht moderierend, sich
in aller Aufrichtigkeit zu integrieren. Gut um auch, schwierig genug, mit solchen, bar der Verleugnung, leben zu können.

Kein böses Wort über Homosexualität, und zumal nicht über
den Homosexuellen, der sich ja, wie wir alle, nicht selbst erschaffen hat, und der für diese seine generationssexuell letzte
Heteronomie auch nicht verantwortlich gemacht werden dürfte.
Wohl aber komme ich nicht umhin, mich über das Genealo-
gieverbot für Homosexualität, in einem Aufwasch mit deren
Schutz vor Attacken, zu ereifern, darüber, daß mir auf diese

Weise der Boden philosophischer Aufklärung unter den Füßen weggezogen wird, und das ist für mich das eigentliche
Problem, daß mein gesittetes Verständnis für diese Dumm-
heit mich dicht an seine Grenze katapultiert, wenigstens darüber, mit allem Bedacht, fortgesetzt zu schreiben, also, wenn
möglich, involutiv solidarisch, und nicht von oben herab ver-
ständnisvoll, in der Art betreffender Fragestellungen.

Weshalb verfängt, im Austrag der Homosexualität, der Köder
des „negativen Ödipuskomplexes" nicht derart, wenigstens
eine passagere und labile Mora zu finden? Wegen der Ambivalenz der filialen Vaterbeanspruchung: der ödipale Konkur-
rent soll zugleich der Erretter angesichts der mütterlichen
Übermacht sein, und das maternale Versagen dabei, wächst
– so die psychoanalytische Umorientierung – zur Hauptquelle
des Vaterhasses. Notorisch drastische Szenen diesbetreffend:
der ödipalisierte Sohn, in einer offenen Tür positioniert, schreit
instantan den abwesenden Vater weg und herbei.

Wie ordnet sich Homosexualität darin ein? Wie Jesus Chris-
tus am Kreuz, ausrufend: „Mein Gott, mein Gott, warum hast
Du mich verlassen?" Der verzweifelnd verhallende Versuch
widerambivalent devoter Eindeutigkeit, er findet keinen Wi-
derhall, der sterbende Sohn bleibt allein auf sich gestellt, der
fernste Vater verkommt zu einem Laiosrevenant. Und die fetischistische Urmutter ist längst aus ihrem Tartarosabgrund
heraufgestiegen zum tödlichen Widerstreit mit dem gottver-
lassenen Sohn. Er müßte es also solo aufbringen, dieser Si-
tuativität auf Leben und Tod Herr zu werden. Wie das geschehen könnte?

Zuvor, a part noch – ob ich es genealogiedramatisch nicht
übertreibe, anscheinend doch angekommen auf einem kom-

passionellen Solidaritätsgipfel damit? Sicherlich nicht, nur daß die verbreitete Abstumpfung solcher ontologischen Enervierungen den Outrierungseindruck erweckt, einer Entlastungsfront, deren Subsistenz allerdings – ich muß mich contre coeur wiederholen – sich dem Umstand verschuldet, daß alle Welt vor Waffen nur so starrt. Wird es überhaupt jemals möglich sein, diese horrible Weisheit dem Homosexuellen selbst zu vermitteln? Söhnlein schutzlos fetischistisch konfrontiert der phallischen exkrementenretentiv sich selbstexkrementierenden Mutter, übergängig dagegen immer von tückischen Erosgnaden – so das Notwehrintermezzo des sadomasochistischen Wechselspiels der Parierung der mütterlichen Allmacht, nur dann aber – eine Klippe! – transitorisch triftig, wenn, in eine kulturale Hypertrophie hineingesteigert, ein Reaktionsbildungssystem, die purste „Verkehrung ins Gegenteil", wie ja aus dem Beispiel der Coiffeuriade hervorgeht: „Nur der Schönheit weihi ich mein Leben", Warenästhetik comme il faut, wie direkt am weiblichen körpersublimen Kopf, dekorativ überbaulich exkulpiert.

Fürwahr, mythologisch kongenial, ein itinerarium corporis in mortem, martialisch abgepuffert nur, fast, lebbar, ataraktisch gemacht; abgefangen bodenlos tödliche Leerstelle der Vaterprivation darob Erscheinung der absoluten Fetischmutter; taumelnd angefochten in lustprämierter Leidensunterwerfung, nachhallend deren Aktivposten; Endepikalypse all dieser Unterweltlichkeiten, entscheidend arbeitsförmig warenästhetisch mystifizierter Defensive, vorbei am einzigen Rückhalt der dingerfüllenden Waffen.

Rückblick auf das Christentum – unausbleiblich die archetypische Mühe, den mortiferenten Terror des Mutterfetischs zu bannen. Konsequent so bleibt Jungfraumutter Maria kontradiktorisch töchterliche „Magd des Herrn", zählt zu den Trauernden um den geopferten Vatersohn, grandios ins Bild gebracht im „Stabat mater" und der „Pietà". Maria, die Mutterschwester des göttlichen Brudersohns, in konsanguinischer Leidenssolidarität mit ihm begriffen, hält sie das Konkurrenzelement unter Verschluß, sorgt wenigstens noch mit zu seiner würdigen Bestattung, immer auch wider das sohnesmörderische Elternduo. Antigone, anders, for ever.

Nochmals, und immer wieder: in den Eingeweiden der Homosexualität geht es hoch her, und zwar mit der violenten Mutterüberwältigung, auf den Punkt dem Paradigma des freigelegten pointiert generationssexuellen Genealogiegefüges aller Kultur, aller Menschmöglichkeit. Und deren einzige Negentropie macht die objizierte Entäußerung des allgemeinen Kriegsstatus, der sich, wo und wann auch immer, fakultativ in realen Kriegen verdichtet. In Anbetracht solcher Ontologieextreme mag es naheliegen, die apostrophierte intrauterin physiologische Vorbildung der Homosexualität hypothetisch zu stärken, also, mit an Wissenschaft gewandt, geltend zu machen, daß als die Basis derselben, unterdessen ja demokratisiert als sexuelle Nichtdevianz, ein nicht verantwortetes organisches Frühsthandicap Platz nehmen könnte, eben die weiblich hormonelle Verstörung der männlich genetischen Geschlechtsdetermination im männlichen Embryo. Nein, keine verschlagene Diffamierung des leibhaftigen Homosexuellen, vielmehr, wenn nicht ein Diskurs darüber in den entferntesten Sternen stünde, ein singulärer, wie immer auch brüchig obsekrativer, existentieller Schutz für diesen.

Das gesellschaftliche Erscheinungsbild der Homosexualität sah vordem andere Zeiten, ob auch bessere, steht dahin. Ein intellektueller Windhauch an der Minderheit derselben sorgte, in Sachen der Achtundsechziger-Obligationen der „Kritischen Theorie", für oft dezidierte Kooperation, immer bemüht darum, die entsprechende allgemeine Dissidenz, in ihrer dadurch fast wie neutralisierten sexuellen Abweichung, zu wahren. In abständiger Rückschau aber muß ich dieses von mir nie ganzherzig geteilte Pathos verabschieden, immer begehrlich nach einer todestrieblichen Totalgenealogie, die mich – nicht zuletzt im Dispens des Freudomarxismus – überzogen soteriologisch alternativelos konservativitätsgefährdet dastehen läßt. Dazu, paradoxerweise, passend, daß die aktuelle Homosexualitätsbewegung dabei ist, sich auf fortschrittliche Anpassung weiterhin einzuschwören. Nein, ich halluziniere nicht, ich erblicke vielmehr, gänzlich real, dicke Trauringe an den Ringfingern etablierter Homosexueller, und erlaube mir dann doch ein stilles Kopfschütteln darüber, sinnierend auch, wo denn die alte Bedenklichkeit der bürgerlichen Ehe, selbst von Hegel als Prostitutionsverhältnis konstatiert, geblieben sei, kapitulierend aber auch davor.

Die Kritikkastration im homosexuellen Milieu, parallel dazu meinerseits die Kritikaporetisierung mittels der Version weg vom Freudomarxismus hin zur Existentialontologie, der pathognostisch fortgeschriebenen, läßt sich, auf der gängigen Ebene gesellschaftllicher Anpassung, auf die gesteigerte Hegemonie der „Elektronischen Revolution", sprich: der eigentlichen (Gruß nach Berlin, an Martin Burckhardt), zurückführen, angesichts deren exponierten Welteinrichtungsverheißungen, die Achtundsechziger-Studentenrevolte mit ihren moralischen Effekten als wie ein Aufbäumen wider diesen ihren technologischen Widerpart, kapitalistisch wie sozialistisch belassen – und mehr –, man fühlt sich überrollt, imponiert. Und wieder einmal hat sich die epikalyptisch gemachte Maßgeblichkeit der „Produktivkräfte", aller Ökologie zum Trotz, im rationalistisch vielversprechenden Gewand der ubiquitären Medialisierung, behauptet, weitest entfernt von allen existentialen Belangen, dadurch nicht zuletzt den Homosexuellen zu grotesker Konservativität verpflichtend.

„Groteske Konservativität"? – leider wäre es unbillig – intellektuell bitte kneifen –, den Homosexuellen mit dem Witzcharakter, eingefroren, eines nothaften Gebarens – Symptome gleich Witze –, zu verspotten, gewährt aber möge bleiben die schiere Utopie einer ingeniös vermittelten Rekonziliation. Vorsicht aber! Die befreiende Abfuhr nichtet das Abgeführte, immer prekärer Bestandteil des Unbewußten, nicht, läßt es vielmehr, kaschierend, unterkommen irgendwo in einem Rüstungsareal. Und die schiere Freiheit ist, scheinwiederbringlich, dummerweise wieder dahin.

Desiderat weibliche Homosexualität, der Lesbianismus. Weshalb kann die Tochter nicht einfach die Komplizin der Fetischmutter sein? Das ist bekannt: ihr droht, ob der Geschlechtsidentität mit der Mutter, inklusive deren generationssexuellem Übergewicht, die insgesamtgeschlechtliche Auslöschung; und da ja, konstitutiv, die existentielle Absicherung durch den Vater realiter entfällt, hat die todesbedrohte Tochter keine andere Wahl, als quasi in sich selbst Vaterelemente auszugraben und sich damit individualisierend zu travestieren. So erhält die Mutter, um diese Ecke herum, ihre Komplettierungsmaskerade, tauglich auch als überdeterminierte Folie weiblicher, hauptsächlich medial künstlerischer

Kreativität. Neuerlich ebenso lesbische Eheverhältnisse muten entsprechend derart Mutter-Tochter-charakteristisch an. Die obsiegend weibliche erzkonservative „Emanzipationsstrategie Erwerbsarbeit" erweist so sich, au fond, kollektiviert – also unterschlagen – als lesbisch. Und das schwerlich vermeidbare Konkurrenzmoment dem Bruder/Sohn gegenüber erscheint, nicht selten, wenig beständig, überdeckt durch wechselseitig solemne homosexuelle Solidaritätsbekundungen. Anscheinend lesbisch ausgenommen das Model, jedenfalls sich einer töchterlich femininen Schauseite befleißigend, um dem sichtenden Mannsblick auf es – „Siehe, ich bin eine Magd des Herrn" – zu genügen. Während die lesbische Tochterfrau eben diese Unterwerfungsart, des eigenen Maskulinitätsintrojekts wegen, verweigert.

Unwegsame Ankunft wiederum beim Thema, der „Coiffeuriade". Kein Schlußbild, sondern eine Art „haecceitas" Scheinverewigung eines medialisiert kontingenten Augenblicks. Nicht zu übersehen die mutuellen Willigkeiten, so ist die Welt, arbeitsam tauschwertprämiert in Ordnung. Man ist geeinigt auf die warenästhetisch erfüllte Defensive, die tätige Verbannung des letalen Mutterfetischs, töchterlich wie selbstzwecklich haarig-natürlich kopfumhüllt, und der schwule Haarstyler sexuell auf Distanz gehalten, auf daß die Verlegenheit ausbleibe, unter der Naturperücke das Echidna-Delegat, die sphingische „kahle Sängerin" anzutreffen, und ihr, bar des ödipalen Entwicklungsstands des Sphinxsuizids, entkulturiert zu verfallen. Anlaß durchaus, Witze zu machen, etwa blitzartig Kahlköpfigkeit zu simulieren, und der faktische Schutzausfall für die Splendide allen superfiziellen Genügens möge in korrespondierenden Angstträumen und dergleichen abgegolten sein. Allein, mein konzessives Belächeln solchen Trugbestands hält sich nicht aufrecht, am liebsten wäre mir mein losheulendes Betrauern? Ja und nein, Achtung! Metonymik des Fetischbegriffs derart – also ist das Model etc. zum allererst sozialisierbar ordentlichen Fetisch als systematische Abwehr des genealogisch offengelegten mütterlichen Urfetischs geworden, ein pures quid pro quo zwar, doch darin, ununendlich, immer ungenau befristet, in aller Verfänglichkeit in unseren genuin kapitalistischen Regionen, höchst willkommen. „Coiffeuriade" ade.

Längst betreiben wir keine Privatbibliothek mehr, reduzieren entsprechend den Fremdschriftenbestand je auf seinen Eigengebrauchsbedarf. Davon aber gibt es wenige differente Ausnahmen, insbesondere, eher anhänglicherweise, Literatur und Musik betreffend. Allein auf diese charakteristischen Überbleibsel einer besonderen mich in meiner inneren Affektionslage verratenden Liebe, sperrig wider Veräußerung, beziehe ich mich folgend, mit dem ergänzenden Hinweis auf meine Literaturreferente Bibliographie in den „Pathognostischen Repristinationen, Band I", sowie „auf Kunst bezogene Urszenen, b) Dichtung" in meinem „Aus meinem Leben".

Zuvor noch eine – wahrscheinlich überflüssige? – Einlassung zur Eigenart meines Vorgehens wie immer auch hier, mit einem Schlagwort sogleich, belegt: ich bin, ungebildet, überhaupt kein Historiker, wenngleich ich, notgedrungen, in einzig meinen akademischen Prüfungselaboraten den entsprechenden Obligationen mich abgeltend unterwarf. Sehr häufig dafür angefochten, verbeiße ich mich dagegen, mich selbst gründlich assimilierend, ins Spiel miteinbringend, in ausgreifende Einzelheiten bis zur ausschöpfenden Erschöpfung, wie wenn ich den Schaffensakt selbst, wie neu erschaffen, vollkommen herstellen könnte. Hätte ich dabei Glück, so gediehe solche exegetische Insolenz – es ist ja eine solche – zu einem wie entschuldenden pars pro toto. Auch bin ich nicht unbelehrt in HHs Tropologiekünsten, daß nämlich Selbstentfernung allererste Annäherung zu erbringen vermöchte. Woraufhin? Auf die Krisis des todestrieblichen Spuks meiner fortgesetzt interpretatorisch vermittelten Selbsterweiterung.

Innerhalb der angesagt minimalen Literaturselektion begegnen abermals Beanspruchungsdifferenzen. So, mit die älteren literarischen Affektionen betreffend, die Dichtung Georg Trakls, den ich, im Übergang zur Oberstufe, erstand, ein nahezu heiliges lyrikfrommes Opus, dessen Zauber mich, jedenfalls der schulischen Geschäftigkeiten, die ich am liebsten geflohen hätte (zumal in Gestalt ignoranter Lehrer), enthebend absorbierte. Warum ich mich über diese Ausnahmeintimität schriftlich nicht verlautete? Nicht zuletzt wohl durch die schmerzliche Enttäuschung ob des totalen Resonanzausfalls bedingt, obwohl ich Trakls konventionellere Gedichte vor mir hertrug. Ich hatte nämlich meinem damaligen Deutschlehrer den Traklschen Gedichtband ausgeliehen, in der Hoffnung, eine kompetente Reaktion darauf zu erfahren, Fehlanzeige – fast postwendend gab er mir das Exemplar zurück mit der lapidaren Bemerkung, er könne damit nichts anfangen. Hätte ich im Vorhinein wissen müssen, daß er als Adressat meiner Ungewöhnlichkeit nicht in Frage kommen könne? Kein Wunder – er pflegte überhaupt nicht zu unterrichten, ließ vielmehr literarische Fachliteratur einfach vorlesen, hieß uns, in der Klasse, Besinnungsaufsätze schreiben (aus purer Verzweiflung geriet ich, ansonsten, als Dauerprimus, immer obenauf, in den nur noch „ausreichenden" Keller meiner schriftlichen Leistungen!), unterhielt sich währenddessen, oft stundenlang, mit dem stellvertretenden Direktor, Mathematiker, einem giftigen Schlägertyp (buchstäblich), der ihn wohl aushorchte. So der tiefprovinzielle Nachkriegshumanismus, noch nicht einmal in seiner ärgsten Schmierenvariante,

Nicht abwegig, daß die pathologischen Schattenseiten der empirischen Person Trakls, abseits seiner Kreativität, auf die ich mehrfach moralistisch hingewiesen wurde, mich abschreckten und meine Passioniertheit auf die Dauer, bedauerlicherweise, schwinden machte? Und nicht gänzlich auch

auszuschließen, daß Heideggers Trakl-Exegese, die Aussetzung defizitärer metaphysischer Distanz, mich meinem Lyrik-
favoriten entfernte. Weshalb ich es fortgesetzt verabsäumte,
solche Spuren, die ich ehedem anlegte, weiterhin verifizie-
rend nachzugehen? Wahrscheinlich möchte ich auf diese
Weise eine Art ungestörter Nostalgie bewahren? Fast bin ich
nunmehr auch sicher, daß sich beide Elemente in meine dann
nicht mehr unverbrüchliche Reverenz einmischten, mußte ich
doch mein poetisches Ungenügen eingestehen, entgegen dessen Unverträglichkeit mit der Publikation meiner „Gedichte"[5]
viel später. Ein frustran trotziger Widerspruch?

Übrig blieb zudem, unbibliothekisch, Gottfried Benns Ge-
dichte-Band, den ich systematisch zu erkunden vorhatte, was
ich alsbald aber, wie üblich, unterließ. Stattdessen erlaubte ich
mir, im Vorgriff schon, eine Klassik des pars pro toto: von
meiner Studienzeit an die fast ritualisierte Begleitung des
„Oh, daß wir unsre Ur-Ur-Ahnen wären". Begeistert von des
Gedichtes ontologischem Regressionsbegehren, der Kundgabe des progredienten Schmerzensinbegriffs der Evolution,
verfaßte ich, in aller Überwertigkeit, eine quasi existentialontologische Interpretation desselben, die ich einem der als
liberal geltenden Germanistikprofessoren zur fachlichen Be-
urteilung übergab. Er blieb zwar mir direkt gegenüber immer
freundlich, sagte aber kein Sterbenswort zu meinem ängstli-
chen Opus, in einer seiner Vorlesungen jedoch mokierte er
sich sehr erbost, mich beiläufig zitierend, über den „pseudophilosophischen Mißbrauch von Dichtung". Und so hatte ich

---

[5] Gedichte. Parodien, Recitals, Songs. Essen. Die Blaue Eule.
     2002. Lyrik in der Blauen Eule. Band 53.

meinen Groschen gewechselt, bis hin zur Unauffindbarkeit des angeblichen Machwerks – ich habe es wohl, dieser wehen Erfahrung damit wegen, vernichtet.

Erneut relevant wurde, nach Jahrzehnten, das Lieblingsgedicht im Zusammenhang meiner Todestriebtropologien, insofern hier ja ein überbietender ursprungsversierter Regressionssog am Werke ist; Repristination, immer im Verein mit dem zweiten Teil von Benns letztem Gedicht: „Wir tragen in uns Keime aller Götter …"; das, sage und schreibe – ich bin darob immer wieder irritiert aisthetisch programmatisch meine gesamte pathognostische Fortschreibung der Freudschen „Todestriebtheorie" enthält. Und ich komme abermals und abermals nicht umhin, es zu zitieren: „Wir tragen in uns Keime aller Götter, das Gen des Todes und das Gen der Lust, wer trennte sie: die Worte und die Dinge, wer mischte sie: die Qualen und die Statt, auf der sie enden, Holz mit Tränenbächen – für kurze Stunden ein erbärmlich Heim."[6]

Wie sollte ich alsbald keine Stimmen des Argwohns hören, daß diese seine Weltanschaulichkeiten in lyrischer Gewandung zu seinen frühen Sympathien mit dem Nationalsozialismus zählen? Ich bin zwar, hoffentlich, der Letzte, der diesen massenweisen Irrtum herunterspielen möchte, gebe aber manches gegen solche Suspizierungen zu bedenken. So geht diese Rechnung nicht auf, daß künstlerische Ideologievoten eo ipso auch schon die subjektive Meinung ihres Autors ausmachten (selbst Adorno griff, Wagner diesbetreffend angängig, wie banausisch daneben). Ferner – ich werde dieses Mo-

---

[6] In: Gottfried Benn, Gedichte in der Fassung der Erstdrucke. Fischer Taschenbuch 17149. Frankfurt/M. 1982, S. 476.

nitums neuerlich nicht müde –, in jeglicher Kritik wird dieselbe von ihrem abgewiesenen Kritisierten infiziert, „projektive Identifikation" die Dauerparole, ein entscheidender Schritt der, wie immer auch erfolglosen, Konterkarierung unseres paranoischen Universalismus, im Extrem der Abwehr destruktiver Unwerte schwerlich durchführbar. Minimalanspruch: ich wünschte mir schon, entgegen dem rezenteren Postulat, die absolute Reinheit des kritischen Signifikanten zu sperren, daß, im Beispiel hier, Benn nicht zu den vom Nationalsozialismus Verführten gehörte, und ich leide unter der Quittung dafür, daß die gebildetere anwachsende bundesrepublikanische Rechte Benn als einen ihrer Gewährsleute reklamieren könnte. In diesen Kontext einstellt sich, durch mein einseitiges Projektionsgemüt, ein schlechthinniges Unverständnis dafür, daß just in Deutschland brutal öffentliche Sympathien – fernab der Personalisierung des Faschismus gesagt – mit dem monumentalen Verbrecher Adolf Hitler um sich greifen.

Fürwahr keine Mohrenwäsche Benns, aber auch kein Beifall für die kritische Hypokrisie selbst wiederum paranoischer Verstrickung in die moralistisch paranoische Absage.

Widersprüchliche Überwertigkeit angesichts des Umstands, daß ich hauptsächlich Benn mit einer Parodie bedachte, mit einem Ausschlag mehr wohl in Richtung Verehrung als in Bloßstellung. Trotzdem haftet der Parodie die Spitze der glatten Originalitätsbezweifelung an: „Ich kann es eben auch", fraglich freilich, ob gelungen, und immer ja originalitätswidrig ob der Originalitätsvorgabe für die immer bloß imitative Parodie.

„Wieder war das Leben der Mikroben alte Lust der
Wälder in der Stadt. Pflichten sind die Brunnen jetzt
enthoben. Keiner wird vom Mandelbaume satt.
Keine Wende in den Windfangecken.
Volle Dünung in des Monds Gesicht.
Was kann diese Stunde noch bezwecken vor dem
quadrigatischen Verzicht?"[7]

Immerhin, gleich ob immer noch in zweiter Reihe und axiologisch schwankend, so ist die Nähe zum Original doch aus-
geprägter als exe getisch; man kommt diesem ja, so oder so
wertend, eher auf die Schliche.

Ein Austausch über meine Benn-Reverenzen entfiel. Es blieb
dabei.

Kamper, aus Anlaß eines Morgenspaziergangs während einer
Berliner Tagung, zeigte mir, informiert, das Wohnhaus mitsamt der Arztpraxis für Haut- und Geschlechtskrankheiten
Benns; die ich gewiß nicht als unerheblich beiläufig zu seinem Gesamtverständnis sähe. Und Kittlers kennerschaftliche
Zuneigungen, wie hier die exponierte für Benn, die ihn in Berlin verdächtig machten, reichten nicht bis zu mir kommuni-
kativ hin.

Überwiegend nostalgisch, Trakl, überwiegend auf akute Verwendung aus, Benn – jetzt kommt Rilke an die Reihe, unter
welcher Beanspruchung noch? Um sogleich darüber mutzu-
maßen: aktuell bleiben Verwendungsmotivationen aus, und
deren Aktualität ehedem erweist sich als recht gefühlserle-
digt. Die starke Besetzung von damals konzentrierte sich auf

---

[7] In: Gedichte. … a.a.O., S. 52.

seine enigmatischen Sprachanteile, auf seine Quasi-Sinnver-
querungen, so als eröffneten sie mir den Zugang zu einer ganz
anderen Wunschwelt. Derart die zentrale Lyrikfaszination,
neben der der formalen Virtuositäten.

So, in der gymnasialen Oberstufe, ließ ich alle schulischen
Verpflichtungen links liegen, um mich einzig dem Aufschluß
der ersten Strophe des ersten Sonetts der „Sonette an Orpheus"
anheimzugeben:

> *„Da steigt ein Baum. O reine Übersteigung?*
> *O Orpheus singt! O hoher Baum im Ohr!*
> *Und alles schwieg. Doch selbst in der Verschweigung*
> *ging neuer Anfang, Wink und Wandlung vor. "*[8]

Er gedieh zwar nicht über die erste Strophe hinaus, wuchs
aber zu einer umfänglichen Abhandlung darüber an, die ich
meinem verehrten Deutschlehrer vorlegte. Erneutes undrama-
tisches Malheur: er zeigte sich wie überfordert irritiert, indem
er seine Reaktion auf mein wohl abweichendes Elaborat auf
die Empfehlung reduzierte, ich solle Sekundärliteratur zum
besagten Sonett recherchieren. Das war es – wahrscheinlich
deutet die Unauffindbarkeit des prätentiösen Schriftstücks darauf hin, daß ich es, ob dieses seines Mißerfolgs – „Körbe"
ja zuhauf –, vernichtete. Eine weitere Befassung mit Rilke,
insbesondere mit den „Duineser Elegien", verblieb, fast wie
vergessen, Desiderat. Am Rande mögen auch formale Ver-

---

[8] Reclams Universal-Bibliothek Nr. 9624. Stuttgart. 1997, S. 53.

künstelungen in einigen der „Sonette" mein fortschreitendes Desinteresse pedalisiert haben. Ein unergiebiger Abschied?

Das folgende Supplement zu Franz Kafka ist sicherlich kein verstohlener Akt der Pietät, wenigstens seinen Erzählungen-Band[9] zu verwahren, vielmehr der Konkretismus nachgerade der Anmahnung seiner intellektuellen Dauerpräsenz, einer einmaligen Einnistung seines Ingeniums in mir. Entsprechend habe ich, leicht nachzulesen, nicht wenig schriftlich zu ihm verfaßt, Serie, an der auch meine pathognostische Entwicklung mitdokumentiert erscheint. So begann es, um diese meine Eigenhistorie nachzuzeichnen, mit der Interpretation von „Ein Landarzt"[10] initial, damals ganz noch im Banne der herkömmlichen Psychoanalyse, deren hypostasierten Intersubjektivität, nicht nur ein beliebter VHS-Stoff, vielmehr mein informelles Entree in die psychoanalytische Ausbildung am Ort, so vorgelesen Wilhelm Schumacher und Melitta Mitscherlich. Der Beginn außerdem auch der leidigen Geschichte der Disziplinierung meiner treffsicheren Voreiligkeit, wohlgemerkt als nicht analysiert, wie aus dem Stand professionelle Diagnosen statuieren zu können. Meine keineswegs irgend auf Konkurrenz abzweckende, auch innerhalb von Supervisionen virulente prekäre Porosität sollte zur Räson gebracht werden durch die nachdrückliche Bitte um geduldige Zurückhaltung, bis die Supervisionsgruppe, am besten erst an deren Ende, so weit sei wie ich, solistisch allerdings gewährlos, so Argeiander, als Gastsupervisor, der mich sperrte, oder einmal

---

[9] Sämtliche Erzählungen. Hg. P. Raabe. Fischer Bücherei 1078. Frankfurt/M. Hamburg, 1970.

[10] Ebd. S. 123.

gar mittels des beteiligenden Redeverbots. Im Testprivatissimum meiner psychoanalytischen Eignung konnte ich der offenherzigen Belobigung der befreundeten Frau Mitscherlich sicher sein. Schumacher hingegen, eher etwas bedenklich drohender Übertragungsprobleme wegen, Deckbild, wie sich später herausstellte, der befürchteten Einbuße fachlicher Macht über mich, schloß sich der Anerkennung, quasi privatöffentlich, meiner vormals schon auf besondere Regressionstiefe bedachten psychoanalytischen Auslegungsgabe an. Kollabierender Gipfel meiner späteren Wertschätzung durch meine erste Lehranalytikerin, en psychose: Ich sei ein psychoanalytisch nicht einholbarer Mutant. Im übrigen vom Gros der grottenschlechten männlichen Anlerner, erfolgreich auf Rachekurs (wofür?), gehaßt – so bemerkte en passant einer der Ausbilder, der für meinen dramatischen Durchfall in einer karriereentscheidenden Prüfung (im „Zentralen Fallseminar") mitverantwortlich: Ich sei so gut gewesen, daß man mich wieder hören möchte. Auch im „Philosophischen Institut" war für mich, ersatzweise, diesbetreffend nichts zu holen. Meine, anfänglich Interesse erweckende, Anregung, den Kafkaschen Text „Ein Landarzt" einem kritisch vergleichenden exegetischen Methodenpluralismus konkret zu unterziehen, verlor sich, nachdem ich meine fertige Auslegung als Eigenbeitrag zu einem solchen größeren Projekt vorlegte, ohne weiterer Diskussion alsbald.

Immerhin, nicht von ungefähr liefen diese institutionell unter dem Strich für mich schädlichen Ausweisungen bereits vor meiner Befassung expressis verbis mit Kafka, einer doppelt laienhaften, auf, der, fortgesetzt sodann, zu einem halbwegs insgeheimen Leitstern meiner intellektuellen Optionen wurde. Das fragte ich. mich oft: Was wohl hätte Kafka, an meiner Stelle, mit meinen Widerfahrnissen, meinen Träumen nicht zuletzt, schriftlich angestellt? Ja, meine etwas streuenden „Parabeln" (oder wie anders angemessen zu benennen?) sind ohne die Kafkaschen Vorgaben undenkbar.

In der Fortsetzung meiner pathognostischen Psychoanalysesubversion nimmt wiederum Kafka beispielgebend entschieden Platz. Ich möchte es nun nicht mit dieser seiner Exemplarität übertreiben – ob der zirkulären Verhältnisse hier nicht: die Vorbildlichkeit der Kafkatexte ist ja zugleich immer auch Produkt meiner nämlichen Vorbeanspruchung durch sie gleichwohl deren stabilisierende Kommitanz bleibt immer mit im Spiel. Worum handelt es sich dabei, anläßlich der fortgesetzten, zum Teil offengelegten Kafkasubsidien? Im Überschlag um eine enorme genealogische Aufwertung des Traums, ungewohnt vermittelt über Kafkas Selbstauskunft, alle seine Texte verdankten sich eigenen Träumen, wahrscheinlich liiert mit seiner Order, diese posthum zu vernichten, weil er selbst zwar der Träumer, fernab aber des Schöpfers der somnialen Gehalte, sei. Wenn nun dem so wäre, so imponierte zwar Kafkas Bescheidung, das kreative Traumsubjekt nicht zu usurpieren, läßt aber die Frage nach dessen Provenienz und Zugehörigkeit zum Träumer offen – nein, zugleich nicht, denn die Antwort liegt, fakturial, in der außerordentlich genealogischen Valenz seiner Opera, vor denen er sich, sicherheitshalber gar noch im Jenseits, durch Vernichtung dünne machte. Gewagte Hypothesen? Kaum! Durch Selbsterfordernisse wurde diese Flucht Kafkas vor sich selbst zum Auftrag, fürs erste Träume, konventionell widerpsychoanalytisch, objektivitätsekstatisch zum einzigartigen Hauptpunkt der, wiederum Kafka entlehnten, Kulturgenealogie universeller Krisisphänomene zu exponieren. Nach Kafkas prosaischer Machart gibt sich deren unnachlaßliche „Primärprozessualität" weitest entfernt vom Surrealismus, indem er Sprache gänzlich undissident belassend, deren einziges Paradeunbewußtes in dieser seiner Dementierung ubiquitär grauenhaft macht. Widerlegung der Widerlegung des „Realitätsprinzips", in seiner Haltlosigkeit, im Vorübergang haltgarantierend; Trug der quasi normalen Sprachgabe, dialektisch gegenläufig instantan jedoch, überhaupt noch etwas lesen zu können; schillerndes Sprachgenügen, rettend verschlimmernde Schriftfixation, derart mediale Selbstverwahrung mitten in deren verlustigem Schwund. In der Tat ein ausnehmendes antisurrealistisches Programm schuldigster Unschuld, anders als im „Anti-Ödipus", ledig der Ausweiche in den Dadaismus.

Die besagte Vernichtungsorder als „Flucht vor sich selbst"? Eher doch vor unselbstigen Fremdwiderfahrnissen, vor der Verfolgung durch Alterität? Ja, in affektivem Betracht aber doch auch „Flucht vor sich selbst", nämlich der Scham der Nichtverfügung alldieser ontologischen Zumutungen. Das „Selbst" – hier ein fluktuierender Depersonalisationsfaktor der Selbstalienierung, sich immer auch ortend in der auffällig heil verbleibenden solide schriftgesicherten Sprachfaktur, allzeit bis zu deren zugleich immerwährendem Zusammenbruch. Kafkasche Blitzeistexte – wenn auch selbst gewirkt, der Autor möchte sie, verständlicherweise, loswerden. Für mich selbst, immer mehr ein Anstoß, all das, was meine genealogische Eigenschreibe in mir anrichtet, nicht auf sich beruhen zu lassen, immer im Sinne des Exorzismus der Pseudosouveränität jeglicher Metaposition. Also ein höchst zwiespältiges verum ipsum factum, so als hätten sich die „anödipalen Kategorien" des „Anti-Ödipus", primo loco die „inklusive Disjunktion", die „Auseinschließung", gegen jegliche or-

dentliche Lektüre verschworen, denn die je gewaltsame Ver-
eindeutigung, sei es auf den „Sekundär-", sei es auf den „Pri-
märprozeß" macht mich, einerseits, verdummen, und, auf der
anderen Seite, psychotisiert konfus.

Unklar bleibt, innerhalb des Kafkaschen Eingeständnisses der
generellen Eigentraumprovenienz seiner literarischen Texte,
ob und wenn wie, er, eingriffig, den Spielraum der Diskrepanz
zwischen der Traumfaktur selbst und deren Rapport nutzte.
Müßige Problematisierung, insofern ja der Traum selbst, jenseits seiner verlustig referierenden Repräsentation, seine Ein-
sehbarkeit verweigert? Ja, triftig hingegen aber Versuche, diese Sperre wenigstens zu markieren und damit zu ermäßigen[11],
traumnächst weg von Kafkas über sich selbst stolperndes wie
zynisches Raffinement?

Unlustig bin ich zwar, erneut eine Selbstapologie, betreffend
den Vorwurf des angeblich pseudophilosophischen Stuprums
von Kunst überhaupt, hier von Literatur, abzuleisten, doch
diese Anschuldigung geht mir bisweilen nach, und ihre erneute Erörterung mag also naheliegen. Nun: ich kann, fürs
erste, nicht sehen, daß ich dem notorischen Philosophiehabitus
erläge, den noetischen Begriff über dessen aisthetische
Einlösung zu setzen, mit dieser Anmaßung aufzuwarten. Dagegen spricht sogleich der Umstand, nicht selten Gedanken-
erzählungen, „Parabeln", zu favorisieren; früher gar so weitgehend, wenn mich eine Art paralysierender Begriffsstarre

---

[11] Siehe: H. Heinz, M. Heinz: n-Future. Es würde ein Traum gewesen sein werden sein werden. In: Somnium Novum. Zur Kritik der psychoanalytischen Traumtheorie. Vol. I. Wien. Passagen. 1994. Passagen Philosophie. S. 125–128.

befiel, travestierte ich in Protogedanken, um sie liquide zu halten, paradoxerweise in Ikonisierungen, durchaus laienhaft. Und in meinem monierten Zugriff, in seiner existentialontologischen Nähe, bringe ich mich selbst eigensinnig zwar, doch voll des Respekts für die künstlerischen Vorgaben – inwiefern verboten? – ein.

Aber schon davor, von ihr selbst her, fernab eines Freibriefs für beliebige Verunstaltungen, offeriert sich Kunst nachgerade zu ihrem sublimen Gebrauch, immer dann, wenn ihr Wesen ansteht: die Gnadengabe an die Menschheit, Mitgarantie deren Überlebens/Über-Lebens. Selbstverständliche Pietät, das Gegenteil wider „das Kräutchen rühr mich nicht an", einer zwangshaften Virginität, die allen Reservationsrespekt verstellt. Als Klassenprivileg vergönnte, nimmer fortwährende Erosmora, „kunstreligiöser" Klimax vielleicht, der sich verflüchtigenden Aussicht auf ein Ganzanderes. Ja, „kunstreligiöse" Optionen, die von früher Jugend an, nicht immer guten Gewissens, zerbrechliche Huld, begleiten. Vorsicht aber, guten Tag „Todestrieb", auch dank Kafka, seiner wideremphatischen Rezeptionsklausur, weitab eines tiefsinnigen Verständnisses.

Keine Nebenspur, vielmehr eine zentrale, dicht unterhalb der allgemeinen genealogischen Beanspruchung: das „funktionale Phänomen", der „Autosymbolismus" (Silberer), will sagen, daß jeglicher Plot die szenische Selbstdarstellung des betreffenden Genres, hier der literarischen Schrift, abgibt. Narration gleich Quasi-Mythologisierung der für sie einschlägigen Schriftgattung. Objektivitätsekstatik, mediale, wie umstandslose Verwendung auch auf diese; und inbegrifflich imaginär traumbezüglich auf seine scheinbar simple Formel gebracht: Traum, der sich selber träumt. Also gibt es keinen szenischen Inhalt, kein somniales Fabelelement, das nicht strukturelle Essentials des Traumes eigensymbolisierte.

Nach einer Phase ausgiebig innerer affirmativer Erkundung dieser, immer noch fremdartigen traumphilosophischen Version, meldeten sich, progredient, doch Bedenklichkeiten an, mit auch deren exegetische Applikation auf Kafkatexte betreffend. Im Ganzen durchaus bedrängend die dadurch verstärkte strikte Hermetik des Traums, seine empirische Absolutheit, entropisch doch in seinem Selbstverzehr, final zu seiner Auflösung, seinem Verschwinden verurteilt – womöglich der Hauptgrund notwendigen Erwachens, dinglich heteronom rettend wieder umgeben von dem, was nächtlich das Grauen seiner Herkunft erfuhr. Aber schon gleich zu Beginn kann der Traum kein Gott sein, der ja seine Absolutheit rein aus sich selbst, on dit, alimentiert. Also: von welchem Stoff ernährt sich der Traum, wenigstens um überhaupt in die Gänge zu kommen, um sich, folgend widerstrebend aufzuzehren? Was hat er sich, assimilierend, angetan, um, befristet nur, bestehen zu können? Welche Absolutheitseinbuße, allein schon solche Fragen zu stellen! (Christkatholische Theologen vor!) –, worauf sich der Freudsche Einwand gegen Silberer, paradoxes Dementi seiner Wertschätzung, versammeln würde? Wie aber könnte die Antwort lauten? Ich übernehme mich rechtens: in der zirkulär korporellen Objektivitätsekstatik, dem dinglichen Makrounbewußten einer wie unerschöpflichen Hylequelle aller kulturellen Abhebungen, au fond der des Traums. Dessen dadurch virulente Hermetik-, Absolutheitskrisis verliert sich zwar in der klausurierenden Tautologie, auf Gedeih und Verderb der Peristatik der Nahrungsmittel, erhält sich jedoch in der ganzen Armut meiner Genealogie.

Es kann, es muß dabei bleiben: der Traum quasi an sich träumt sich exklusiv selbst, ist schlechthin selbstreferentiell, und bedarf als solcher, zumal anfänglich, der Ernährung. Weshalb nicht derselben auf Dauer, warum im Erwachen sich beenden? A-final liefe das auf Psychose hinaus, auf das Überschwappen der Nacht in den derart a-sozialen Tag. Es muß ja, nicht zuletzt zu diesem Zweck für Hylenachschub gesorgt, der mediale Parasitismus durch Arbeit gebührend bedient werden. Nicht daß der Ausfall, gleichbedeutend der Verewigungsmedialität, nicht tödlich wäre, gleichwohl ist sie totaliter abhängige Variable ihrer materialen Zufuhr, die aber ihrerseits nicht aus sich selbst subsistiert, sondern permanent erarbeitet werden muß. Seltsame Verhältnisse: die somnial vorbildlich sich extrapolierende Allimaginarisierung hängt zugleich indessen ab von ihrer materialen Unterhaltung, nicht unerschöpflich, wie kontingent, der eigenen Befristung. Damit erhält jeglicher pathognostisch motivierter Rigorismus der Abweisung der psychoanalytischen Inhaltshermeneutik, a fortiori der des Traums, einen zünftigen Dämpfer, denn sie greift ja, unverhohlen, auf die dependente souveräne unverzichtbare Traumunterhaltung, defizitär aber verbleibend ob der hypostatischen Isolierung dieses Angangs, oft verbunden mit einem unmäßigen wie beliebigen Pluralismus dieser Version; also wegen des typischen Reduktionismus der Psychoanalyse auf Intersubjektivität („Produktionsverhältnisse") versus tabuisierter Technologie („Produktivkräfte"), wodurch sie sich den Hungertod der Menschheit in mente einhandelte.

Widerruf der Pathognostik? Mitnichten, denn die monierte psychoanalytische Vereinseitigung perenniert ja. Und Psychoanalyse wäre pathognostisch relizensiert, wenn sie in ihrem Vollzug diese ihre Reduktion miteinbekennte; was noch, sicherheitshalber publik zugewandt, einer exakteren Operationalisierung harren mag. Und wo bleibt jetzt Kafka? Imputation gleich Entnahme dieser genealogischen Totale der Medialität, vordringlich der nachträglichen Vorgabe des Traums. Und zwar, (pardon!) da capo, autosymbolisiert je der Erzählungsplot Elemente der Traumfaktur, sowie deren medialer Generalisierung, um alsbald diese Punktion abzustreifen[12]

---

[12] Veröffentlichungen zu Kafka:

- Von der Depotenzierung der Hermeneutik und/oder der Psychoanalyse. Franz Kafka: Gespräch mit dem Beter In: fragmente. Schriftenreihe zur Psychoaanalyse. Hg. Wissenschaftliches Zentrum für Psychoanalyse, Psychotherapie und psychosoziale Forschung (WZ II) der Gesamthochschule Kassel. Heft 2/3 1982. S. 147–175. Zweitpubliziert in: Minora aesthetica – Dokumentation auf Kunst angewandter Psychoanalyse, Frankfurt/M./Dülmen, tende. 1985, S. 17–32 – Erweiterte Neuauflage. Essen, Die Blaue Eule. 2016, Genealogica Bd. 55, Hg. R. Heinz, S. 161–178.

- Mani(e)fest zur Abschaffung der Hermeneutik, insbesondere der psychoanalytischen. (Aus Anlaß von Kafkas „Gespräch mit dem Beter") (Fragment); In: Minora aesthetica. a.a.O. S. 157–160.

- Franz Kafka: Ein Landarzt. Erste Orientierung einer psychoanalytischen Interpretation, in: Minora aesthetica, a.a.O. S. 17–32.

- Notizen zu Kafkas „Ein Traum", in: Traum-Traum 1999. Zum Zentenarium der Traumdeutung Freuds, Wien, Passagen, 1999, Passagen Philosophie, S. 117–128.

und sich materialiter zu sich selbst zu emanzipieren; und dies, intersubjektivitäts-transzendent, kapitalisierte Technologie, immer zum Zweck aisthetischer Aufklärung, genealogieversiert, miteinzubeziehen.

Kafka und kein Ende? Wenngleich schwächer Silberer dito? Nochmals nochmals: die „funktionale Phänomenalität", der „Autosymbolismus" betrifft die Selbstreferentialität der Medien, an ihrer Spitze wie gehabt des Traums, die „materialen Phänomene" deren Nutrition. Und die „somatischen Phänomene" die Ubw-kreative Körperreferenz der genealogisch anstehenden Dinge/Waren/Waffen. Also das perfekte Interpretament der Kafkaschen Texte, entnommen angesonnen?

Friedrich Schiller. – Es blieb bislang beim bloßen Plan, die Vielzahl der trefflichen Schillerschen Verdikte zur Ideologie des Bürgertums in statu nascendi zusammenzustellen und zu kommentieren. Der schöne Plan rückte in die zweite Reihe. Immerhin aber verwahrten wir, auf Dauer anhänglich, wenigstens „Die schönsten Gedichte von Friedrich Schiller"[13], ein Akt fast der Pietät. Ich denke schon, daß Schiller selbst auch an das glaubte, was er dem frühen Bürgertum attestierte.

- Der gemobbte Tod. Zu Kafkas Erzählung „Gemeinschaft", in: Pathognostische Studien IX. Differierte Suspension von Psychoanalyse und Philosophie, Essen, Die Blaue Eule, 2004, Genealogica Bd. 34, Hg. R. Heinz, S. 17–19.

Zweitpubliziert in: Trauma und Gruppe. Psychoanalytische, philosophische und sozialwissenschaftliche Perspektiven. Hg. A. Karger, R. Heinz, Gießen, Psychosozial-Verlag, 2004, edition psychosozial, S. 43–47.

[13] Die schönsten Gedichte von Friedrich Schiller, Zürich 2005, Diogenes Taschenbuch 23489.

Vielleicht aber vermochte er, transadaptiv, ein immanent kritisch verwendbar utopisches Element in seine ideologischen Beispielgaben zu insinuieren? So etwa in den folgenden Zeilen (und manchen anderen mehr):

> *„Das ist's ja, was den Menschen zieret,*
> *Und dazu ward ihm der Verstand,*
> *Daß er im Innern Herzen spüret,*
> *Was er erschafft mit seiner Hand."*[14]

Gewiß, gewiß. Aber die inverse Auslegung macht ebenso Sinn, denn die reklamierte emotionale Internalisierung des Arbeitsprodukts legitimiert dieses, fernab jeglicher Problematisierung handwerklicher Kulturarbeit selbst.

Um noch etwas bei Schiller zu weilen – viele seiner in meiner Schulzeit einstudierten Balladen stehen immer noch, jedenfalls auszugsweise, dem Gedächtnis zur Verfügung. – Ansonsten versuchte ich, den Vergleich mit Goethe zu vermeiden und mich auf seine eigenen künstlerischen Meriten zu konzentrieren, so etwa auf seinen – Verdi-vermittelten – „Don Carlos". – Wohl das Hauptdokument deutscher Klassik, an dem ich während meiner literaturwissenschaftlichen Studien laborierte, die Korrespondenz Goethe–Schiller, müßte ich mir nochmals vornehmen, denn die Erinnerung daran ist deutlich verblaßt. Mangelndes Interesse? Kaum. Keine rechte Anleitung dafür, meinem intellektuellen Gusto gemäß? Eher schon. Aber ich selbst setzte nicht nach, wie sonst oft. – August Langen, Professor für Neuere Germanistik, versuchte

---

[14]   Aus: Das Lied von der Glocke, ebd. S. 25.

Schiller dadurch schmackhaft zu machen, ihn zum begnadeten Kriminalschriftsteller zu erklären; welche Spur ich nicht aufnahm. – Charakteristische Reminiszenz an scheinbar Marginales: den Geruch faulender Äpfel in der Schublade von Schillers Schreibtisch, von Thomas Mann in seinem Essay „Versuch über Schiller" hervorgeholt. – Die Berücksichtigung des Philosophen Schiller als kritischer Kantianer versteht sich ob meiner frühen kantianischen – alsbald bröckelnden – Sozialisierung durch Joachim Kopper.

PS.: Folgend noch setze ich meine eigenen Bedenken, die bekannten, selbst gegen meine eigene Kritik ausnahmsweise hintan, und riskiere zudem ein quid pro quo künstlerischer Botschaft mit der persönlichen Meinung deren Autors? – Wo endlich könnte ich klagen für ein. striktes Verbot des Schillerschen „An die Freude", mit samt der Beethovenschen Vertonung desselben; sowie gegen diejenigen, die dieses Unding zur Europahymne machten? Schiller und Beethoven et. al. – durchgeknallt!

Schon vor der sozusagen offiziellen Verwendung von Theodor Fontane, inbegrifflich seiner „Effi Briest", war er bei uns permanent virulent. So lasen wir, HH und ich, wiederholt und wiederholt in seinem chef d'oeuvre zum Zweck der Vertiefung seiner beinahe unsäglichen Kunst, avant la lettre Psychoanalyse auf ihrem höchsten Stand an den Tag zu legen. Und zwischenzeitlich lag es nahe, „Effi Briest" als Sujet einer „psychoanalytischen Literaturinterpretation in der Gruppe", geleitet von Herbert Anton, Ernst Konrad Specht und mir, innerhalb einer „Ferienakademie der Studienstiftung des Deutschen Volkes", in Alpbach, vom 20.09. bis zum 02.10.1974, zu erwählen. Diese etwas Aufsehen erregende Veranstaltung ist umfassend dokumentiert in „Minora aesthetica. Dokumentation auf Kunst angewandter Psychoanalyse"[15], für das damalige Niveau mindest psychoanalytischer Durchschnittskenntnis ansehnlich geblieben. Daß sich dazu, trotz einiger eifrigen Ansätze von Studenten, keine Tradition nachbildete, lag leider mit – aber ich bin kein Moralist – an der gar publiken Anarchisierung der Gesamtsituation, mit zudem verursacht durch die fortwährende Präsenz von Psychoanalyse, ein Anlaß mehr, eine solche Veranstaltungsart zu problematisieren.

Unsere progredienten Undergroundkenntnisse der subtil psychoanalytischen Substrukturen der „Effi Briest" fanden noch keine schriftlichen Niederschläge, und damit dem Verdacht entzogen, banausisch Kunst zu heterogenen, hier Psychoanalyse-erbötigen, Zwecken zu mißbrauchen. Unverfänglich aber solche Kritik – ist denn Fontanes ausnehmendes quasi kasuistisches Vermögen nicht auch künstlerisch? Jedenfalls erhielt Freud den „Goethe-Preis" nicht für seine metapsychologischen Theorieschriften, vielmehr für seine praktisch prozeduralen.

Und um „Effi Briest" – häufiger Filmstoff auch – nicht weiter zu überbürden, nahmen wir uns Fontanes „Unwiederbringlich" in depressions-kasuistischer Rücksicht vor. Circa Mitte dieser Version brachen wir sie, mangelnder exegetischer Herausforderungen wegen, ob unserer guten Erschöp-

---

[15] Frankfurt/M./Dülmen. Tende. 1985, S. 33–45. – Erweiterte Neuauflage: Essen. Die Blaue Eule. 2016. Genealogica Bd. 55. Hg. R. Heinz. S. 33–45.

fung, ohne daß sie eine Disqualifizierung Fontanes bedeutet hätte, beruhigt, doch nicht empfehlenswert, ab.

Adio Fontane, der primärprozessuelle Grausame? Wahrscheinlich noch nicht.

In der Folge könnte störend sich auswirken das Mißverhältnis zwischen fast publikationsentledigter bloßer Verwahrung ausgewählter Literatur und deren wie deren Autors bewegende Dauerpräsenz, unterbrochen episodisch durch aufschlußgeneigte Zuwendungen expressis verbis. Solche respektvolle Verwendungsweise gilt für Samuel Beckett, zum Glück nur bis zum abwegigen tropologischen Zugriff gleichen Titels auf seine „Glücklichen Tage"[16], welchen ich ein „photo-elogium"[17], abermals photogenealogisch voranstellte.

Allzeit kommitante Faszination Beckett: sein aisthetisch szenisch erfüllter existentialontologischer Kahlschlag, von einer einmaligen Einprägsamkeit, einer exklusiven Prägnanz, nahezu ein obsekrativer Trost, immer wenn ich seinsschwarzmalerisch verzagte. Auffällig auch, daß wir abweichend zahlreiche Theateraufführungen Beckettscher Stücke frequentierten.

Wesentlich ausschließlicher noch publikatorisch unveräußert unsere Verehrung Hermann Melvilles, des Favoriten HHs. Es bedürfte erneut einer intensiven Annäherung an ihn – unsere schrumpfende Lebenszeit spricht eher dagegen –, um aller-

---

[16] Glückliche Tage/Happy days/Oh les beaux jours, suhrkamp taschenbuch 248, 1975.

[17] Heinz, Rudolf, Hermes psychopompos. photo-elogium. In: Ders., Pathognostische Studien XIII. Der Pathophilosophie endliches Provisorium. Essen. Die Blaue Eule. 2014. S. 253–255.

erst Genauigkeiten seines identitätsintrikaten Wesens festmachen zu können. In schwankender Verbindlichkeit kam er uns bisher vor wie ein vorzeitiger erratischer Block, und wir hielten uns, an „Moby Dick" vorbei, an seinen prominent gewordenen (u.a. Deleuze!) „Bartleby", und, mit einem Sprung in sein Todesjahr sowie erst nach Jahrzehnten Bekanntwerdens des „Billy Budd" (von Britten vertont), immer gebannt, wie Kafka-motiviert, von, durch pathologische Fatalitäten vermittelten, Surrealisierungskomponenten.

Gut, eigens verwahrte Bücher, bislang nicht veräußert oder gar entsorgt, bezeugen meine besondere Anhänglichkeit daran, die es mir wert erscheinen ließ, darauf, selbstvergewissernd, belobigend einzugehen, wie eben geschehen. Nun wäre es aber ein Fehlurteil anzunehmen, daß sich mit diesen Laudationen meine Literaturlieben erschöpft hätten. Denn nicht nur mag sich doch ein Zufallsmoment in diese durchaus authentische Auswahl einmischen, mehr noch: aufdringlich wird der Andrang meiner, anscheinend übergeordneten, heterogenen Kunst, denen nicht die konventionelle Ehre widerfuhr, residual bibliothekarisch sicher konserviert zu werden, im Sinne einer paradoxen Auszeichnung, die damit zusammenhängt, daß ich – Musik betreffend besonders auflaufend – meine noch größeren Lieben, der Medienprothesen, selbst der elementaren (schriftlichen), ledig, rein aus dem abweichenden „organischen Gedächtnis" reproduktiv nahezubringen vermag. Zu dieser meiner ultimativen Kunstfrömmigkeit zählen, je in sich wiederum selektiv: Goethe, der Sprachvirtuose; Eichendorff, der Lyriker (immer – non plus ultra – zusammen mit Schumanns Eichendorff-Zyklus plus Adornos Essay dazu); Mörike, der Lyriker (mit Gehör zu Wolf); Brecht, hauptsächlich als Dramatiker. Nein, Wagner habe ich nicht vergessen, konkurrenzlos seine unnachlaßliche Inkorporation, einige Klavierauszüge seiner Musikdramen habe ich bei mir behalten, Bayreuth-Besuche en masse, Erinnerungen ans Rollenstudium an der Musikhochschule Saarbrücken (Alberich), etc.

Fürs erste nun genug des Einblicks in die Intimitäten meiner literaturreferenten Umtriebe, bis auf ein liegengebliebenes größeres musikalisches Projekt, in dessen folgender Skizzierung ich weiterhin auf Wagner zu sprechen kommen werde: Maurice Ravel. Was hat es damit auf sich? Von jeher schon zählte ich Ravel zu den ganz großen Komponisten, publikatorisch uneingelöst aber, steckengeblieben in Materialbeschaffungsvorbereitungen, verhakt auch schon in seiner Kammermusik. Wahrscheinlich die merklichen Aussetzungen des Großprojekts eben ob seiner entmutigenden Größe? Sehr früh aber schon – datiert auf 1964 – beschäftigte ich mich mit Ravel und schrieb darüber, rudimentär damalig zwar, jedoch, zu meiner eigenen Verwunderung, immer noch brauchbar[18]. Und zwar folgen einleitende Ausführungen zum Wesen des musikalischen „Impressionismus", die strukturanalytische Skizze einer wohl für Ravel besonders bezeichnenden Komposition „Scarbo"[19] und vorläufig knappe Markierungen der Aporetik seiner Musik.

---

[18] Maurice Ravel: Scarbo, in: Interpretationsvorschläge. Herrenberg. G. F. Döring, 1976, S. 32–35. Reprint: Pathognostische Studien XI. Endlich genealogische „feriae messium"? Essen, Die Blaue Eule, 2011, Genealogica Bd. 44. Hg. R. Heinz. S. 283–285.

[19] Gaspard de la Nuit, 3 Poèmes pour Piano d' après Aloysius Bertrand, III. Scarbo, Editions Durand & Cie. Paris.

Der erste, philosophisch triftige Teil meines Aufsatzes exponiert die Kritik des „Impressionismus" an der Romantik, inbegrifflich hier nicht ausgeführt, an Wagner. Auffällig dabei die epoché, beide Musikstile gegeneinander auszuspielen, und dies als Avis, denke ich, fälliger antidogmatischer Nivellierungsdialektik, des Egalitätsrechts aller aisthetisiert existentialen Entwürfe. Die Ehre des diesbetreffend subversiven Genies gebührt freilich „Claude de France de Bussy", fraglich, ob er diesen hohen Anspruch kompositorisch zu realisieren imstande ist – wahrscheinlich ja? –, und wie sein überraschender Exkurs ins Musikdrama – „Pelléas et Mélisande" – als zünftige Wagner-Alternative einzuschätzen sei. Und Ravel?

Spurenlegung hin zu seinem – nicht mehr schlicht dem „Impressionismus" zuzurechnenden – Vorgehen gemäß meiner Fakturanalyse des „Scarbo". Kurz, der wie auf die Probe gestellte „Impressionismus" bedarf, rahmengemäß, der Amplifikation seiner musikalisch transponierten Außenreferenzen. Es sind, im „Scarbo", Nachtphänomene, wie somnial entliehen herumtollendes Gebaren eines Zwergs, Kobolds, ein vorbeirauschender Dämmerspuk, eher wohl, seiner Komik wegen, fesselnd denn beängstigend, am ehesten überhaupt überleitend zur Hauptgewahrung der mechané der Phonetisierung einer visuell organisierten Ausnahmeszene. So auch wäre die desorientierende Flüchtigkeit der Scarboepiphanie, post festum transmusikalisch, festgestellt, wie von mir ja eben getätigt. Das Ende vom Lied? Wie demnach steht es um die Ravelschen Abwege vom initialen „Impressionismus" Debussys? Grenzwertig seine Erweiterungsmanöver? Ja, mehr vielleicht als Dissident sogar, eine Art von eher versteckter Parodie auf den „Impressionismus", eine nächtliche Deplatzierung der Impressionen, artifiziös bis zur Erstarrung der Szene in Notation, Instrument, Pianistenhänden, ein ganzes Programm der sensorischen Totalisierung, fast auch die Indifferenz von Sehen und Hören. Erwachend reibt man sich den Spuk, das Larvenwesen, aus den Augen, beruhigt in der bloßen Erinnerung an eine verstummende Spieldose.

Voreilige Kritik an Brüchen, an Aporetik des Ravelschen Prozedierens? Solche Diagnosen waren, weiland schon – mißverständlicherweise? –, als konstitutive gedacht. So Brüche, im Sinne eines immanenten Brechens mit dem „Impressionismus", über modo „Scarbo" freilich hinaus. Und „Aporetik" dessen, essentiell – Ravel nicht vorbehalten, vielleicht aber hier von einer besonderen Intensität – erfaßt von einer veräußert rettend sich mechanistisch verwindenden inneren Ratlosigkeit, in der der Impressionsbegriff in seiner bezweifelten Zuträglichkeit widerständig wird, immer – aber ich möchte es damit nicht übertreiben, wenngleich es wiederholt und wiederholt gesagt sein soll – angesichts des vorgestellt unvorstellbaren Todes, des „Todestriebs" peremtorischen Versagens.

„Impressionismus"? Keiner mehr, oder in seine Erfüllung gebracht, insofern er, ravelisch, sich nicht in ein oppositionell sinnliches Refugium zurückzieht und befriedigt einrichtet. Nein, die außensensorische Amplifikation ausmacht schon einen totalisierenden Seinsübergriff von Musik und Musik und Musik – Hypothek, deren hoher Abtrag im mise à mort derselben besteht, aufgipfelnd moribund macht, differiert sodann in ihrer finalen Mechanik. Gut, nicht nur Ravel läßt auf dieser konstitutiven Todesfahrt, Inbegriff kompositorischer Kulmination, mit Üblichkeiten die Kirche im Dorf, und demgemäß ich meine Versessenheit der Letzten Dinge. Gleichwohl, auch wenn Zufallsmomente mich dazu mitverleiteten, ausgerechnet Ravel mit dieser ontologischen Bürde zu beschweren, mit dem dialektischen Musikmysterium selbst, der transfaktischen Unaushaltbarkeit, mehr als ausgehalten noch, wie beispielsweise hier, in der sich verbrauchenden Umsetzung der visuell beherrschten nokturalen traumähnlichen Szene in Musik, in der Bloßlegung ihrer Medialitäten endend, der Notations- und Instrumentengenese, somit den zweiten Tod Eurydikes erinnernd. Todtod selbst filialer Weiblichkeit, letal im Fleische so ledig seiner produktiven Veräußerung.

Und Ravels Musik? Jedenfalls die eines entschiedenen Zölibatärs, die des Abgrunds seiner musikhistorischen Sonderstellung, einer Askeseart, ermöglichter Umweg, die entgrenzte Musikhomosexualität brüchig zu exzessivieren. Ewiger Dienst, Aufschub vielleicht, nimmer Lösung, die Fleischesgreuel kultural wegzuprojizieren, Dienst an der Menschheit, nur daß deren objizierte Berge allgelegentlich martialisch ausbricht.

Inwieweit die Gedichtvorlage des „Scarbo" von Aloysius Bertrand, mit ihrem Verweis auf E. T. A. Hoffmann, den Zwergenspuk sprachlich poetisch einständig macht, bleibt offen. Weitere Desiderate, so die parental hybride Herkunft Ravels, die über seine Mutter vermittelte baskische Dominanz – man mag den Eindruck nähern, er sei prägnanter ein wiederum abweichender Spanier denn ein Franzose, immer umwillen der ätiologischen Ausdifferenzierung seiner Impressionismustranszendenten Eigentümlichkeiten, die längst schon nach einem spezifischen Namen suchen. – Ebenso, nicht zuletzt, Pathographie, unter der nämlichen Prämisse verfolgt. (Nebenbei vermerkt: ich tue mich, meiner Augenleiden wegen, recht schwer selbst schon mit der Pschyrembel-Lektüre einschlägiger Passagen; auch fehlt mir zur Zeit, pandemisch untersagt, ein intelligenter organmedizinisch ärztlicher Konsiliarius.) Also: noch im Mannesalter ereilte ihn „Apraxie" und „Dysphasie", terminologisch unterdessen ersetzt durch „Dysgrammatismus" (sowie auch andersartigen Ausfällen vorbehalten). Das sind durch „zentrale" Läsionen im Gehirn verursachte Bewegungs- und Sprachstörungen unterschiedlicher Art, fernab der kranken Beeinträchtigung der Exekutivorgabe selbst. Was wohl vor Zeiten dazu führte, rechtens einzig am Gehirn ätiologisch, doch wahrscheinlich vorzeitig, zu operieren, wie es Ravel, mit tödlichem Ausgang, geschah. Auffällig jedenfalls, daß aktuell als Therapie keinerlei chirurgische Maßnahmen empfohlen werden, exklusiv vielmehr die doch minderen Behandlungsmethoden Ergo- und Logotherapie.

Wie denn nun diese für Ravel indirekt todbringenden, im neurologischen Vergleich aber nicht eben besonders gravierenden Pathologien der genealogischen Totale seiner Musik dienlich sein können? Mittels Ernst Kapp und insbesondere Alfred Adler, wie aus der Mottenkiste hervorgeholt: Kulturproduktion – immer beruhend auf dem post festum-Vorausgang körperlicher Defizite, die ihrer sanierenden Kompensation bedürfen, der scheinbar bereinigenden. Doppelte Kollapsausrichtung, pathologisch subjektiv wie martialisch objektiv, in der Koinzidenz von Einbehaltung und Überkompensation. Indem ich mir selbst treu bleibe, motivieren beide Pathologien zur integrativen Quasi-Therapievalenz von Musik – funktional sekundär, nicht generisch genuin; zur Paradoxie der ganz im Vorhinein üppigen Defensive dieser Krankheiten, erstletztlich eingeholt, wie immer abwehrversagend, vom Tod mit seinem avisierenden Symptomvorspann motiler und verbaler

Mängel. Gewöhnungsbedürftig? Denke man sich in die – schon psychoanalytisch nicht mehr sonderlich dissidenten – Adlerschen Zuträglichkeiten, pathognostisch reformiert, ein, dann kaum, und zwar ob seiner kulturgenealogisch unverzichtbaren Theorieelemente, nämlich deren Kompensationswesens, doppelt destruktiv immer gefährdet von Überkompensationen, der aktuellen Apokalypse der Kulturerfüllung.

Fehlt aber noch die exakte Korrelierung der beiden Pathologien mit den betreffenden Spezifika der Ravelschen Musik, also des Heilverbleibens der Exekutionskomponenten, ineins mit bedingenden Entgleisungen deren zentralen gehirnlichen Steuerung. Allzu kühn, diese ungewöhnliche Korrespondenz zu thematisieren, ständig auch in lästiger Abwehrhaltung dem Vorwurf der Pathologisierung der Musik und ihrer Schöpfer gegenüber? In dieser Richtung fündig zu werden, näherte die letzten Weihen des pathognostischen Kunstverständnisses, wider die üblichen buchstäblichen Abstraktionen, zusammengefaßt, die hierarchisierende Abkoppelung des empirischen Subjekts von seinen Kulturproduktionen – es sei doch streng zweierlei, hier der, nun ja, kranke Komponist, dort seine davon untangierten Kompositionen, bitte auseinanderzuhalten die mindere „Genesis" und die erhabene „Geltung" … Aber nein, ich setze auf beider enthierarchisierende Homogenität, selbstbeauftragt mit der Recherche der besagten Pathologiestrukturen im unterstellt Selben der Kompositionen, der pathognostisch entscheidenden Identität. Früh schon, wie vorsorglich, attestierte ich Ravels Musik Brüche und Aporien, die ich ihres schlichten kritischen Charakters, ersetzt durch qualifizierende Konstitutiva, zu entkleiden genötigt schien. Gespenstig fast ihre Antezipation angesichts ihres Zutreffens in ihrer strukturellen Identität mit den Symptomkriterien der

Ravelschen Pathologien „Apraxie" und „Dysphasie", und ausgerechnet „Scarbo" steht dafür ein, voll der präzise reproduzierten Kompensationen, ein Supertherapeutikum derselben. Zufall, Glück gehabt mit der „Scarbo"-Selektion oder eine unglaubliche Intuition? Kaum unterscheidbar? Jedenfalls gilt die höchst integrative Konvenienz beider in ihrer identischen Herkunft, fernab davon – ich wiederhole mich –, das überhöhte opus mit den Pathologien seines Schöpfers zu verunreinigen, gleichwohl – beide sind ja, eo ipso, seinskrank, die passager heilende Musik als Produkt wenigstens differierender Regie, nicht unbedingt kompensatorischer Identität. Und der erkrankte Komponist, pathologiegemäß nicht eben unverführt zur ontischen Dispositionsverstellung, der existentialontologischen Verweisungen seiner Pathologien, nicht selten liiert mit der absolventen Idealität seiner Kreationen – für den Konsumenten mit voll des Vergessens, daß aufscheinend projektive Ablagen deren Auflösung nicht bewerkstelligen können. Problematisch diesbetreffend der Kompensationsbegriff: eine vergängliche Aufschubberge, im Stillstand genealogisch intellektuellen Mehrwert abwerfend, überkompensatorisch grenzwertig noch abgehalten, den repräsentativen Werkcharakter, das beibehalten tragende Substrat des extremen Dissoziations-Artefiziums, einzubüßen. Imaginärer Schein seines Vabanquespiels, abgefangen von der A-Repräsentativität des Todes bleibend verschlucktem Urriß, weitab des ephemer lösenden Witzes.

Und so ist es wohl unproblematischer geworden, „Scarbos" musikalisch eingelöstes Koboldgebaren als dispositionell kompensiertes VorAbbild der Ravelschen Pathologien anzusehen. Memo: die künstlerische Fiktion der der Regie entkommenen Motilitäts- und Verbalitätsfragmente möchte in ihrer beachtlich ambigen wesentlich grenzwertigen Ungezogenheit und in ihrem ersatzweisen Staseterror insbesondere wahrgenommen werden – und wie! Immer jenseits der üblichen impressionistischen Sinnlichkeitsaffektionen, moderierende Blickveränderung auch nachgeordnet auf die korrespondenten Pathologien. Vielleicht aber erweist sich die Differenz zwischen definitem Impressionismus und dem Ravelschen Ausscheren daraus doch als kleiner, wenn immer man sich auch jener versteckten Nöte widmete. Wie etwa steht es um die Pathologien Debussys? Jedenfalls, so will es mir vorkommen, scheint Ravel als musikalisch verschobener Brückenschlag zu meiner späteren fast ausschließlichen Befassung mit HHs „Zeichnungen auf Millimeterpapier" passender als die Miniaturen – vor Matisse und Klee – genreidentisch mit dem geliebten Monet. Jedenfalls sei „Scarbo" mit dabei, als Anreiz der Recherche weiterer anderer eher wohl indirekter Pathologieanaloga, solcher wie sanierter Krankheitsvorwegnahmen, Todesdifferierungen, gleichwohl immer einmündend in deren unabweislichen Vergeblichkeit des Todes, gnädig nur diese für die Nachwelt, wie ungesichert auch immer, hinterlassend. Aber selbst vermag ich nicht mehr einzuholen, was einzuholen anstände. Wo bleibt der traditionsschaffende Nachwuchs dafür? Unschließlich nihilo minus: meine Sentiment nicht scheuende Kunstfrömmigkeit wird durch meine aisthetisch intellektuellen Vergnügungen mit Ravel, wie gehabt, nicht substituiert, vielmehr nur, antidogmatisch, ergänzt.

Maurice
Ravel:
Scarbo[20]

Was der romantische Anspruch, unter Beweis gestellt, in Wagner an Aufwand und Differentiation vollbrachte, geht im musikalischen Impressionismus nicht einfach unter, es wird, seines spekulativen Fundaments entledigt, auf den Austrag eines neuen Phänomenbegriffs übertragen. Der profunden eingedenkenden Negativität, die Erscheinung als das erscheinende Intelligible selbst in Anspruch zu nehmen, zollt der Impressionismus keinen weiteren Tribut; Erscheinung und Selbstbewußtsein werden in eine neue Freiheit zueinander gesetzt. Dabei gewinnt die Erscheinung die Indifferenz eines nicht mehr idealistisch in Beschlag genommenen Selbstgenügsamen und kehrt ihren sensitiv-dinglichen, an sich selbst rätselhaften – nicht geheimnisvollen, weil nicht mehr vom Selbstbewußtsein in intelligible Regie ge-

---

[20] M. Ravel, Gaspard de la Nuit, 3 Poémes pour Piano d'aprés Aloysius Bertrand, III. Scarbo. Editions Durand & Cie, Paris.

SCARBO
Il regarda sous le lit, dans la cheminee, dans le bahut; – personne.
Il ne put comprendre par oú il s'etait introduit, par oú il s'etait évadé.
Hoffmann. – Contes nocturnes.
Oh! que de fois je l'ai entendu et vu, Scarbo, lorsqu'à minuit la lune brille dans le ciel comme un écu d'argent sur une bannière d'azur semée d'abeilles d'or!
Que de fois j'ai entendu bourdonner son rire dans l'ombre de mon alcôve, et grincer son ongle sur la soie des coutines de mon lit!
Que de fois l'ai vu descendre du plancher, pirouetter sur un pied et rouler par la chamber comme le fuseau tombé de la quenouille d'une sorciere!
Le croyais-je alors évanoui? le nain grandissait entre la lune et moi comme le clocher d'une cathédrale gothique, un grelot d'or en branle à son bonnet pointu!
Mais bientôt son corps bleuissait, diaphane comme la cire d'une bougie, son visage blémissait comme la cire d'un lumignon – et soudain il s'éteignait.

nommenen – Aspekt hervor. Entsprechend wird das Selbstbewußtsein, selbst nur Natur als sich zur Anschauung werdende Natur, zum Sensorium der lasziven Nähe der – nicht mehr unter dem Gebot der Bearbeitung stehenden und jeden tiefen Sinn von sich femhaltenden – freigegebenen Sinnlichkeit. Wo die phänomenologische Selbstgegebenheit des Sinnlichen (Husserl) des Apprioritätsanspruchs enträt, ohne daß es in dieser epoché schon zum Absurden würde – in diesem Zwischenbereich der antispekulativen Indifferenz – ist der Ort des Impressionismus; seine Phänomenalität ist der schwerelose Zauber des Außen, Atmosphäre, Landschaft oder auch schon deren bloßes Bild.

Ein bestimmter Modus dieser impressionistischen Dialektik wird in Ravels „Scarbo" aus „Gaspard de la Nuit" expliziert. Die freigelassene Sinnlichkeit wird zum Kobold: zu einer rätselhaften nächtigen Macht, die zu rasch und zu flüchtig ist in ihrer unaufhaltsam ziellosen Bewegtheit, als daß in ihr etwas zur deutlichen Perzeption kommen könnte. Das bedrängte Bewußtsein kann nicht folgen, es reagiert desorientiert, verliert im Spuk seine synthetisierende Macht.

Allein in der radikalen Angleichung an die Imagination dieses Modus erfährt die musikalische Physiognomie ihre Rechtfertigung. Die auffallenden Pausen sind die optischen Leerstellen, an denen der foppende Zwerg Scarbo plötzlich aus dem Blick schwindet; wo sich der Blick einer anderen Stelle zuwenden muß, um mitzubekommen, wo und wie der Zwerg erneut sein Unwesen treibt. Überhaupt kann der Blick seinen Eskapaden nur mühsam folgen: daher der rasende Ablauf des Nocturno-Spuks. Die Virtuosität ist keine klassizistische Substitution mehr, sie wird zur ununterbrochenen Reizflut. In einer weiteren Gestalt verdichtet sie sich zum umrisseneren kapriziösen Gebaren des Zwergs. Kann der Blick einmal kurz folgen oder wird der Zwerg überhaupt sichtbar, so reicht es eben zu knappen, sich über die quirlige Grundierung erhebenden melodischen Profilen, deren Abfolge durchaus nicht des Bauplans entbehrt, doch einer innermusikalischen Notwendigkeit. Eine genaue qualitative Spezifikation dieser Profile störte das Vorbeirauschen des Spuks; seine Details unterscheiden sich eher durch ein Mehr an leise und laut, höher und tiefer: ob nun der Zwerg an der Decke tollt oder am Fußboden. Diese qualitative Einförmigkeit des gespenstischen Zaubers ist technisch durch die Integration des thematischen Materials und der musikalischen Elemente bedingt; diese sind sich wechselseitig funktional zugeordnet, ohne daß eins den Primat hätte und ohne daß sie sich aneinander reiben würden, wie diese Musik überhaupt des antagonistischen Charakters entbehrt. Sie rauscht vorbei, schon nicht mehr direkt, sondern distanziert, wie ein Erzähltes. Ihr Gehalt ist rätselhaft, nicht geheimnisvoll oder absurd. Insbesondere eine Analyse der Harmonik würde dies zeigen können.

Es scheint, daß Ravel aus der musikalischen Not des Impressionismus, die er wie kein zweiter erkennt und eingesteht, eine neue Tugend machen konnte: seine Brüche appliziert er illustrativ und nimmt ihnen so das negative Gewicht. Damit stimmt Adornos Dictum überein, daß sich Ravel „raffiniert wie ein Gefangener" einzurichten wisse[21]. Allein durch die abgeschilderten Gegenstandsqualitäten gewinnt die impressionistische Verfahrensweise ihre Legitimation; Ravel strengt nicht mehr an, sie durch sich selbst zu rechtfertigen. Was sie an antithetischem Charakter einbüßt, wächst ihr an Raffinement und Skepsis zu. Die außer sich geratene Musik kritisiert den intelligiblen Charakter. (1964)

---

[21] Theodor W. Adorno, Ravel, in: Moments musicaux, edition suhrkamp 54, Frankfurt/M. 1964, S. 67. Vgl. auch Vladimir Jankelevitch, Maurice Ravel in Selbstzeugnissen und Bilddokumenten, rowohlts monographien 13, Hamburg 1958, bs. Appassionato, S. 98 ff.

Krämpfe – nicht vorgesehen, symptomatisch sinnheischend vorgesehen. Symptominbegriff der spezifische Schmerz, „Schmerz – weg damit" spontan durch heftiges Aufstampfen, gegen dessen Erpressungsoffensive, mit auch gegen höhere Funktionsbestimmungen, zum post-festum, umso provokanter, verurteilt.

Nach einigen – zufälligen? – universitätsklinischen Erfahrungen zeigte sich die hiesige Neurologie an dieser Krankheit nicht sonderlich interessiert, so, diagnostisch gesichert, als zugehörig zur Polyneuropathie, deren symptomtherapeutischer Angang sich in sich in Schmerzmittel- und Physiotherapieverordnungen wie nebenher erschöpfte. Für mich bleibt dagegen pathognostisch zentrales Problem die Herleitung der Krämpfe, deren beschreibende Präzisierung noch aussteht, aus dieser meiner unterstellten Grunderkrankung Polyneuropathie, mit besonderem Akzent auf die Schmerzimplikationen derselben. Ich spreche so von meinen Pathologieangelegenheiten, nicht hingegen von denjenigen, ebenso krämpfebestimmt, von HH, deren Ätiologie auch in eine andere Richtung weist.

Zunächst zur Symptompräzisierung der besagten Krämpfephänomenologie meinerseits. Daß sie deren cogitionalen Vorzug wider alle symptomatische Selbstentfremdung mit guten Gründen betreibt, soll niemals aber die Minderbemitteltheit ihres Widerparts, der szientifischen „res extensa", bedeuten, umgekehrt sei dies Element der Selbstalienation konserviert gegen die Emphase jeglicher selbstaffiliativer Nahheit des „inneren Sinns", aber ebenso gegen die szientistische Überheblichkeit der widersinnigen Entfremdungstilgung zumal, umwillen der vielleicht möglichen Ermäßigung der todestrieblichen Letalität beider Extremhypostasen, in abgeleiteter Terminologie ehedem, des „Verstehens", allzeit gefährdet, seine Integralität mit besonderer Dispositionsbefähigung zu verwechseln, versus „Erklären", die angeblich ganze Verfügungsmächtigkeit von Wissenschaft.

Daß der spezifische Krampfschmerz der „symptomatische Inbegriff" sei, könnte mißverstanden werden. Denn der besagte Schmerz imponiert ja als Begleitsensation des Krampfes, und dieser wiederum bezeugt die Grunderkrankung – so sie eine ist –, die Polyneuropathie. Weshalb aber meine Überakzentuierung des spezifischen Schmerzes zum „symptomatischen Inbegriff"? Das liegt an der schmerzprovozierten psychosomatischen Verstörung, der genealogisch vollends desaströsen, – deshalb also mein Schrägstrich dagegen.

Vorbereitend zu meiner Art Ätiologie sei jetzt schon vorgemerkt, den Schmerz als Signalempfindung, betreffend immer eine Absolutheitsprätention, sprich: eine todesfriedliche, todestrieblich eo ipso gelingendscheiternde Anmaßung, die, grundindizierend dolorös sanktioniert, den Beseitigungsnachdruck des Sanktionscharakters in ihrer Wahrnehmbarkeit mit zum Opfer zu machen pflegt, zu ventilieren – Sinngebung des Krampfes ade, am besten in alle Ewigkeit! Trotz aller Entmutigungen dadurch, für meine Philosophiebelange geleitet der (wie lange?) ertragene Schmerz in die umfassende Genealogiedomäne der existentialontologischen Aufschlüsse; selbst dann übergeordnet meiner, auf die Krämpfe bezogenen Basispathologie, die Polyneuropathie; vorweg avisierend gesprochen, den Phobien. Das konkurrierend erhabene Pathos der Cogitionalität, deren Blendwerk der entdistanzierenden Einständigkeit, umso provokanter wissenschaftseigene dispositionelle Totalüberbietung auf den Plan rufend, habe ich ja eben mir untersagt. Weitere Probleme mittels dieser methodologischen Version, ob der Rückläufigkeit ihrer Kultur, bereitet: die unerläßlich signifikative Binnenreservation, der, trotz aller Evidenzen, verbleibende phänomenale Entzug selbst im bedeutend gelingenden Ganzen. Das sagt sich so leichthin: ich leide an Krämpfen. Daß ich daran leide, wenn, daran besteht zwar kein Zweifel, doch bleiben sie, trotz aller hilfesuchenden Kundgabe, zugleich doch, im trügerischen Bewußtsein ihrer effektiven Mitteilbarkeit, mein Geheimnis, freilich – man muß sich zu helfen wissen – kompensiert durch appellativ veräußerte Schmerzexpression, in die auxiliär zu intervenieren, gewährlos wiederum, Empathie voraussetzt, wie wenn es einen Empfindungsmonadologismus gäbe – ça va.

Retour zur Krämpfebeschreibung. Cogitional eine unmäßige Kontraktionsempfindung, sofortige Absolvenz reklamierend, allererst aber, als unproportionaler Muskelzusammenzug, physiologisch zu beweisen – so sagt es alle Welt –, denn man könnte ja die Schmerzempfindung träumen und/oder halluzinieren. Was diese Quälerei soll? Alsbald, aufwartend, in einem ätiologischen Hauptgang, mehr dazu, davor noch zu weiteren Deskriptionskriterien des Krampfens. Also: lokalisiert sind die Krämpfe, nicht ausschließlich, doch vorherrschend, in der Innenseite der linken Wade, des öftern mit Fußbeteiligung. Das mutet so an, als sei, disponierensgünstig, die Sicht auf den Schmerzort vergönnt, ja, jedoch therapeutisch vergeblich – der entsprechende Anteil dieser von sich her nichts hergebenden Lokalität läßt den Schmerz nur persistieren. Die Linkslastigkeit der Befallsstelle rückdatiert auch hier auf meine notorische philosophieeigene Memorialitätshypostase. Häufig, unscharf von milderen Krämpfen unterscheidbar, vagierende Mißempfindungen, dominant, nicht ohne Komik, elektrisierenden Charakters. Mit zu den zentralen Deskriptionskomponenten zählt die paroxysmale Zeitfestlegung: in der Mehrzahl die frühen Morgenstunden, selten Phasen mittennachts, immer aber, im Effekt, ein prägnanter zum Erwachen verpflichtender Weckreiz, eine wie naturwüchsig symptomatische Reveille, die nunmehr ihre Funktion, und damit die avisierte Ätiologie des pathologischen Gesamtbestands meiner Polyneuropathie, hergeben möge.

Fingerzeig der Dramatik der somnalen Frühe – der träumend ausgetragene Widerstreit des Schlafwunsches und der Erwachensnötigung, wenn pointiert eines Weckers bedürftig, wofür, organologisch, Krämpfe stehen können, wenn wachmachend, so, womöglich, zu mehr Verständnis reklamierend. Erzwungenes capito – es kommt hier nicht umhin, die abgründige Weckensveranlassung anzupeilen, weit über den Normalfall der gegenwirkenden Flucht in den Tiefschlaf hinaus, nämlich in die Region „abnormer Schlafvertiefung", des prekären Unternehmens Mutter-Sohn-inzestuöser bewußtloser Fusion. Etwas davon (wieviel?) gehört zwar zu den üblichen Erwachensessentials, der Legitimationssuche des Wachwerdens mittels der kürzestfristig abstoßenden Tiefschlafregression, doch wenn es dabei ausdrücklicher Weckung, organolo- hier versus technologisch, durch Krämpfe, bedarf, verkommt die besagte usuelle Regression mindest zu einem protopathologischen Indiz, wenn nicht, darüber hinaus, zu einem ausgewachsenen Symptom – Reveillerettung, eine Krankheit – welche Paradoxie!

Zuvor noch ein Seitenblick auf meine dazu einschlägigen Arrangements. Nächtliche Krämpfe sind relativ selten, und wider ihre Sanktionsmacht probe ich bedacht keinen Aufstand. Hinlänglich bestraft bin ich eh wohl durch die Persistenz korrupter Schriftträume, mitsamt den apostrophierten Halluzinationen, festgemacht allerdings an der Überbesetzung eben von Schrift als wie einer verhangenen NREM-Repräsentanz, deren Residuen ich in mein besonders deshalb quasi-surreales morgendliches Schreiben einsetze; und dessen somniale Mißbilligungen mit auch auf meine Motilitätsincuria ob meiner sitzenden Tätigkeit, ebenso pathologievirtuell, verweist. Jeweils fehlt dem einen, symptomgenerativ, das andere.

„Reveillerettung, eine Krankheit – welche Paradoxie!" In der Tat, ich habe mich, traditionell gesprochen existentialontologisch, in eine Dilemmatik hineinmanövriert, in ein „vom Regen in die Traufe und schließlich noch ins größere Faß", von einem letal drohenden Symptomfinale, dem Tiefschlaftod, in den Widersinn eines überaus schmerzhaften katastrophischen Weckensremediums: Restdifferierung Psychose, moderiert vertauscht mit Krämpfen. Man bezichtige mich nun nicht der Übertreibung, denn jegliche Tartarosverbannung des in sich konträren Undergrounds von Schlafwahrung und Erwachensobligation scheint je schon überholt durch deren ubiquitär präsente martialisch hohn- und hämelachende Objektivität. Zusammengeschnürt das existentialontologische Bündel, kein Entrinnen in Aussicht, und man könnte auf die abwegige Idee kommen, dankbar zu sein für die pathologische Offenlegung dieser profunden Unbewußtheiten. Gewiß, solche Absonderlichkeiten sind je schon konterkariert durch die isolierte Symptomdefinition ineins mit deren therapeutischen Beseitigung. Instanz dieser Deleatur, als Kriegswissenschaft zu bestätigen. (Aber Magnesium hält nicht, was es verspricht.) Vergleichbare Vergeblichkeit angesichts des Differenzmonitums der Dejekte – ihre Abfallproliferationen längst schon höchst pathologisch, und, wie Krämpfe, therapiereifst. Sollten wir uns damit abfinden müssen, dieser schlimmen Dilemmatik nicht entkommen zu können? Keine Not zwar, diesen kulturgenealogischen Gesamtbestand, in aller Einsamkeit, weiter auszudifferenzieren, doch seine reformatorische Eingabe ins allgemeine politische Bewußtsein scheint wie endgültig versperrt. Und diese, in ihrer solidesten Institutionalisierung, Verunmöglichung meiner bis in ihre Spitzen hineinreichenden Kulturkritik, ist einfach belegbar: Krämpfe sind spezisch diagnostizierbar und weitgehend therapeutisch beherrschbar. Die Müllberge machen zwar mehr Probleme, ihr Bereinigungsmanagement läßt ebenso jegliche Genealogieerwägung, zu exklusiven empirischen Genesisgunsten, aus. Weshalb? Das schmerzende Überhandnehmen der Differenzanmahnensmodi verführt zu dessen therapiebedürftigen Pathologisierung; und dieses, selbst ja schon menschgemacht, begünstigt die, de facto hapernde, sogleich in Rüstung objiziert aufgefangene, subjektiv pathologische Regression, die, unbeschadet ihrer martialischen Metamorphose, eingeschränkt, wie ein Kriegsrelikt im Frieden, fortbesteht. Das Kind mit dem Bade ausschütten, der Durchstrich der Differenzmonita ob deren inszenierter Proliferationen imponiert als Tiefsinn indirekter Kriegsfavorisierung, als vermeintlicher Endsieg suizidaler Indifferenz.

Notorisch spreche ich mich dagegen aus, eben solche genealogisch alternativen Extreme als verpflichtendes Ethos, höhere Moraloption, zu verhandeln, und so soll es auch bleiben, nicht zuletzt in monierender Erinnerung an den mörderischen Terror der Wertekollektivierung, des Gespensts „realisierter Philosophie". Gut, aber was ich nicht müde werde, wie hier allusionär geschehen, an abweichender Aufklärung vorzubringen, geht ja nicht, in seiner publiken Verwahrung, wie eine intellektuelle Luftblase an mir vorüber, alles – alles an gewaltförderlichem Unrecht – beim Alten bewenden lassend. Nein, ich muß mich, denke ich, selbst in die Pflicht nehmen, nicht in aller Unbesehenheit, die Warnungsvalenz der schmerzenden Krämpfe, regressiv psychotisch vermittelt, der kongenialen Martialität vernichtend auszuliefern, delegiert hingegen mit der Balance, ebenso jeglichen Heroismus der Schmerztolerierung zu scheuen – der Nachhall der Reminiszenz an die existentiale Schmerzfunktion sollte, aufklärungserhaltend, genügen können? An einer angemessenen Versprachlichung des ethosentledigt subjektiven Umgangs mit einem solchen überbürdend anleitungslosen Gepäck wäre weiterhin zu laborieren – mit wem zusammen? –, und dies, bei aller Sympathie, jenseits von Jochen Hörischs Betulichkeit, selbst, als empirisches Subjekt, die Verfallsform der eigenen kritischen Theorie zu sein, widersprüchlicherweise widerrufen in seiner eitlen Korrektur Adornos, daß ein richtiges Leben im falschen gesellschaftlichen Ganzen gleichwohl möglich sei. Nachzittern möge in mir Marxens, Darwins, auch Freuds Entsetzen über je ihr paradigmatisch Aufgeklärtes. Und es ist nur ärger geworden damit – mit unserem längst selbstverständlichen universellen Sozialdarwinismus, gleich unserem allübergriffigen Wert, dem Tauschwert.

Zurück zur Krämpfeätiologie, wie billig üblich jeweils zur sogenannten Grunderkrankung, gründend wiederum in der allgemeinen Pathologieverfassung. Für HH dafür zu veranschlagen Phobien, schwerpunktmäßig die Akrophobie. Um es kurz zu machen: angelegen ist mir, erneut, nachgerade eine Art Ehrenrettung des „phobischen Objekts", im Sinne der Rückerstattung seiner quasi divinen Dignität, seines „fascinosum et tremendum". Will sagen: alle Weckung der Tiefenschlummerprätention, der Usurpierung der verfügenden Vollmacht des „phobischen Objekts", akrophobisch der martialischen Paranoik des göttlichen – göttlich kreativen – Panoramas, töricht der Reveille einzigen Rettungsschmerz therapiegeil zu mißachten und diesen allgängigen Despekt im fortgesetzt kriegspflichtigen Panoramenbau, akrophobisch zudem restlos unambige beglaubigt, zu dokumentieren. Nur daß man, dagegen, vielleicht, argwöhnen dürfte, daß diese mahnende, warnende Sanktion der phobisch vermessenen Apotheose ihren offenbarenden Effekt durch allzu penetrante Vehemenz, Schmerzensschrei, verspiele, entsprechend, auf der subjektiven Gegenseite, blinde Schmerzensscheu provozierend? Endlos die Dramatik des Erwachens, zumal so bedürftig der Künstlichkeit eines Weckers, wie hier der natürlichen Artifizialität der Krämpfe. Das konstitutive Element des „fascinosum", Hauptangelegenheit somnialer Wahrung, unangehalten um den Preis letaler Fusion mit dem phobischen Kriegsobjekt, restdifferiert schizophren, der Angängigkeit schlechterdings. Einzig rettende konträre Abweisung, urparanoisch, bis hin zur gewaltsamen Weckung, hinein in die nichtssagend bedrohlich tautologische dubios haltverheißende Peristatik, den Nutzen dieser Assekuranz im Übermaß pathologisierend, so daß die paranoische Errettung, folgenreich violent, zum Hauptsymptom zu degenerieren pflegt, immer zum bedeutenden Vorteil der Psychosenmetamorphose in Martialität. „O misera sors hominis!" Freilich ist es mir bewußt, daß es nicht angehen kann, rein doch in der Immanenz des ganzen Seinsunheils verblieben, die Paranoia derart als die Kehrtwendung überhaupt, weg von den Seinsmißhelligkeiten, zu prämieren, denn ihre passagere Gunst besteht ja alleine darin, das Schizophreniefinale, die Inkorporation des „phobischen Objekts" in seiner destruktiv divinen Potenz, zu konterkarieren – wie lange, und, immanent unterwegs dazwischen gewiß als kein Friedensengel.

Wäre diese zutiefst verunbewußtete Ontologieaffaire nicht endlich reif dafür, wie ein Megawitz lauthals verlacht zu werden?

Welche Komik doch, die widerinzestuösen Differenzmonita derart zu überhäufen, daß sie zur Symptomzentrale verkommen – Selbstauslieferung, die – fragliches Glück – eben nicht widerparanoisch, schizophreniemediatisiert, die globale Allarmierung protegiert. Nein, satanisch Hohn und Häme, zynische Paraden auf die fundamentalen Irrigkeiten, sind, wie auch immer intellektuell naheliegend, nicht mein Ding. Aber ebensowenig, schwierig genug, der Solidaritätssentimentalismus des tätigen Mitleidens an diesen universellen Seinssottisen. Alles „Verneinungen" nur, wie denn anders? Unverzichtbar zwar die mit dem Verneinungskonzept gebotene Selbstkritik aller Kritik, bis hin zum Verstummen, gleichwohl komme ich – wie auch immer kontingenterweise – nicht mehr umhin, in aller Solitüde dies hybride Gebilde: compassio, zynisch durchkreuzt, und vice versa, befristet fortgesetzt zu beschreiben.

„Transzendenz in der Immanenz"? Ja, strikte aber nichts mehr als die leere Hülse infiniter Reproduziertheit, ansonsten beglaubigend sachgefesselt ihre nur dergestalt kritischen Sujets. Wenn verbreitbar, ein flüchtiges Moratorium, eindringlich visionär zwar, doch fern der Verweisungspotenz in ein Anders. Wie ewiges Leergut und konservativ martialisch gefüllt.

Patronen? Und immer schwindend sich erholend sehbar. Wohin bin ich mit mir selbst geraten?

Wie nun aber gerät die Akrophobie in die „crampi nocturni et al."? So ja die Behauptung des Rekurses auf die sogenannte Grunderkrankung, subsumiert unter das allgemeine Wesen von Pathologie. Was ist die spekulative Punktion dieses kriterialen Transports, die diesen bewerkstelligt? Durchaus wie eine therapeutische Maßnahme jenseits subjektiver Regieintention, die Verinnerlichung pathologischen Geschehens in die Traumschlafmemorialität, den Inbegriff der integrativen Abarbeitung – ich erinnere einige meiner Supervisorinnen, die diesen adaptiven Übergang besonders schätzten. Nur daß diese schöne Heilsamkeit durch das apostrophierte Weckensextrem empfindlich beeinträchtigt erscheint. Träumen, moderiert zum Erwachen führend, sollte doch der besagten Funktion, der wie automatisierten Pathologie entschärfenden Umortung genügen? Abermals also ein Fall, Sündenfall korrumpierenden Auxiliums, notorisch der Differenzanmahnung, die, sich übertreibend, sich einbüßte, sich dolorös, sinnnachsuchend verschließt, der Inzesttabuisierung ausgesetzt – freie Bahn …

Des Einzelnen ist die Akrophobie in dieser ihrer nächtlichen Versetzung gut aufgehoben. Das phobische Symptom – angstmotivierte

Vermeidung, Flucht vor dem „phobischen Objekt" – ausmacht die paranoische Halbwegsrettung, eben die symptomatisch verbleibende Parade der restdifferiert schizophrenen letalen Fusion, mit demselben, die tödliche Begehrenserfüllung. Dem nun entspricht, nächtlich, der in den Traum hinein geflohene Tiefschlaf, die bewußtlose Mutter-Sohn-Inzestuösität, gerettet im Übergang zur somnialen Repräsentation, überhaupt die immer auch gefährdete Urstätte des offen tabuisierenden Inzesteabfangs – hoch leben die quasi therapeutischen Nachtphänomene! Vorsicht aber! In unserem Krämpfefall leisten sie sich zuviel des Guten, wecken nämlich, weit über den Traum, den „paradoxen Schlaf", den wachenden Schlaf hinaus. Funktionslos? Das gibt es nicht, nein, die Funktion besteht in der Erinnerung an die Schwachstelle dieser Ontologieprozesse, umwillen der potenziert rationalen Reparation. Für unsereinen dagegen immer die Reminiszenz des letztlichen Todestriebversagens, diese saluber desaströse Lehre.

Nochmals: Tiefschlaf gleich die Auflauerung des „phobischen Objekts", moderierend sich in seine somniale Repräsentation zu flüchten. Eventuell aber durch inzestuöses Ungestüm genötigt, ihr Ungenügen einzubekennen und kurzen Prozeß zu machen: Schmerz intensivierend in die Weckung einzuführen. Und dann? Zum Glück gibt es für diesen Erwachensstatus ja Ärzte – „corriger la fortune". Woraufhin?

Intermezzo. – Die erpresserisch schmerzverursachte Desavouierung des Krampfes expandiert – leider – bis in den gewöhnlichen Sprachgebrauch mit folkloristischem Einschlag – „was für ein Krampf!". „Krampfhaft" bedeutet zwangshaft überangestrengt, fernab jeglicher Gegenansinnung eines inzestuösen Dauerkonflikts. – Die Sportlerkrämpfe gehören in dieselbe muskuläre Lokalität. Anders die Magen- und Speiseröhrenkrämpfe (Nussknackerösophagus-Syndrom), nicht anders aber ihre Funktion im geltend gemachten Sinn – hoffnungsloser Fall.

Der katastrophische Charakter der Reveille kommt mir, für meine Denkverhältnisse, eher abgeschwächt vor, sofern die wachend fortgesetzten Träume als intellektuelle Produktion imponieren, und dies um den Preis wenigstens fakultativer Hermetik, eines Verschleifungseffekts, manches verratend über solche Sonderphilosophie. – Fürs erste gänzlich heterogen das erotisch durchsetzte Erwachensszenarium in Wagners „Rheingold".

> *(Erste Szene: Auf dem Grunde des Rheines)*
> ...
> *Woglinde: Lugt, Schwestern! Die Weckerin lacht in den Grund.*
> *Wellgunde: Durch den grünen Schwall den wonnigen Schläfer sie grüßt.*
> *Floßhilde: Jetzt küßt sie sein Auge, daß er es öffne;*
> *Wellgunde: Schaut, es lächelt in lichtem Schein.*
> *Woglinde: Durch die Fluten hin fließt sein strahlender Stern.*[22]
> ...

Grandios, nicht wahr? (allein jetzt schon: respice finem!) – diese protokolorale Tagesapertur Sonnenaufgang, hervorlockend seinen epiphänomenal goldenen Abglanz, vom Erdinneren, dem „Grund" hinauf, durchs Flußwasser, an die Luft, ans Tageslicht; „Rheingold", so als gäbe es nichts anderes mehr als dieser strahlende Anbruchsaugenblick. Ein einziges Lachen auch, lächelnd vorbereitet, begleitet bestätigt, Lachen – das Hintersichlassen des verschwindend Belachten, der Nacht. „Rheingold", von der Sonne, der „Weckerin", wachgeküßt. Vermeintliche Fremdberührung, pariert durch den

---

[22] Richard Wagner, Das Rheingold, Leipzig, 1914, S. 16.

momentanen Augenaufschlag, der sich als Kontrolle instantan als überflüssig erweist, wie eine Reminiszenz an die gute „Brust".

Haltlos aber – wie sogleich schon zögerlich beargwöhnt – diese erhaben ästhetische Totale für die Ewigkeit, hochromantisch ingeniös musikgesättigt. Ihr schönes Jenseits macht alles Schachern, der Raub des schwarzen Sonnenkillers, des Zwergen Alberich, ein Ende, so aber, als sei es die Sonne selbst, die ihr distanzierendes Gefälle zu ihrem irdischen Goldschatz, sich entziehend, doch ausspiele. Trotzdem, es bleibt dabei – die gerechte Eindüsterung des so überaus lichten Erwachens denkt nicht daran, nicht zu restieren. Nicht unerheblich der Beitrag, der „Rheintöchter", ihre verspielte Unachtsamkeit, zu der sich fortsetzenden Sonnenfinsternis. Weshalb sie als Hüterinnen des „Rheingolds" fungieren, ignorant doch der mißbräuchlichen monetären Metamorphose des Goldes, dies zukünftigen Fatums?

Heutzutage soll man so nicht mehr sprechen dürfen: weiblicherweise sei der rationale, der technologische Zugriff auf Welt schwächer als der männliche, was ja an der geschlechtlichen Homogeneität von Mutter und Tochter liegt, auf dieser Linie merklich auch, daß die trinitarisch arbeitsteilig gesicherten „Rheintöchter" keine Daddy-, vielmehr Muttertöchter sind, im Spätextrem mutterschützende vatertötende Terroristinnen. Die, die „Götterdämmerung" widersuizidal Überlebenden, wieder im Besitz des „Rheingolds" (wozu?), mitsamt Alberich, dem Technofreak, und, ja, Gutrune. Wie es danach weiterginge – ein prima Projekt. Seltsam auch, daß Wagner die Judenkarikatur Alberich musikalisch favorisierte.

Die etwas überwertige Einstudierung der Rheintöchter-Szene mit mir als Alberich in der Opernklasse der Musikhochschule des Saarlandes Saarbrücken – die gerührte Erinnerung daran bleibt nicht aus – führte, wegen Besetzungsproblemen (!) der „Rheintöchter", nicht zur geplanten Integration derselben in eine öffentliche Hochschulaufführung mit diversen Opernausschnitten. Notorische gesangsmethodologische Probleme überdeckten damals meine habituelle Wendung zum philosophischen Musikverständnis.

„Morgenstund' hat Gold im Mund" – banausisch angesehen eine nicht eben angenehme Metapher – Gold ausgerechnet im Mund, wie deplatziert! Metapherngerecht aber hätte es doch den Vorteil der Maßgeschneidertheit nachgerade für die Datierung der hohen Zeit meiner schriftlichen Kreativität gegolten, die frühen Morgenstunden, oftmals Gelegenheiten eines Selbstgenügens, indem mir die Worte beglückend nur so zufallen. Allein, welche Art Worte denn? Nein, es sind nicht nur, nein überhaupt nicht die Worte des weltvergoldenden Sonnenaufgangs, der persistierenden Nachtquittierung mit ihren Gespenstern (höre und siehe das Ende der „Zauberflöte"), vielmehr – und darauf bestehe ich – der Minderung des Sonnenentleihs, des Goldes wie verunreinigenden Lichteinfalls bloß als Repräsentationsfolie der Nachtversetzung, getreu des in meiner Schreibe fortgesetzten Traums, des „paradoxen Schlafs", teilhaftig der hypostasierten Hybridität der Morgendämmerung, Dämmerphänomen. Immer auch die kontinuierliche Schrifttotale, Sublimat aller Inzeste: Tiefschlaffundus Mutter–Sohn, exekutiv übergängig Vater–Tochter, innenpublik somnial imaginarisierend Bruder–Schwester. Also kein Wunder der permanenten Sanktion dieser Überwertigkeiten mittels geträumter Schriftkorruptionen. Die trefflich blöde folkloristische Ergänzung des „Morgenstund' hat Gold im Mund" durch „und Blei im Hintern" geht an mir vorbei, denn ich erwache gern, um immer weiter schreiben zu können, insolenterweise.

Auf der Suche nach einem weiterreichenden Verständnis meiner Krämpfe, der besagten, einschließlich der vielen Mißempfindungen, insbesondere an den unteren Beinen und den Füßen, fehlt mir, wahrscheinlich auf Dauer, der konsularische Beistand vordringlich neurologisch kundiger Ärzte. Meine behandelnden Universitätsneurologen kommen dafür nicht in Frage, meine Art der Pathologiebetrachtung ist ihnen fremd, auch hat es den Anschein, daß meine Erkrankungen keine fachliche Herausforderung ausmachen. Hinzukommt meinerseits – mit dem ansonsten ungewohnten Ergebnis unbearbeiteter pathologischer Problemfelder – eine merkliche Vergeßlichkeit in Sachen Neurologie, eine Vernachlässigung fast ihrer Belange, meines üblichen Nachfassens; gewährlos wahrscheinlich, wie paradoxerweise, der besonderen cogitionalen Nähe derselben wegen.

Im Vorgriff Pointe all dieser Inkurien: im nicht eben erleuchteten „Pschyrembel"-Artikel über „Polyneuropathie" steht als Behandlungsempfehlung Schmerz- und Physiotherapie geschrieben – eine Kapitulation? Gleichwohl seien, skizzengemäß, ätiologische Annäherungen an meine böse Morgengabe, die Krämpfe, versucht. Medizinisch unbestätigt, eine Hauptspur vielleicht: Diabetes, als „Grunderkrankung" – wie anteilig? Was aber sollten Krämpfe dagegen ausrichten? Möglich nur unter der Bedingung eines ungewöhnlichen Zuckerkonzepts, nämlich physiologisierter Sucht, au fond dann eine inzestuöse Übertreibung, wie gehabt, die, sanktioniert, pariert werden muß eben durch mahnend weckende ebenso übertriebene Krämpfe. Was mitbedeutet, daß der Diabetes sich NREM, die „abnorme Schlafvertiefung", auswählt, um sich, toxikomanisch sanktionsprovokant symptomatisch auszubreiten. Offensichtlich avanciert hier die Vitalitätsrestitution, flankiert oft von verqueren Empfindungen, sich so unbrauchbar machend, zu Schmerzen. Memo: Schibboleth Diabetes als Suchterkrankung. In diesem Zusammenhang mag auch die polyneuropathische Verlangsamung der „Nervenleitgeschwindigkeit" spruchreif werden, als inerte Retardierung, outriert krampfig zur Ordnung gerufen, das Negativ affektionierter Überbesetzung der betreffenden Organfunktionen.

Um mit der Tür ins Haus zu fallen (Frau Meistermann: Womit sonst?): Carmen sei eine anrührend tragische Figur, Mérimées Novelle und Bizets Erfolgsoper ein exponierter Tragödienstoff, wider das nicht unübliche florierend superfizielle Carmen-Klischee gewendet – ich komme noch auf dessen Absicht zu sprechen; konventionell grenzwertig durchaus psychoanalytisch explizierbar.

Also: „Carmen" – der reinste weibliche „Donjuanismus" – pardon! Ich fand keine nicht mannsentlehnte Bezeichnung ihres anarchischen prokreationsgesperrten sexuellen recht offengelegten Gebarens. Ihre Verächtlichkeit dem anderen Geschlecht gegenüber besagt den Vorwurf dessen wie ausnahmslosen Schwäche, die Drittenimpotenz, sie aus ihrem letalen Mutterbann, der individualisierungswidrigen übermächtigen geschlechtlichen Identität mit der Mutter – die generationssexuelle Differenz genügt offensichtlich nicht – zu erlösen. Jenseits aller Kontingenzen gesagt, im Sinn der Verschärfung ihrer Provenienzprobleme: sie sei ein Waisenkind, totaler Elternausfall a priori, wobei der der Mutter, invers, sich als deren vernichtende Allmacht ausnimmt. Gegen solchen rein individuellen verqueren Matriarchalismus scheint kein Kraut gewachsen – weibliche Paranoia nämlich, wie mit den Händen zu greifen, auf den passager rettenden Irrweg der frustranen Flucht vor der Mutter, abgedeckt durch die ständig enttäuschte Vatermanns-Suche geschickt; und dies in einem schwesterlich assistierten exterritorialen Bruderhordenmilieu – welche Aussicht! So der exklusive Grund der männlichen Begeisterung für den Vamp – man bemerke, wieder einmal, die ganze Erostücke, diesen, in seiner Violenz kaschierten, Unterwerfungsakt schmackhaft zu machen. Die auf Carmen zentrierte weibliche Attraktion, nicht ohne, theatralisch begünstigten, hysterischen Einschlag, hält die ihr verfallenden Männer auf paradoxen Abstand. Masochistisch, demonstriert, schützt ihre Paranoia einzig vor der männlichen Kastrationsangst; das kann gar nicht genug betont werden: das eklatant homosexuelle Element, Wesensbestandteil ja der Paranoia, der subakute Lesbianismus Carmens, kreiert das erotische Pseudos der Liebesverbindung der Geschlechter.

Nochmals und nochmals: „Eros", mitnichten Gegenpotenz zu „Thanatos", gleich dem Gewaltverkleisterer, ausschließlich Helfershelfer der illusionierenden Durchsetzung des „Todestriebs". Und nicht daß es dieser großen Verleugnung des Todes an gattungsgeschichtlich relevanten Alternativen nicht gebräche. Fraglich möge hier auch bleiben, ob die ganze Pseudologie der hysterisiert masochistischen Sexualität der insbesondere militärischen Mannsmassen, recht eigentlich „Sodom und Gomorrha" im Zerrbild symptomatischer Vereinigung, nicht nur für den pathologischen Dissidenzfall reserviert sei, vielmehr das normale Geschlechterverhältnis überhaupt betreffe – welch dunkle Sage! Alleine der quasi natürliche Umstand der Tochtergeburt aus der Mutter könnte die angstreduzierte Mannsnäherung an Frau sodann sichern? Triviale nichtssagend selbstverständliche Konzession? Nein, gar nicht, eine einzige Groteske dagegen, rüttelnd an der signifikativen Tabuisierung solcher avanciert psychoanalytischen Begründungsart. Militär und Masochismus – was bleibt denn der Soldateska anderes übrig, als die ihr eigene anankastische Gewalt konservativ libidinös zu tamponieren? Des intellektuellen Entgegenkommens zu viel? Nein, man erinnere nur die essentielle Infektion der Kritik durch das Kritisierte.

Militärfavorisierung fürs erste in Carmens Männerselektion für ihre existentiellen Notbelange. Warum wohl? Deren Tötungslizenz wegen, und, abgedeckt primär, ist deren Opfer, paranoiatheoretisch gewöhnungsbedürftig, immer die Mutter, ohne ihre Depotenzierung kein individuiert filiales Überleben. Ja, bezeichnenderweise erwählt Carmen einen Soldaten, Don José, aber wird er ihren, den besagten profunden Existenzbelangen genügen können?

Nein, glatte Fehlanzeige rundherum. Zunächst ist seine Verwendung rein pragmatisch, fundiert in seinem minderen militärischen Rang, mit bedingt wohl durch seine ländliche Herkunft. Testfall zumal seine Verführbarkeit, mit der sich Carmen indessen keinen Gefallen tut, ein Pyrrhussieg nur, und männlicherseits Präjudiz darauf, alsbald ausgewechselt zu werden. Aber der schöne Tölpel vom Lande vermag doch echte Gefühle zu zeigen? Mag zwar sein, sie verströmen jedoch resonanzlos ins Leere, und von einem brauchbaren Orestrevenant (zum Glück auch) keine Spur. Ebenso keine Vorahnung Carmens seiner paroxysmalen Affektivität, des mörderischen Triebdurchbruchs der Liebesenttäuschung, der Eifersucht, nichts anderes als der Abwehrkollaps der erotisch überbesetzten, in Carmens Homosexualität gehaltenen Kastrationsangst. Man könnte argwöhnen, daß Carmen, indem sie jegliche Warnung in den Wind schlägt, suizidal kapituliere, nur im Tod die eigene Freiheit, die Erlösung vom Mutterbann, fände, also schlechterdings nicht, und dies wiederum durchgestrichen. Und Don José, der arme, der final wiederum ihr auserwählter Mörder. Eingesparte Orestie.

Klar, meine exegetische Orestie-Verwendung kommt recht unvermittelt daher, und dies nicht eben zu Gunsten ihrer Akzeptanz für sich schon, die, innerpsychoanalytisch, eine kleinianische Volte – nach eigener Erfahrung eher gemieden als zünftig gebraucht – voraussetzt. Ohne diese gründliche Wende Carmens Schicksal paranoisch unerkannt bleibt. Allein, selbst wenn die Orestie interpretatorisch für „Carmen" aufginge, Carmens Tod bliebe dadurch nicht aus, im Gegenteil: die konkretistische Buchstäblichkeit des Mythos unterstreicht nur die Katastrophik ihres paranoischen Gehalts, fernab jeglicher Lösung. Gut, aber meine Orestie-Extrapolation auf den Carmen-Stoff geht ja nicht auf, denn wenn, so müßte Don José zu einem muttermordenden Orest mutieren, und eben nicht zu – keine Aussichten – einem verfallenen Mörder der Carmentochter.

Naheliegend hier noch ein ödipaler Registerwechsel hin zu Carmens Tod als Sanktion ihres sphingisch blutsaugenden Vampwesens. Gewiß, aber Don José, kein Orest, ist ebenso kein Ödipus. Was diese deutlichen Modifikationen alles bedeuten? Zunächst den ödipalen Irrtum (sic!), daß der Mord an der – noch nicht patriarchatsreif vorgeschichtlich stigmatisierten – Tochter Sphinx allentscheidend die Mutter mitbeseitigte. Beide Mythen konkurrieren demnach nicht, die Orestie obsiegt. Prinzipiell fraglich das übergeordnete Telos dieser höchst genealogischen Affairen. Mise à mort die dezidiert hetärisch Unfruchtbare? Ja, so die Opferung der Annihilierung der fleischlichen Reproduktion, die Negationsalimentierung der prokreativen Nötigung, der menschlichen, bis zur Absurdität, freigegebenen. Wohlgemerkt ein konstitutiv zu nennendes Opferverhältnis der Sicherung des menschkörperlichen Gattungsfortbestands, permanent übersehen nachgeordnet und nicht weniger als Opferkonditionalität der kulturalen Primärkreation der assekurant medialisierten Dinge/

Waren/Waffen. Was „Carmen" einschlägig hieße, daß der Nichtliebestod Carmens und Don Josés – abwegige These – ein essentiell geopferter Ermöglichungsbeitrag zum sexuellen Kontrarium heterosexuell prokreativ – so wie ursprünglich für Michaela und Don José vorgesehen – ausmache, präsumtiv auf die notwendige Angewiesenheit des Normalitätsstatus auf seine Dissidenzen, und zwar nicht nur, indem diese jene mitmotiviert, darüber hinaus vielmehr jenen unverzichtbaren Opferstoff abgibt – ohne solche Opferobligation der immanenten Abwege keine adaptiven Üblichkeiten.

Halt! Die ängstigende Verbindlichkeit der kryptischen Nezessität des Kriegs für den Frieden sei sogleich bezweifelt, denn sie mag zwar dem abgehobenen Anspruch rein genealogieimmanenter Deduktion genügen, aber was hat das mit dem zuhöchst faktischen Widerstreit zwischen Krieg und Frieden zu tun? Rein alles! Solche Ableitungen bezwecken nämlich die fahle Erhellung des Tartaros, den Entzug dieses profunde verborgenen Verhältnisses, für das man, von dieser Ebene aus, vergeblich nach empirischen Belegen sucht. Gesichert aber werden müßte, in aller intellektuellen Dringlichkeit, die besagte absonderliche Ernährungsfunktion der Dissidenzen für die Normalität (welche seltsame Normalität!), anhand der fortschreitenden Hypersicherheit der lückenlosen Ubiquität destruktiver Abweichungen, denen ich einen Fingerzeig auf diesen ihren verpönten Zweck unterstelle. Wie solches Denken angemessen fortsetzen?

Die große Assekuranz der Fortpflanzung in allen Ehren – man möge nicht aus den Augen verlieren, daß, ausnahmslos, alle Menschen, die überbordende Masse der menschlichen Leiber, auf diesem sexuellen Wege zustande gekommen sind.

Gleichwohl verfolgt die Gattungsleidenschaft, eine wahre Passion, ein anderes, der Prokreation übergeordnetes Ziel, das ich nicht müde werde, pathognostisch in diesem Primärsinn, zu zitieren: Dinge, längst zugerichtet zu „kapitalisierter Technologie", präzisiert zu „Dinge/Waren/Waffen". Weshalb es, au fond menschlich, der Gattung schlechterdings nicht genügt, einzig die Prokreation – leiberwellnessumwillen, meint man, all seiner progredient dinglich kulturalen Überbietung – exklusiv, wie tierhaft, zu kultivieren? Wie vorgesehen – anthropologisch vorgegeben? – die mögliche Abkoppelung menschlicher Sexualität von der sexuell determinierten Fortpflanzung. Wohin dann damit? Nicht daß es nicht zig Unterkommenschancen dafür gäbe, gleichwohl hinterläßt sie eine ihrer Fühlung harrende Leerstelle, die Potentialität der subsistenzsichernden Kulturekstatik, ein sich erheblich bis zur Unkenntlichkeit verselbstzwecklichendes Kompensationsgebilde wie unbegrenzter Observanz, und, trugvoll erfolgreichst, auf dingliche Körperübertrumpfung hin angelegt, kurzum aufs „Dingphantasma", den säkularen Erlösungsinbegriff, verstopft mit medial bereinigten Waffen.

Welch Himmlische Heerscharen der Protektion dieser großen Fleischesflucht, unser wie natürlicher Manichäismus, verwandtschaftsstiftend zwischen verbliebener pervers durchseuchter Geistlichkeit und legalisierter Prostitution. Höchste Fraglichkeit der besagten „anthropologischen Vorgaben", deren Faktizitätsstatus. Wenn auch vorgeblich mit gattungsgeschichtlich genealogischem Sinn grosso modo begabbar, so verbleibt ihr doch ein womöglich erschreckendes Kontingenzelement, das selbst durch wissenschaftlich gelingende Problematisierung nicht schwindet, freilich aber schwinden soll. Mit auch so geschähe eine weitere Spurenlegung hin zu einer gründlicheren Wissenschaftsgenealogie als das auserwählte Exekutivorgan fortgesetzter Normalität des Friedens, deshalb insonderheit bedürftig seines Opferstoffs der Dissidenzen/ Kriege dafür, längst aber in deren Spitzenprodukten – Eschaton der Selbsterschaffung ihrer Alimentation – übergegangen. Also ist der „ewige Frieden" je schon ersetzt durch die unersetzliche Perennität dessen destruktiven Gegenteils, dieser bösen Indifferenz, von der man anzunehmen geneigt sein könnte, daß sie, ausnahmsweise, ihr differentes Kontrarium eben nicht benötige – so eingefleischt erscheint unser Grundfehl: die todestrieblich erfolgreich verfehlte Todesmimesis.

Weg aber nun von solchen allusionären Suppositionsexkursionen zurück zum Carmen-Sujet, das diese Ableitungsabwege nötig machte. Um sogleich dessen ungewöhnliche Pointe gereift zu wiederholen: die Tode des Unpaares – Don José, der Mörder Carmens, wird sicher hingerichtet – gelten, genealogisch primär, als notwendiges Opfer mit der Opferausfällung namens Oper. Ein Witz? Ja, aber als intellektuell fixierbares Wahrheitsvehikel, denn alle objektive Dinglichkeit postuliert unabweislich Opfer, und daß das Kunstwerk Oper der Medialitätssphäre angehört, nimmt sie davon nicht aus, oberflächlich alleine schon durch den Umstand ihrer zahlreichen technologischen Realisierungsmittel; und ihr bloß imaginärer Charakter verfängt, essentiell darunter, nicht als Argument wider ihre gleicherweise Opferprovenienz mit ihrer ganzen obsekrativen Schwäche, eh ja nichts denn überholt durch alle gänzlich reale Gewalt.

Nochmals: Es gehört intim zu meinem – anfänglich traumexegetischen – Repertoire der Fortschreibung von Silberers „funktionalem Phänomen", des „Autosymbolismus", also daß sich das entsprechende Genre in seinen Plots zur aisthetischen Selbstanschauung bringt; in dem einen Extrem eine dramaturgische Trivialität, zwischendurch ein erweitert instruktiver Kommerz zwischen beiden, und am anderen Ende, so wie hier anläßlich der Carmen-Auslegung, die selektiv ausholend finale conditio des Gesamtgebildes, Selbstvorstellung des endlosen Endes der Oper, zugleich deren Entstehungsbasis, das Lebensopfer der Protagonisten. Unausbleiblicher Evidenzmangel, betreffend die kultur-kreative Opferhypothese, diese Hoffnungslosigkeit, bar der Transzendierungsverweise? Trotz aller Bedenken, den Carmen-Stoff philosophisch zu überlasten, so ergibt doch diese spekulative Hypothek darunter: infra des epikalyptischen Erosgewimmels – und so erst komme ich zu mir selbst – die fragliche Kulturzubereitung, die des immer doch scheiternd obtestativen Opernsujets im Mißlingen des Geschlechterverhältnisses, dem renegativierten Abdriften der der Tochter zukommenden Befreiung vom paranoischen Mutterbann von der töchterlich lesbisch getilgten Kastrationsangst des Sohnesmanns.

Unerträglich strapazierte Evidenz? Es ist bestens dafür gesorgt, daß sie ausbleibt. Nicht zuletzt blieb sie bei mir selbst jahrzehntelang aus, ich beherrsche die gesamte „Carmen" auswendig, hauptsächlich mitbedingt durch – bis in die Musikhochschulzeit rückdatierende – Korrepetitionsarbeit, deren Obligationen einen speziellen full-time-job beanspruchen, gänzlich fernab der exegetischen Sonderausrichtungen wie hier und jetzt. Das ist, zum Glück, anders geworden, gegen den allgemeinen Strich. Was ich an Inszenierungen bislang kennenlernte – ich bin ihnen nicht hinterher, abweichende Ausnahmen scheinen sehr rar? –, huldigt eher dem bekannten Carmen-Klischee der faszinierenden sexuell anarchischen

Zigeunerin, deswegen mit dem Tode bestraft, so daß die zivile Gesellschaft, die gesittete, wieder zur moralischen Ordnung zurückgeführt erscheint – welche Outlaw-Hypokrisie! Allenthalben auch eine höchst kaschierende erotische Überlagerung der tragischen Gehalte, deren Absorption nachgerade durch die wie fraglose Expansion der Erostücke. Bizets populäre Musik trägt anteilig manches zur superfiziellen Epikalypse der Oper insgesamt, versammelt zu subtiler Unterhaltung, bei.

Desiderate in diesem Zusammenhang: Nietzsches peinliche Verabschiedung Wagners zugunsten Bizets „Carmen". Man wird wohl in seinem „Der Fall Wagner" die Antezipation unseres exegetischen Tiefgangs vermissen müssen? Apropos Prosper Mérimée – des Kaiserfreunds – doch nicht fernliegende Sozialkritik oder, konträr, die moralische Verurteilung von Dissidenzen? Womöglich kontaminierend? Und die eigene Reaktion auf die eigengewirkte Tragikversion? Etwas Leidenssolidarität mit Sicherheitsabstand, auf dem Weg zur Aristotelischen Klassik „des Mitgefühls und der Furcht", die sich wechselseitig relativieren: Furcht, die das Mitgefühl mäßigt, und Mitgefühl, das die Furcht zurückdrängt. Wo das Tragische gesellschaftlich Platz nimmt? Es scheint reserviert für die höheren Stände, als unchristlich säkulare Option, könnte demnach für „Carmen" nicht in Frage kommen, bis auf die übergeordnet wie umfunktionalisierten Dissidenzen des kriminellen Zigeunermilieus. Ich komme nun nicht umhin, diesem Milieu, als vorgegeben objektive Folie, die nämliche Verfaßtheit zuzubilligen, die Carmen, der exponiert sich opfernden Vollstreckerin desselben – pathognostisches Schibboleth – zukommt. Und die Tragik selbst schon dieser Vorgabe besteht in der paradoxen Verdammung eines Verhängnisses und Carmen dann, die exemplarische Entblößung der Tragikelemente: widersinnige Sanktion der paranoischen Fatalität die Todesstrafe; verschwindende Vergeblichkeit ihres Opfers für die zigeunerische Anarchie, wenn es hochkommt, so wird, nach Carmens Tod, die Schmugglerbande wie üblich weiter agieren; ihrer – eh ja wenig prägnanten – Anführerinnenfunktion haftet immer noch ein usurpatorisches Moment an, die zur Schau gestellte weiblich individuelle Bündelung der vorgängig kollektivierten Kriminalität, immer überdeckt durch erotische Scheinentschuldungseinlagen.

Die Objektivitätsekstase ins Zigeunermilieu kommt zwar dem pathognostischen Amplifikationsansinnen hin zur suprem bedingenden Peristatik zupaß, sozialpsychologisch ausgeführt aber mag sie dagegen zur Tabuisierung meiner Carmen-Auslegung apud inferos beitragen. Meinerseits muß es bei der Zumutung bleiben, die besagte primordiale Objektivität gar mit demselben existentialen Aufschluß bedenken zu müssen wie das Schicksal Carmens, inbegrifflich des frustranen Opfers. Dringlich diese Wendung, psychoanalysekritisch in pathognostischem Verstände, insofern – zudem ja affirmativ/negativ ambige – Pathologie sich der opfernden Prätention ihrer korrespondierenden „Produktivkräfte" (über die „Produktionsverhältnisse" freudomarxistisch hinaus) verschuldet, je ihrem eben nicht heterogenen Peristatikkomplex. „Psychoanalyse der Sachen" also first, benachteiligt gegen alle Welt den Bodensatz der Carmen-Babel ans Tageslicht hervorzuheben, bis hin zum extremen Mißgriff der suizidalen Opferung. Dabei soll es an Umweltdetails nicht mangeln – Mérimée könnte diesbetreffend wohl hilfreich sein. Fragen dazu: In welcher Grenzregion ist die Zigeunerschmugglerbande lokalisiert? Welche Funktion hat das stationierte Militär im konzentrierten Kontext der Zigarettenfabrik? Worin besteht die Schmuggelware – etwa in gestohlenen Zigaretten, illegaler Import aus Portugal nach Spanien, ein – Männlichkeit schwächendes – Drogierungsunternehmen? Wie weit reicht diese – wie entstandene Exterritorialität angesichts der Makropolitik der Nationen? Weshalb aber dieser Aufwand, wie denn rückbezogen auf die Carmen-Tragödie? Opernimmanent zunächst kann man unvergleichlich nicht genug an institutionalisierten Details zusammentragen, die alle in Carmens Opfer – tragisch vergeblich – entsühnt werden sollten. Auch hier liegt der Verdacht nahe, daß politökonomische Pakte, ganz reale, der Carmen-Fiction Pate standen – eine Verpflichtung mehr, deren existentiale Aufklärung zumal zu besorgen – wie auch sollte das Verhältnis aller Kunst und deren vorbildliche gesellschaftliche Realität nicht immer mit ins Spiel kommen? Freilich fühle ich mich permanent hier an Sartres „Flaubert. Der Idiot der Familie" – kaum einzuholendes Musterbeispiel dieser Probleme – gemahnt.

Escamillo-Finale – wo war der große Matador, als seine neue Geliebte ermordet wurde? Er ging, überhaupt kein Outlaw, seinen höheren Profigeschäften nach – toter Stier, tote Frau, die falsche aber.

Worauf ich hinauswill? Auf Carmens anrührende Fehlwahl ihres letzten Nichtretters, sie verfiel dem Trug des Stieretöters, seiner narzißtischen Männlichkeit, dessen Leidenschaft – Prämiensexualität – fast gänzlich an ihr vorbei adressiert. So wird man konventionell annehmen müssen, daß der letale Stierkampf – eine Angelegenheit unter Männern – ödipaler Observanz sei, des Stieres Tod der Vatermord und folgend … Und es bedarf schon einiger intellektueller Traute, dem legitimen Ritual, paranoiagerecht, Orestie-Qualitäten, wie gehabt, zu unterstellen; die, auf Carmen bezogen, sich eh ja, der paranoisch erfüllende Muttermord, symbolisch verschoben funktional mehr als abgeschwächt; schlimmer noch: das tragische Desaster vollendet – woran müßte Escamillo sterben, besser, Orestie-gemäßer, wovon todkrank genesen? Auswegslos beschlossene Carmen-Tragik zu schlechterletzt, erotische Verblendung auf ihrer Spitze.

Abseitige Rede: über die Widerlegung Carmens durch die willkürliche Daueransicht eines weitab gegenüberliegenden Hauses, nicht auserwählt, umgeben von manchen weiteren. Zufall alles – Menschenwerk zwar, doch sich sogleich, sagt man, dementierend zur Absonderlichkeit. Die Fenster, tote Augen, sie verschmähen es, gegenzublicken, verhören ein Befehlsgerassel von Ferne: „Carmen"-Ouvertüre. Weshalb beständig Abstand halten? Fünf meiner Finger, die in fünf Fenster passen, in mehr aber nicht. Mein ausgestreckter linker Arm droht auszureißen, schmerzlos, ja hängt von oben rechts aus der Fassade herunter, so soll ich meinen: notwendiges Opfer meinerseits für den Fortbestand des gesamten Gebäudes. Und schon ist es verschwunden, nur meine ratlosen Augen schmerzen, mein Blick in die schwarzen Fenster versperrt, ringsum ist es viel zu hell, als daß ich mich wohlfühlen könnte.

Dämmer her! Überhaupt kein Mensch? Nein, der breitbeinige Bau hat sie alle verschlungen, verdaut und, in erhabener Trauer, als sich selbst ausgeschieden. Erste Anrede des Chirurgiechefs zu Beginn der Frühvisite: „Haben Sie schon ausgeschieden?" Körperleere bis auf einen, einen einzigen Sitz: ein lasziezes Weib in einem der Fenster oben links, von den

Toten auferstanden – Ostern. Und ich selbst noch? Entseelter Müllleib, tränender Blick.

Zweite Widerlegung Carmens mittels der vergeblichen Dauerbefassung mit dem quälenden Ansinnen, daß der sprachschriftliche Name „Carmen" von sich her wiedergebe, eben „Carmen" und nicht anders zu heißen; was für alle Signifikationen gilt, ihre Provenienz ohne wenn und aber, ihre Selbsttransparenz bis auf den Grund aufzuschließen. Darüber starrte ich mir, am späten Nachmittag, die Augen wund, alle Worte dieser Welt, Welt, Rätsel nur, Afterjucken (pruritus ani) zum Weglaufen, ein Hämorrhoidenknecht. Die Anna ist am ana (femininum) naß, drum ißt sie gerne Ananas. Carmen inkognito unten herum. Ausweg purer Letternfraß, weggesäuselt (Kamper) nach Dannen, gar nichts kommt zurück. Endlich Flammen – Helle – Schrift. Heule-Beule-mots – nichts geben sie von sich aus, zur Durchsicht ihrer Notwendigkeit, her – Unsinn.

No – no, no, no. Über Verneinungsextrapolationen

Verläßliche Reproduktion des Freudschen Verneinungskonzepts durch Jean Laplanche, Jean-Bertrand Pontalis in ihrem „Vokabular der Psychoanalyse"[23]. Initial naheliegend, die „Verneinung" und die „Verleugnung" komparativ zu differenzieren. So, in Kürze, mein Votum dazu: am ehesten gilt die „Verneinung" als spezieller abgeschwächter Unterfall der „Verleugnung"; oder, vielleicht besser, die „Verleugnung" ist, im Vergleich, die gravierendere Abwehrformation, persistierend voll der Gewalt, umfassender und weniger spontan, passager, wenn auch ungewollt konzessiver als die „Verneinung". Unterscheidungskriterium also: die defensive Gewichtung.

Die mögliche Verlegenheit des Psychoanalytikers, mit seinem Analysanden das Spiel vom Hasen und dem Igel zu tätigen, transzendiert zwar das Verneinungsproblem, mag hier aber sich besonders aufdrängen. Weshalb, das folgt, indirekt, aus Freuds Definitionspointe der „Verneinung": „Die Verneinung ist eine Art, das Verdrängte zur Kenntnis zu nehmen, eigentlich schon die Aufhebung der Verdrängung, aber freilich keine Annahme des Verdrängten."[24] „Verneinung" – ineinem revozierte Entsperrung des Unbewußten, wie ein schließungsbeflissen residualer Spielraum in der Abwehr.

Freud, zumal die „Verneinung" betreffend, der Meister der Kasuistik. Und Laplanche, Pontalis sorgen, ergänzend, ganz in meinem Sinn, dafür, daß dieser psychoanalytische Praxiseinlaß zu einer Blickverengung verkomme, indem sie die trans-

---

[23] 2 Bde. 1973, suhrkamp taschenbuch Wissenschaft 7.

[24] Gesammelte Werke. Bd. 14, Frankfurt/M. Fischer Taschenbuch Verlag, 1999, S. 12.

klinische Universalität der „Verneinung", mit ihrer übergreifenden Befreiungsvalenz, der allerdings prekären Öffnung des Verdrängten, des Unbewußten, erwägen. Womit weiter auszuführen wäre, daß sich mittels dieser hochwertigen Amplifikation des Verneinungsbegriffs dessen Symptomcharakter, insbesondere wenn zur „Verleugnung" gesteigert, wie bekannt justieren ließe: Pathologie als ambige einzelgängerisch subjektive Übertreibung der breitgestreuten Gewöhnlichkeiten der thematischen halbherzigen Defensive. Halbherzig? Vorsicht! Fakultativ nämlich nicht ausgeschlossen die besondere Widerständigkeit der – der „Verleugnung" angenäherten – „Verneinung" eben deshalb, der unfreiwilligen Konzession der „Bewußtmachung des Unbewußten" wegen. Ob des argen Schwunds öffentlicher psychoanalytischer Aufklärung entfallen freilich die Merklichkeiten der „Verneinung", mit ihrer Abundanz alltäglicher Exempla, vornehmlich in Streitfällen. Wie oft fällt, gemäß der Bibel, selbst der Gerechte am Tag? Bitte sich einmal verneinend selbst erwischen!

Ich kann nun nicht vorhaben, die thematische Verneinungsextrapolation applikativ, wie zu einer höheren Weihe der Extrapolate, zu forcieren, gleichwohl wäre ein Zuwachs an deren Stringenz zu erhoffen. Erstes Sujet dafür: der „Todestrieb", allerdings vorausgesetzt meines einschlägigen Konzepts. Also: der Tod, im „Todestrieb" eo ipso bejaht, affirmiert, zugleich verneint, negiert ob der Pseudologie seiner Anmaßung. Immerhin, alle Welt mit tödlicher Gewalt überziehen, ist ja nicht Nichts. So avanciert die „Verneinung", zur „Verleugnung" schon gesteigert, zur generativen Instanz universeller Todesweihe, zum Todesengel der Gattungsgeschichte; vordem, intersubjektiv, eher noch verhalten per analogiam, zur supplementären Verwerfung des unfreiwillig konzedierten „Unbewußten", nicht weniger, nur vorgängig nachgeordnet, frustran wie die todestrieblich fiktionale Todesnegation selbst. Auf diesem eingeholten Fluchtweg, dem widersprüchlichen, der „Verneinung" schwindet der Tod eben nicht aus der Welt, im Gegenteil, er erhält so bloß seine letzte zynische Beglaubigung. Viel mehr aber noch: todestrieblich usurpiert wird keineswegs der Tod, vielmehr immer nur – unser Fundamentalirrtum – das Pseudos der Todesvorstellung. Was, angesichts der schlechthinnigen A-Repräsentativität des Todes, für die „Verneinung" heißt, daß sie, in dessen unabweislichen Faktizität, nicht nur fehlschlagen muß, daß sie, darüber hinaus, a priori schon, unmöglich sei. Ja, gewiß, aber so wird doch die vorstellend treffliche Ableitung des Gattungsstigmas Gewalt hinfällig – woher anders sollte sie denn dann rühren? Kein Problem – eben, zugespitzt, aus diesem Widersinn, dem quid pro quo des Todes mit seiner irrigen Vorstellung, so als hielte er doch Repräsentativität in petto, und so wäre damit der Stein des Weisen gefunden, die zünftige Aushebelung des menschheitlichen Gewaltuniversale! Keineswegs, selbst für den Zutreffensfall müßte gerechnet werden mit einer längst rüstungsobjizierten Kritikverweigerung, mit dem Urterror sozusagen todestrieblicher Todesversion, und sich, wie elaboriert auch immer, dagegen zu richten, käme einem Sekteneinspruch dagegen gleich.

A-Repräsentativität – ein pures Nichts, zu seiner begrifflichen Verwendung muß immer mitgedacht werden, daß es an sich selbst sein großes Ansinnen – Nichts! – widerlegt, daß es sich, widersprüchlich repräsentativ ja, einholt – ein Unding. Eine Bescheidung, die der positivistischen Kritik des Nichtsbegriffs ontologischer Observanz eingeräumt werden müßte, ohne ihn damit schon zu verbieten. Wir sind, allzeit genötigt, diese pia fraus, bereits der Gewalt fähig, zu beachten und dies von den Anfängen der Abendländischen Philosophie – siehe Parmenides – an. Wohlfeil, weil ja bloß medial, in abstrakten Gedanken – wen schert's auch, diese Bauchlandung der „Verneinung" in ihrem Gegenteil? Nein, unschwer die existentielle Rückbeziehung dieses flüchtig überwertigen Mentalismus – ja, existentieller gehts nicht mehr: unsere Ontologiebestände erweisen sich als Mimikry unserer Todesabmühungen, der unausbleiblichen. Allein, so dreht man sich im Kreise, denn die Letalitätsabsagen gebären ja die schlechthinnige Epikalypse, rufen den „Todestrieb" auf den Plan, der selbst, allerspätestens, an der Faktizität des Todes scheitert, sowie a priori schon davor, in den zugehörigen Brüchigkeiten seiner defensiven Schildfunktion. Es bleibt, je unter dem Strich, dabei: die A-Repräsentativität des Todes, die Nichtsprätention, der explosive Widerspruch der Verneinungsbejahung verharren, eben zumal wenn dinglich martialisch genötigt, unabdingbar, Skandalon schlechthin, kurzschlüssige Provokanz seiner sich rückstauenden Transzendierung – so der permanente Wiederholungsfall des Anselmischen Seufzers: „O misera sors hominis".

Abträgliche Transzendierungsgnade, Menschheitssignatur, schöpferisches Todesfugato zwar, Faktor jedoch simul – die besagte Retenanz – der Brutalität des obsiegenden Todesfaktums; und, je bis dahin schon, die bohrende Haltlosigkeit aller Seinsversicherungen, „sinnend auf Krieg im tück'schen Frieden". Fragt sich weiterhin, woher denn dieser – immer nur (schein)erlösend Waffen kreierende – Überschwang rührt, diese sich selbst widerlegende Fundamentalverneinung, Ausgeburt aller tödlichen Gewalt. Jedenfalls – ich kürze unbillig ab aus der Versuchung des Selbstbewußtseins, des sichwissenden Wissens – Säkularisat der christmythologischen „unsterblichen Seele" –, den Tod peremtorisch zu bannen (und mehr). Intellektuell höchst traumatisch, der Kollaps dieser humanistischen Grandiosität, die Inversion, daß es der Tod sei, der Mensch auf die hehre Selbstbewußtseinsreise seiner illusionären Selbstüberhebung schickt. Welchen Status aber hat dann der Tod – mors creator?

Allzu mißverständnisnah meine ständige Rede von der „bloßen Vorstellung des Todes", anstatt, dieses falsum, vom Tod selbst, in seiner anmaßend besagten Unsagbarkeit. „Vorstellung" gleich, dispositionelles Vor-sich-Hinstellen, die „Rücksicht auf Darstellbarkeit", es geht nicht per definitionem, so verschwindet der Tod von der Bildfläche – statim – adieu! Wie anders denn? Ebenso nicht gemeint sein kann die Präzisierung des fraglichen topos mit „Todestrieb", nichts anderes ja als der basale Irrtum der Todesrepräsentation.

Zudem, wenn vielleicht auch naheliegender, bringt die Leiche, als Äquivalent bloßer Todesvorstellung vermeint, indem sie vorstellig wird als Todeshinterlassung, den Sinn meiner Floskel nicht ein. Übrig bleibt nur die triviale Version des Vorstellungsbegriffs: vorgestellt gleich äußerlich ausgedacht, nicht triftig schon real, freilich so, weit von Ferne, dem Todestriebvorgang angenähert, ohne diesen hinlänglich vollständig wiederzugeben. Also wäre es wohl opportun, einen angemesseneren Ausdruck für die „bloße Vorstellung des Todes" zu ersinnen.

Fehlt noch, einen unflüchtigen Blick auf den ubiquitären Hauptwiderpart meiner, der Existentialontologie angelehnten, Kulturgenealogica, diesmal ja auch verneinungs-spezialisiert, zu werfen: namens Wissenschaft. Essentielle Maßgabe dafür: die szientifisch kriteriale Tabuisierung, ja das traditionsreich institutionell repressive Verbot solcher – de facto rückläufigen – Philosophie. In früheren Zeiten hat man sich darüber hergemacht, über den ganzen „metaphysisch" gescholtenen Plunder – ja, ja, Deine Rede sei jaja/neinnein, immer auf den Siegespfaden der szientistischen Prämisse hypostasierter „Repräsentation", die nicht nicht sich martialisch aufladen muß, da sie ja wähnt, den Tod beerben zu können. Allein, „Repräsentation" ist Re-Präsentation, immer verlustige Referenzkonterkarierung. Diese aber schafft man elegant ab mittels der ontischen Verfälschung der ewig ausständigen Seinsnichtung zur „unendlichen Aufgabe" der wissenschaftlichen Enderfüllung.

Historisch instruktiv in diesem Zusammenhang noch eine – wohl nicht untypisch jüdische – Tradition der epochalen Umwendung der referentiellen Differenz „Ding an sich – Erscheinung" in die hypostatisch absolute Exklusivität der letzteren, am Deutschen Idealismus vorbei, von – Kant besonders aufbringenden – Salomon Maimon an bis Cohen und darüberhinaus: Das „Ding an sich" = das „Infinitesimale", scheinlegitimiert in seiner rein innerphänomenalen produktiven Grenzwertigkeit, das formal bündelnde Entrée, die „Seinsfrage" – beinahe hätte ich gesagt – zuzumüllen mit ihren substitutionellen Verkennungen der das „Ding an sich" ersetzenden „Erscheinungen", die dann, defizitär, zumal in ihrer wissenschaftlichen Ausgestaltung, keine mehr sind. „Am Deutschen Idealismus vorbei", das heißt, getreu der einsetzenden Wissenschaftskonjunktur, das Pathos der Selbstbewußtseinsregie zwar quittieren, jedoch, weiterhin kryptisch szientistisch verschoben, das alte Übel der mundanisierten Absolutheit aufrechterhalten. Ich frage mich lange schon, weshalb Cohen und Co, im Konzert der allgängigen Wissenschaftsapotheose, recht marginal geblieben sind. Ausnahme: J. Vuillemin: „L'heritage kantien et la revolution copernicienne", Paris 1954, eine Auseinandersetzung mit dem Marburger Neukantianismus, zentriert um den Begriff „Le déplacement des concepts", der die Substitution des „Dings an sich" durch „Erscheinungen" benennt.

Nicht aber verkenne ich alle wissenschaftsimmanente Selbstkritik, wenngleich ich, bis auf Weiteres, bezweifeln muß, ob sie jemals bis zur intellektuellen Selbstaufgabe angesichts der Existentialontologie mit meiner Sartre-Präferenz gedieh. Was postmodern diesbetreffend aber grassiert, „das schlägt dem Faß den Boden aus", pointiert die allverordnete Liquidation aller alten Deckungen, das Forcement restlos verfügender Imaginarität, unterhalb deren Epikalyptik alle Greuel dieser Welt startbereit warten, respektive bereits gestartet sind. Derweil wir betreiben, kaum reserviert, die universelle „Digitalisierung", unbesehen.

Nein, ich bin kein medienverseuchter Referenzkiller, wie mir Klaus Laermann[25] einstmals unterstellte, aber ebenso kein schlicht sentimentaler -restaurateur, stattdessen immer bemüht, die neo-neopythagoreisch medial epochale Epikalypsentotale moralistisch abzukanzeln, jedoch nach Kräften porös zu halten für einen couragierten Durchblick auf die destruktiven Untiefen allen Referenzterrors, infra dessen immer auf die verdeckungsträchtigen schwarzen Seinsblüten. Und

---

[25] Klaus Laermann, Lacancan und Derridada, in DIE ZEIT, Nr. 23, 30.05.1986.

um den thematischen Leitakzent nicht zu kurz kommen zu lassen: die „Verneinung" ist, obenauf, nahezu schöpferisch in ihrer Allimaginarisierung, die, sich wie verlegend, ihren referentiellen Underground hervortreibt, heterogen überboten immer vom verschobenen Einschlag des Nichts. So die differentiell gedoppelte „Bejahung der Verneinung", dieser logische Graus.

Kein Ausweg aus alldiesen Gewaltdilemmata? Anscheinend nicht, denn die Transzendierung der „condition humaine" verbraucht sich als frustrane Umkehrungsflucht vor dem vergeblich und deshalb nur umso ausladend expansiveren Tod. Aber enthält diese Vorstellungsrestriktion, eklatante Verfehlung, doch nicht Hoffnungskeime an Alternativität? De facto nein, das nämlich verschuldet sich einem Beinahe-Automatismus, einem sofortigen Kurzschluß der Todestriebprovokation durch die – gleichwie verfehlte – Todeswahrung. Mehr aber noch: weiterer Zusammenzug, Ineinsbildung: „Todestrieb", instantan überspringend in seine Repräsentanz, notwendig martialische Dinglichkeit, humanistisch angeeignet als Ware/Tauschwert. Ob so wohl die Passion zur Ruhe käme, einen festen Keil zwischen Tod und „Todestrieb", „Todestrieb" und Dinge/Waren/Waffen zu treiben? Nein, überhaupt nicht, in ihrer apostrophierten Sequenz bis hin zu ihrer idealen Rüstungsspitze, in diesem triumphalen Kreuzweg, reproduziert sich nur die besagte doppelte Transitsperre, die immer übereilte Momentaneität sich fortschreitend absichernder Todesflucht; nicht aber, in kritischer Absicht, auf eine durchgreifende Alternative abzweckend – selbst wenn irrigerweise so gehalten, zumal dann nicht. Vielmehr um überhaupt wieder in Gang zu kommen, die hyperexistentiale Notwendigkeit: die blitzartige Todestriebparade des Todes, einschließlich – nicht weniger eilig – der kulturalen Todestriebrepräsentanz. Was nichts anderes bedeuten kann, als daß Kultur, eo ipso differierend objektiv pathologisch, ihrer substantiellen Anfechtung, ja ihrer Negationstotale bedarf, um sich davon zu ihrer unifizierenden Wahrung – mehr und anders als faktische Kulturrestaurationen in Nachkriegszeiten, nämlich ihre Dauerangewiesenheit, wenigstens differierend, auf und wie! – „bejahende Verneinung" – abzusetzen. Nicht zu übersehen – alles Themen für separate Traktate –, daß also, höchst paradox, jegliches Blockierungsexperiment der zitierten rettend verderbenden Kurzschlüsse je schon immer umgeschlagen ist in seine, fürs erste – felix culpa –, konservierende Transivierungsmotivik, verzweifelter Fehlgriff idem unverzichtbar kulturgenerischem Davor.

Über diese widersinnige Fatalität belehren, sagt man, Kulturdissidenzen: Pathologie und Kriminalität. Ontologisch vorgesehen nämlich scheint der todesdilatorische Auffang derjenigen Negativpotenzen, die, ohnmächtig ihrer fortschrittlichen Gewaltmetamorphose, letal ausfielen, wenn nicht dissentlich noch eingeschränkt existierbar gemacht. Welch wie legitimierender Aufschub? Allein, dieser Vorteil zählt höchsten nur unter der Hand, viel kruder noch: gegen diese Abweichungen wird, unnachgiebig, zum Generalsturm geblasen, gänzlich an ihrer Ambiguität vorbei, derart prägnant, daß sie zum zu beseitigenden Kulturskandal, Spitzenprovokanz der Therapieuniversale erkoren wird. Zugriff unmäßiger Kulturaufwertung – selbst die hilflosen Oppositionsresiduen in solchen Abwegen müssen, a fortiori, daran glauben. Wenn man es nicht merkt, so sage ich es extra: aus dem allherrschenden Therapiemilieu habe ich mich auf diese Weise selbst herauskatapultiert.

In meiner transkasuistischen Verneinungsextrapolation auf den „Todestrieb" halten sich Freuds ingeniöse Negationskriterien: dem Unbewußtheitsfundus Tod wird zwar à contre coeur stattgegeben, ohne damit aber schon anerkannt zu werden – eine sich widerlegend halbherzig verneinungsrestitutive Affirmationsweise; womit das letzte Wort, so es ein solches gäbe, über dieses Konzessionswesen, das vor sich selbst fliehen muß – ausschlaggebend menschlich? – nicht gesprochen ist. Der Ubw-Fundus Tod? Das kann so einfach nicht stehenbleiben. Verbessernd gesprochen: Tod, im Sinne widersprüchlich sprachschriftlich medial repräsentativer Nichtsumzingelung jeglichen Seienden, dergestalt das Ubw-Ultimum, au fond schon kontradiktorisch (versus konträr) gerichtetes Sein, bejahende Verneinung; Übergriff des letzten Unbewußten, zufallend auf alles kontingent Bewußte.

Wiederholungen, verursacht durch den Systemcharakter der Pathognostik, nehmen leicht überhand. Ein Mittel ihrer Eindämmung besteht in der Achtsamkeit auf mögliche innovative Wendungen, die befähigt wären, das pathognostische Problemrepertoire zu erweitern.

Diesmal versuche ich, mir diese Sorgfalt zu verordnen, mutmaßlich mit dem erfolgreichen Ergebnis – man entsinne sich – der Begründung schlechthinniger Unabkömmlichkeit menschlicher Gewalt. Pointe dessen: das wie automatische subito allenthalben der traumatischen Todesgewahrung, reaktiv kompensatorisch in todestriebliche Gewaltoffensive. Und, sogleich fortgesetzt nicht weniger unabweislich trieblich wie mechanisch die Auffüllung der Todestriebvorgabe mit deren Repräsentanz Dinglichkeit. Kriteriale Ableitungen davon: die kritisch vermeinte Sperrung dieses atemlosen Umschlags verkehrt sich produktiv zur motivischen Förderung desselben. Die dissidenzgenerische Sperrungsinsistenz – Pathologie, Kriminalität – macht die besagte Verkehrung – Entmündigung jeglicher Opposition – zur ausgemacht argen Liquidation großen Stils des Aufbegehrensrests in ihrem dissidenten Doppelgesicht; sowie deren Auszeichnung zu einem Hauptsujet rationaler Todesbereinigung, felsenfest in ihrer Legalität. Der apostrophierte zweite Umschlag, der der Todestriebnutzung in Dinglichkeit als -repräsentanz macht deren wesentliche Martialität unvermeidlich – die „Waffenhaftigkeit aller Dinge", in „Waren" adaptiert.

Was der menschlich einzig gewußte Tod, in seinem Zwiespalt zum Selbstbewußtsein, nicht alles anzurichten vermag, wie eine prima causa, jedenfalls die immerwährende Desperation, diesem Humangefängnis nicht entkommen zu können – jeder Ausweg ein tödlicher Inweg, jede Todesflucht eine exklusive Todesbeglaubigung, dagegen überkompensiert durch die universelle Befreiungspseudologie Gewalt.

Verdinglichte Heerscharen der Gewalttamponade, ganze rigide Exkulpationssysteme, ohne die die Violenzsubsidien lädiert würden. Hauptmotor dieses mystifizierenden Megageschäfts weiland die „Warenästhetik", das Universaldesign, längst eine Ansammlung wie immer suchtschuldflüchtig entstofflichter Drogierung, Verpackung der Verpackung der Verpackung je des Nichts, sich exkremental – Vermüllung – im Todestriebschein offenbarend. „Siehe, ich mache alles neu", „den Neuen Himmel und die Neue Erde" – ein unendlich fötider Unratspfuhl, die göttliche Teufelsdokumentation, angeblich durch den menschlichen Mißbrauch menschlicher Freiheit (sic!) verursacht – welch ein Trug!

Wie fühlt man sich in Anbetracht dieser meiner atopisch in sich verstrickten Aufklärung, nicht nur vom common sense kosmisch weitest entfernt? Die subjektive Selbsterfahrungsfolie macht so etwas wie die Paradoxie einer produktiven Depression – nicht gänzlich ohne kompensatorisch intellektuellen Erkennensstolz mit selteneren Propagierenswünschen, und ebenso nicht ganz ohne kaum paralysierende passagere Verzweiflung. Wie schwer es auch immer noch fallen mag: diese Bescheidung scheint mir unterdessen selbstintegriert! Heilsverheißungen, großspurige, reduzieren sich auf rein immanente – immanent nicht zuletzt, so vom Kapital geschluckte – partielle Optimierungen, und die revolutionären Totaloptionen verfallen dem mörderischen Zubringerdienst für das Generaltelos der Gattung Mensch, der pursten Waffenschmiede grosso modo, für den suizidalen Progreß der „Produktivkräfte", sprich: der globalen Rüstung. Genug gesagt, daß die unsinnige Abschaffung des Todes einzigst befähigt wäre, das Gewaltblatt in eine Alternativetranszendenz zu wenden? Nein, genug ist nicht genug, und weiterhin fällig bleibt die kritische Musterung der – zugegeben nicht sogleich abwegigen – Ausbrüche, unterfangen in ihrem hilflos gewaltbegünstigenden Kollaps. Davon nicht ausgenommen ist auch die nicht unverfänglich höhere Sinngebung meiner genealogischen Gnostik, so deren transintellektuelle Realisierung, nur Unheil mitsichführend, ja entfallen müßte: der Residualsinn der schützenden Obsekration. Selbst wenn ich mich darin heimisch fühlte, so läßt der „Todestrieb" noch und noch grüßen! Ob noch der Feminismus sich des Transzendierungstests würdig erweisen könnte? Gewiß, aber mit demselben Negativergebnis, frei nach, exemplarisch, HH, die ganze Vergeblichkeit, den Bann der Immanenzregression der Ausfluchten aufzusprengen. Davon zentral betroffen sind die notorischen feministischen Emanzipationsstrategien „Erwerbsarbeit" und „Lohn für Hausarbeit", unverschont der postmodernen Indifferenzierung ausgesetzt. Jene, mannsstigmatisiert, betreibt, über die noch residual Genderdistanz wahrende Tochterfunktion der Kulturgewaltexkulpierung hinaus, die Weibsvirilisierungen, imaginäre Dauermenstruation, männlicherseits Defäkationspermanenz, die die Gattungsreproduktion im Fleisch zur Hypothek macht, und, in der Beschwichtigung der männlichen Kastrationsangst, Konkurrenzräume wider die patrifiliale Produktionsdominanz eröffnet. Keine Bange, daß die leibliche Gattungsreproduktion Schiffbruch erleidet – die beidgeschlechtliche strukturale Homosexualisierung damit erscheint ja unmäßig kompensiert in der Überbevölkerung, in den heimischen Bereichen durch die ausländerdurchsetzten unterprivilegierten Massen; und in der Minderzahl durch die noch spätschwangeren, davor erwerblich erfolgreichen Frauen also, den anderen maternalen Weiblichkeitsteil wie aus schlechtem Gewissen rettend. Und hoch über alldiesen etabliertesten Machenschaften thront, generös schreckend, Monsieur le Capital, beliebig sich verbergend, begierig opferheischend, gnädig gewogen dem Feminismus ob seiner enormen Konservativität. Und, ganz tief unten, Madame la Terre, die perenne Expropriationsmaterie, was von der „Magna Mater" übrig blieb? Je restlicher diese Tartarosbewohnung, umso kryptisch potenter, ja eingehend gar als Entropie ihres wie absoluten Überbaus, inbegrifflich aktuell die Digitalisierung. Beinahe rührend mitanzusehen, wie der – paranoisch so relevante – genealogische Mutterposten, dem geläufigen Irrtum ausgesetzt, derart repräsentierbar zu sein, daß die weibliche, genauer: die mütterliche Nichtexistenz aufgehalten würde, sich pragmatisch reduziert auf das Emanzipations-postulat des „Lohns für Hausarbeit", die erfolglose, sowie – des Scheiterns Höhepunkt – zu esoterischem Kitsch ver-kommt. Und so bewahrheitet sich, unbedürftig ihrer Prämis-senkorrektur, HHs frühes kritisches Verdikt – „Feminismus", der Pedell kapitalistischer Maximierung, fernab auch jegli-chen existentialen Undergrounds.

Thema aber sollte doch die „Verneinung" sein? Ja, sie war und ist es, allerdings, troposgemäß, überließ ich mich dem charakteristischen Exkursionsdrängen, in der bewährten Hoff-nung, daß Entfernung gleich ausschöpfende Näherung sei. Ansonsten gewinnt die Psychoanalyse mit diesem ihren zünf-tigen Verneinungskonzept, zumal in der hier praktizierten transkasuistisch erweiterten Fassung, philosophisch – „beja-hende Verneinung" Anschluß ans dialektische Denken, im-manente Metaphysikkritik.

„No – no, no, no" – nicht von ungefähr ist diese Titelei Mo-zarts/Da Pontes „Don Giovanni" entnommen, kaum aber ver-neinungsbrauchbar im Ausgang von deren Belegstelle: der vorläufig abschlägig beschiedenen Bitte Leporellos um Sank-tionsschonung.

Ganz anders, wesentlich instruktiver das gellende „Nein" in der späten Mahlszene mit der Epiphanie des „steinernen Gas-tes". Wie es bis dahin kam?

Zur Antwort fällig wird ein Umdenken, angängig den drama-tischen Handlungsverlauf, nach unserem Verständnis ein ödi-pales Extremgeschehen – wie dann eingedämmt? sogar tra-gödienapproximativ in der Evolution einer tödlichen Psy-chose. Präjudiz des schlimmen Endes und allen differieren-den Dazwischens in der vehementen Anfangsszene – ich fragte mich, weshalb Don Giovanni nicht dabei bleibt, den wehrlos altersschwachen Kontur eben nicht zu töten, weshalb bringt er ihn, gleichwohl, wenig ehrenhaft, doch um? Spiel der pathogenen Überwertigkeit, überkompensatorisch, des Protagonisten – offensichtlich hat er einen siebten Sinn dafür, freilich aus kastrativer Not, daß der Vater-Tochter-Inzest, wie auch zum Zerbersten gewahrt, den exogamen Bewerber um die Tochter aussperrt. Ultima ratio der Konterkarierung dieses Ultimums: den inzestuösen Vater töten. In trefflicher Exaktheit ist die Vater-Tochter-Hermetik erschöpfend manifestiert: Donna Anna – fille née sans mère – ihre absente Mutter wird noch nicht einmal erwähnt; Don Ottavios, immer zu spät kommend, Handeln dekorativ annoncierend anstatt helfend tätig zu werden, kompromissuell der Hingehaltene schlechthin. Unmöglicher Wunsch, welche „Verneinung" wiederum!, der Donna Anna, im gedächtnisverlustigen Entsetzensdelir beim Anblick des getöteten Vaters: Don Ottavio, der Richter, sei der Mörder! Töchterliches Witwentum selbst über das derart nicht eben glückliche Ende der donjuanesken Behelligungen hinaus. Don Ottavio hat von sich her keine andere Wahl, seine sublime homosexuelle Schwäche, der Verlobten exklusive Vaterbindung, einschließlich der ambivalentesten Fixierung just auf den Vatermörder, fortgesetzt, wie für die Ewigkeit, zu tolerieren.

Weshalb Don Giovanni, trotz anfänglichen Zögerns als Edelmann, vor der, schon extraeigenfamilial verschobenen, Vatertötung nicht zurückschreckt? Zur Antwort unterstellt werden müßte eine Art Vorschädigung, im Sinne einer todeskonzessionswidrigen Eroshypostase (psychoanalytisch: was hat man Kleindongiovanni angetan?), differierend ausführlich dargestellte Todesflucht, die den Tod durch paranoische Unterhöh-

lung aller Festivitäten a fortiori virulent macht. Unheld Don
Giovanni, der von seiner ödipalen Übertreibung des fremden
Vatermords, dem Konkretismus der Todesverneinung, mehr
noch der -verleugnung, innerhalb der dichten Differierungen
von seinem Sühnetod eingeholt ist.

Wie sehr auch die besagte Verschiebung auffällt – Don Giovanni, der Schwiegervaterkiller (nein, Ehe-Nachkommen sind
für ihn tabu), wie sehr insbesondere auch für eine Tragödi-
enversion das Leiden an der Fatalität seines hypernarzißti-
schen Begehrenszwangs eroshypertroph ausfällt, so verhin-
dert jegliche solche Schwächung der ausgeweitet ödipalen
Vollmacht mitnichten, daß der tote Komtur hinter dem Par-
ricida her ist in aller paranoischen Unabwendbarkeit, zumal
deren üppige Epikalypse so anmutet, als sei sie gar keine,
Eros hätte – Klimax seines elenden Trugs – Thanatos, für
alle Zeiten verläßlich, vertrieben. So etwas nennt man Sucht.

Es mag genügen – die Highlights dieses ausgedehnten Dro-
gierungsintermezzos – „dramma giocoso" (o weh!) – zwischen dem todesdeterminierten Anfang wie Ende programmatisch aufzuschließen, an Tragik forsch vorbei, dem Pseudos wie absoluter Differierung, die so ihren Sinn einbüßt,
willfährig. Nicht eben marginal seine – des, bürgerlich ausgedrückt: Heiratsschwindlers – Maßnahmen, sich Donna Elvira vom Hals zu halten, immerhin so weitgehend, dem Diener in seiner Verkleidung ein Schäferstündchen zuzuschus-
tern, übler Streich für die besinnungslos betrogene Donna
Elvira, und um Leporello homosexualisierend bei der Stange
zu halten. Das prominente Ständchen, wie selbstzwecklich
ästhetisch erfüllt, läßt, momentan, seinen paranoischen Spit-
zendefensivzweck – welch repulsiver Höhepunkt! – verges-

sen, Adornos Verdikt bewahrheitend, Musik bedeute die Abwehr drohender Paranoia. (Ich komme noch darauf zurück.) Glatte Fehlanzeige in jeder bislang erlebten Inszenierung: unerfindlich, wie der identifizierte Don Giovanni der umfänglich dichten Ballgesellschaft, mit Ottavio, schußbereit, entkommen konnte. Scham wird dabei eine Rolle gespielt haben, denn für uns ist es eine ausgemachte Sache, daß der gestellt Fliehende – Überraschungscoup – exhibierte. Und dem zu Tode erschrockenen Richter fällt die Pistole aus der Hand – adieu! Hämisch obszöne Fluchttravestie, anscheinend unpassend zum nicht selten vermerkten Umstand, daß das erotische Genie sich bei der Weiblichkeit letztlich Körbe einhandelt, es zu keiner leibhaftig sexuellen Affaire kommt? Wohlgemerkt aber: die unterstellte Exhibition ist ja keine souveräne Perversionsattacke, vielmehr eine, wohl einmalige Fluchtbedingung. Und daß das Verführungsgelingen den folgenden scheiternd realsexuellen Vollzug wie überflüssig erscheinen läßt, das macht sich durchaus kompatibel mit seiner existenzsichernden Abwehrmoderierung, freilich immer wieder konterkariert durch die paroxysmale Steigerung der Todesprätention, ineins mit derjenigen der entsprechend eroshypostatischen Defensive. Die Unterschiedlichkeit weiblicher Abfuhren versteht sich: Donna Anna versus Zerlina versus? – letztes Zurückschrecken, apriorische Verweigerung etc. Jeglicher Abduktion gänzlich fern einzig Donna Elvira, niemand sonst warnt den todesverleugnenden Verrückten vor der rächenden Ankunft des toten Komturs – psychotische Binnenprozesse extern szenifiziert. Dringliche Fragen dazu: Worin gründet Don Giovannis Aversion Donna Elvira gegenüber, sein auffällig würdeloses Fehlverhalten. Und was bewegt Ihre edle Majestät Elvira zu ihrer – wiederum unangemessen bürgerlich ausgedrückt – unverbrüchlichen Treue zu ihrem insolenten Schänder?

Um mit dessen Mannsnöten antwortend zu beginnen: eher unwahrscheinlich, daß er vor ihrer besonderen sexuellen Potenz fliehen muß, die ja eine Art weiblich beherrschten imaginären Geschlechtsumwandlung voraussetzt, sowie, eventuell, eine zentrale Sterblichkeitskonzession in Zeugung und Schwangerschaft/Geburt, ein starkes Indifferenzdementi, der reinste Horror für seine traumatisierte Differenzscheu, die wegdrogierte ängstigende Todesnegation, jenseits aller Anfälligkeit fürs Karikieren, unterhalb allen Verulkens, gewinnt Don Giovannis Unverhältnis zu Donna Elvira einen raren Tiefgang. Gut, das kann der Herr – ja, der Herr – nicht vertragen, daß eine emanzipiert offensive Frau höheren Standes ihm nachreist und ihn beim Wickel seines gebrochenen Eheversprechens zu packen sucht. Nachgerade ein feministisches Modell? Nein, ihr moralisch getönter Liebeswahn spricht, unkorrigierbar, dagegen. Welche Art von solcher Passioniertheit aber genau? Des verlogenen betrügerischen Wortebrechers unbewußt manifeste Reaktion auf die aufgebrachte Grande Dame legt plausible Antwortspuren: sie, die Donna, wirkt auf ihn, verborgen, wie eine subkonstellierte Todesverkündigung, wie ein Menetekel, so weitgehend gar, daß ihre finale Verfluchung des sündigen Ungetreuen wie die Vorwegnahme seines Höllensturzes durch den toten Komtur, dieses Revenants, aufkommt, ja, sie mit diesem imaginär identisch wird. Die vorgestellte Mutation erweist sich paranoiatheoretisch besonders relevant, in kleinianischer Volte substituiert ja den feindlichen Vater die primär verfolgende Mutter. Ja, Donna Elvira aber als letale Mutterrepräsentanz – wie soll das einleuchten? Am ehesten wiederum in Don Giovannis un-

ablässiger, der apostrophierten, Aversion, entsprechend Donna
Elviras erotischer Dauerpenetranz. Die Klammer dessen macht
der Mutter-Sohn-Inzest, Inzeste Alpha und Omega, Produk-
tion/Konsumtion ineins, je sich mutuell aufzehrend, jedoch
jeweils vermittelnde Restbestände fortschrittlich erübrigend.
In seiner überpointiert destruktiven Version: die Mutter nämlich als Herrin über Leben und Tod, Menstruationskinder ge-
bärend, todgeweihte martialische Söhne, konstitutiv in die
Leerstelle des absenten Vaters, den Ort der rettenden Sohnes-
sehnsucht, zynisch vertreibend – Rechtsgrund ödipal patrizi-
der Aufladung dann. In vereinseitigendem Vorgriff gedacht:
Don Giovanni erblickt den kampfbereiten altersschwachen
Komtur und erinnert sich unbewußt prompt des eigenen aus-
fallenden Vaters, die Legitimation, ihn umzubringen. Anfang
und Ende der Oper, deren besagte thanatologische Durchherr-
schung mag zwar die skizzierten wie elternlosen Extreme
decken, aber was hat es, diesbetreffend, mit dem sich hypostatisch immunisierend selbstreferentiell munter erotologischen
Dazwischen auf sich? Vorsicht – bitte nicht hereinfallen auf
dieses bis zur Unkenntlichkeit entfunktionalisiert verselbst-
zwecklichte – im „Ständchen" ästhetisch gipfelnde – Interim. Denn je pseudo-absoluter derart selbstverloren die Defensive sich gibt, umso gefährdeter wird sie kollabieren und
die Untiefen ihrer letalen Innereien offenlegen. Inszenatorisch
wäre es demnach zweckmäßig, wenigstens die Leiche des
Komturs inmitten allen zwiespältigen Grausens auf der Bühne
postiert zu halten, als konkretistisches Mahnmal des prekär
verachteten memento mori.

Übertrieben, allzu theatergerecht hysterisch? Zwar möchte
ich den Don Giovanni nicht zum tragischen Helden umstili-
sieren, in der eigenen – psychoanalytisch noch eingeschränk-

ten – exegetischen Machart muß es, gleichwohl, bei seinem traumatisch rabiaten, narzißtisch und todesfriedlich ausgeweiteten „Ödipuskomplex" bleiben: bei dem, die einschlägige Sohnesrage provozierenden, Vaterausfall, und, insbesondere, bei der inzestuös übermächtigen und deshalb wegzuschaffenden Mutter. Der angesprochene ausschlaggebende Inzestbedarf, um als zünftiges Interpretament zu taugen, seiner Extremversion, wie gehabt: einer exzeptionellen Mutterliebe, der libidinösen Suffokation des Sohnes nahezu, der Erosaufgipfelung selbst schon als Todesbotschaft. Nur daß das filiale Opfer, davor fliehend, im paternalen Nichts nichtankommt – rien ne va plus.

Solche mütterliche Leidenschaft verdankt sich dem Wunschphantasma der autarken Mannserschaffung, gemäß dem mythologischen Vorbild der marianischen, vom Heiligen Geist/ dem Himmlischen Vater empfangend, filialen Gottesgebärerin. Daran ändert sich fast nichts, wenn die narzißtisch sexuelle Überbesetzung kontrareisiert würde durch erzieherisch repressiven mütterlichen Überbietungsmoralismus, der ja nichts anderes als eine „Reaktionsbildung" sein kann, die auflauernde Virulenz also des abgewehrten Inzests. Aktuell verschoben und entstellt wäre Don Giovannis tartarosversetzte Mutter eine sohnesversessene Alleinerziehende, die in ihrer filialen Kreativität, allem Mannsersatz, sich sonnt. Abzulesen nicht zuletzt daran, was man, die Uneltern, ihm angetan – jedenfalls gemäß unserem ausklingenden bürgerlichen Verständnis – an erotischen Verwerfungen. So dient die unmäßige Masse an Affairen dem mißlingenden Ansinnen, den paranoischen Mutterbann abzuwerfen. Mehr noch: die Affairen erschöpfen sich in bloßer sexuell folgenloser Verführung, dem narzißtischen Vorgenügen. Was ein neues Licht wirft auf die vehemente Verweigerung, dem Verführer willfährig zu sein. Es kommt nämlich schon mehr als ein Verdacht daher, daß Don Giovanni selbst die Hilfeschreie seiner verführten Frauen, wenn es zur Sache geht, inszeniert, um die sexuelle ultima ratio zu hintertreiben. Wie er das bewerkstelligt? Indem er subito auf eine perverse, am ehesten wiederum exhibitionistischer Art, umschwenkt. Und also scheint die Souveränität des Verführers in dieser Reduktion gewahrt – die Nächste bitte! Mehr als suspizierbar auch, daß einzig Donna Elvira die Ausnahme davon macht: höchstwahrscheinlich gelang es ihr, mittels masochistisch hingebender List und Tücke, den derart verführten Verführer zu gewöhnlichem Geschlechtsverkehr zu veranlassen. Klar, daß sein Narzißmus, kastrativ unterlegen, männlichkeitswidriger imaginärer Geschlechtsmetamorphose, wie schon angesprochen, dabei ereilt wird. Nutzlos die große Meisterschaft der Indifferenzierung. Wie er abwegig sexuell prozediert, ist insbesondere zwar eine Empfängnisverhütung, seine vielen Affairen produzieren keine unehelichen Nachkommen, gleichwie, solange er Donna Elvira flieht, einbekennt er, oblique, die sexuelle Differenz, diesen Urskandal, gesteigert zur Lebens-Todes-Differenz, verneinungsgerecht widersprüchlich beglaubigt in seinem suizidalen mehrmals „Nein".

Differenzierter noch zurück zu Donna Elvira, Was sie so auffällig bei der Stange hält, läuft auf den überaus bindenden Genuß männlicher Schwäche, Don Giovannis exemplarische Differenzscheu, Bemächtigungseinlaß, masochistisch – uneinnehmbarer „Sieg durch Niederlage" – weiblicherseits unterhalten, hinaus. Der Gipfel der verquer abweichenden weiblichen Überlegenheit, macht die sofortige Umorganisation der sexuellen Aggressivität in eine „Reaktionsbildung", wie im-

mer selbstvergeßlich als Abwehr, sprich: in viel später kran-
kenschwesterliche Dienstbarkeit, abgewiesenen Großmutter-
leistungen; dies jedenfalls, ebenso instantan, bis zum Seiten-
wechsel zur Rachegefolgschaft des Komturs, ja wie in eine
Identität mit diesem. Nicht daß die Abwehr – Überichdialek-
tik! – an das Abgewehrte nicht gefesselt bliebe, ja, diese Ge-
fangenschaft – Konservierungsgarantie der Moral – a fortiori
insgeheim – und wie! – genösse. Und so schließt sich Donna
Elvira, um, rationalisierend, den Tod des Komtur zu rächen,
Donna Anna und Don Ottavio, dessen Tochter und künftigen
Schwiegersohn, an, in Wahrheit umwillen, in die hypokriti-
sche Kontrarietät, dem einzig Geliebten nahe zu sein. Allein,
diese verdeckt indirekte Nähehaltung wird noch überboten
durch eine unverhohlen direktere, in der sich, in weiblicher
Abwehr, kompromissuel mittransportierender surpas, die lie-
bende Gemeinsamkeit mit dem abtrünnigen Liebhaber ent-
blößt: in der Konversion der unseligen Edeldame zur Nonne,
wenigstens zur Klosterinsassin. Denn Don Giovannis Perversionen sind ja epikalyptische Zölibatärismen. Während dieser Pension wohl auf Lebenszeit mag es wenigstens einen begnadeten Augenblick gegeben haben, in dem die fromme
Donna die nur vergnüglich verdeckte nackte Misere des großen Sünders in stellvertretender Sühne wahrnahm, und ihm
wenigstens eine würdige Bestattung von Herzen wünschte.
Nicht zu vergessen, ingeniös, daß die geistliche Dame, mit
dem höchst promisken göttlichen Vater, über den göttlichen
Sohn, mit diesem verhimmlichten Don Giovanni, perversi-
onsgerecht sublim, im Verein mit zahlreichen Nonnenge-
schwistern, vermählt ist. Bezeichnenderweise der letzte größere Auftritt der gebeutelten Donna im finale furioso, des
Todes des geliebten Don Giovanni. Ihr letzthinniger Liebes-

dienst am Übeltäter, ihr gegenüber ja auf der ständigen Flucht davor, durchschaut zu werden in seiner sexuellen Schwäche, der untergründigen Liaison beider in Abkünften mütterlicher Dominanz. Aber die Donna hat doch die Fronten gewechselt, sich dem moralistischen Rachefeldzug Donna Annas und Don Ottavios angeschlossen, bis hin, den widerständigen Geliebten zu verfluchen? Allein, seit Freud kennt man die Hypokrisie aller Moral, den unbewußten Genuß ihres Verworfenen. Kein Entrinnen also, die Verstrickung nur gesteigert. Ein Pluspunkt mehr für einen Anflug auch für Tragik?

Was hat denn der Hohe Herr mit seinem Diener auf dem Friedhof mit dem Grabmal des von ihm ja getöteten Komtur zu suchen? Ob er wohl, überspielt geängstigt, sich vergewissern wollte, ob der alte Herr auch wirklich tot sei? Verrückt genug aber braucht er die Probe aufs Exempel, und dies mit dem höchst negativen Resultat, symptomsteigernd, akustischer Halluzinationen, in ihrer Angstprovokation verleugnend abgetreten an Leporello. Alle Psychosenkriterien beisammen – es kann nur noch schlimmer werden: kassiert letztlich die Lebens-Todes-Differenz, sanktioniert im Stimmenhören, hinwiederum, pathologievollendend, weggelacht. Erosforcement die Folge, finale Klimax die Schlußszene – Eros und Thanatos, die, wie ein Nichts hinterlassend ganz wider jenes, haltlose Exklusivität, aneinander zerbersten.

Bewundernswert Don Giovannis Konversionsverweigerung strictissime, bis zum letzten „Nein" des Todesschreis? Kaum, denn dieser suizidale Schlußpunkt bezeugt schwerlich seine residuale Freiheit, in die hinein er sterbend hätte erwachen können, vielmehr die eherne Stringenz des puren Leidens psychotischer Erfüllung, scheiternd im Tode. Endsieg des Komturs? Nein, sein Monument spricht nicht wirklich, und sein Mörder – Mörder? – streift durchaus Tragik, wie gehabt. Diese seine Art radikaler Opposition bleibt, mit Haut und Haaren dialektisch moralhörig, dem Gesetz botmäßig, als personalem Adressat nicht – dem bedauernswerten? – Don Ottavio, sondern, über dessen Tod hinaus, einzig dem Komtur. Initial des paranoischen Kontinuums: daß Don Giovanni den Zweikampf, wie zunächst erwogen, eben nicht flieht. Also auch er will, nur etwas umständlicher, damit Selbstmörder, den Tod, provoziert durch Todesverleugnung bis zum tödlichen Letzten.

Gesetzt nun den Fall, er hätte den Komtur geschont, den hilflosen Greis bloß, wie üblich, von oben herab zynisch verlacht, so resultierte eine ganz andere, eine seichte Geschichte, die seiner unendlichen erfolglosen Verfolgung durch das besagte Rachetrio. Nein, Don Giovanni überkam eine zwingende ödipale Anwandlung, eine Rarität, jenseits aller dispositionell narzißtischen Überheblichkeit, und er läßt seine große Vaternot rettend in Gewalt konvertieren, zweifelhaft gerechterweise, als ob das Aussehen des alten Kriegsherr transsymbolisch dafür bürgte. Nur daß er diesen, dessen Tötungspotenz, arg unterschätzte, ja, psychotisch diesem verfiel, so daß er, zu allem Schabernack, zwischendurch zu einem hypostatischen Spuk verkommt. Schade, daß die beiden Autoren des „Anti-Ödipus" Don Giovanni als künstlerische Gewährsfigur ihrer, sogleich – „Kapitalismus und Schizophrenie"! – kulturversierten Psychosenreverenz ausließen.

So ich diese weniger auf der Hand liegende Angelegenheit nachfrage, muß ich allerdings bei meinen alten Reservationen bleiben: „Anti-Ödipus"? Nein, Superödipus; Abweisung der

Affirmation von Kultur in ihren technologischen Spitzen. Gleichwohl, die Ansätze des „Anti-Ödipus" und der Pathognostik sind identisch: objektivitätsekstatisch, trotz der folgenden einschneidenden Divergenzen.

Don Giovanni – autogenerisch elternlos.

„Je ne crois à ni père

ni mère

Ja na pas
à papa-mama"[26]

Mit keiner Silbe wird seine Herkunft, seine Lebensgeschichte erwähnt, ein pures je rein aktuelles Da-Sein, wie absolut, und deshalb todgeweiht. Frei nach Lacan: Das Todestrauma gebiert das Gottesphantasma, und dieses, die Absolutheit, abschirmt das Todestrauma. Wie lange? Die Zeit eines verführerisch ergiebigen todesepikalyptischen Interims, und, unaufhaltsam untief darunter der Countdown zum tödlichen Ende, präjudiziert am Beginn.

Die finale Chronologie steht fest: mitternachtsverdächtig der Friedhofsbesuch, und daß Don Giovannis Lachen vergehe, „bevor der Tag graut", heißt nichts anderes, als daß die Mahlzeit, ein – psychosennah – Tag und Nacht verwechselndes Nachtmahl also, auf die Friedhofsvisite vorbereitet sogleich erfolgt. In welcher Verfassung befindet sich Don Giovanni in diesem Übergang wohl? War die besagte Einladung geplant? Jedenfalls lacht er keineswegs über diese absurde Idee,

---

[26] G. Deleuze, F. Guattari: Anti-Ödipus. Kapitalismus und Schizophrenie I. Frankfurt/M. Suhrkamp. 1974. S. 22.

sondern über das Monument, ihm gemäß das zwingende Dementi der Restexistenz des persekutorischen toten Komturs
– ein zurechtgezimmerter Steinhaufen, Zuviel der Anmaßung,
der fortgesetzten Todesverleugnung zu viel. Pointe der Re-
plik aus dem Jenseits: sanktionales Stimmenhören: prophe-
zeilich, seltsam zurückgenommen – „Gönne Ruhe den Toten". Kaum vorstellbar, daß er beim Eintreten der nicht-in-
tentional selbstverschuldeten, in crimen akustischer, Hallu-
zination momentan nicht zusammengezuckt wäre. Doch zum
Verlachen selbst dieses Überfalls reicht es zunächst noch
nicht, unterwegs zur nächtlichen Orgie aber fängt er sich zur
alten Prätention, den armen Leporello angstvikarisierend, halbwegs wieder auf. Nicht mitvernimmt der Diener die Toten-
verdikte, Donnerworte, und von einer Komplettierung mittels visueller Halluzinatorik kann schwerlich die Rede sein,
angstbeflissen hilft er, vorpathologisch grenzwertig, der Ini-
tiationsbestätigung des Komturs nach.

Von Zynismus, ausgeführt im Verlachen, war die Rede. Symptomatisch weitergedacht, fungiert er als die kaum unterbro-
chene Dauerpathologie neuroperverser Observanz im ausgedehnt erotologischen Interim der anfänglichen und endlichen
Todesextreme, irreführend langwieriger Aufschub des letalen Finales, zweifelhaft turbulentes Quasi-Moratorium im
abgedeckten Monitum des schlimmen Endes. Im interimis-
tischen Zynismus bleibt Don Giovanni sich treu, in seiner
nothaft usurpierten Indifferenz schaut er, voll der Verach-
tung, auf alles differenzhörige Gesindel herab.

Und in dieser seiner, des Zynismus, hochgetriebenen Pseudosouveränität des einzigen bereinigten Wahrheitsbesitzes ver-
fällt eo ipso sie dem schmählichen Rückbefall des im Letz-

ten vergeblich veräußerten Eigenunrats. Das Lachen, Verlachen dartut die triumphal sadistische Freude über alle Anderendesavouierung. Und der passende anal titulierte Affekt dazu die Häme, davor, oral, der Hohn.

Die supponierte feudalistische Überheblichkeit über den Proloschmutz aller Welt – Don Giovanni gehört fürwahr nicht zur arbeitenden Bevölkerung –, könnte das Mißverständnis nahelegen, sein Indifferenzgebaren sei eine asketische Hygieneoption, eine Art Selbstbereinigung aufgrund „projektiver Identifikation". Dieser Abwehrmaßnahme, ja, nicht aber impliziert sie das quid pro quo von Einebnung mit Enthaltung, Indifferenz bedeutet eben nicht puristische Selektivität, ausschließlich vielmehr plattgemachte Wertigkeit eines jeglichen. Differenztilgung, aber als universelle ja gleichgültige Handlungslizenz. Don Giovanni ist phänomenal kein Moralist, hingegen fast ein ataraktisch unschuldiger Egalitärsgeneralist. Nur daß dieser perverse Demokratismus die hierarchischen Kontrarietäten blöde nur beglaubigt.

Die differenzverpflichtete Koprophilie, pathologisch erfüllt in Koprophagie, bedarf ihrer Ausweitung und Radikalisierung durch Nekrophilie und -phagie – sonst entfiele zweifellos das existentiale Ultimum des immer nur aufgeschobenen tödlichen Seinsvollzugs. Die Stelle des ambigen Differenzhorts, die Exkremente, nimmt nunmehr das Menschkörper-Ganzexkrement, die Leiche, ein, schlechthin die differenzgetragene rettend verworfene Widerlegung der inzestuösen Kontamination der Lebens-Todes-Differenz als lebendige Leiche durch die nichts denn tote Leiche, Spitzenäquivalent des anal falsifizierten oralen Inzests.

Rettendes und zugleich verworfenes Differenzaufkommen, Inzeste-, Indifferenztabuisierung schlechthin? Der Preis dafür ist zu hoch, um den Preis dieser Tabuisierung, so ständig konterkariert durch das letale, gleichwohl persistierende Inzestbegehren. Unabweislich solche in sich widersprüchlich fluktuierende – wie erträglich? – ontologischen Einsprüche. Bedenklich auch die Verfallsfatalitäten, Verwesung und Erdenregression der Exkremente und der Leichen – „Todestrieb", die Rückkehr des „Organismus" in den „anorganischen Zustand" –, die basale Veranlassung der Dingekreation bis zu ihrem Destruktionsaufschub als Bomben. Bis dahin gelten die Dinge inbegrifflich als Differenzobhut höherer Observanz, nur daß sie in dieser ihrer differierenden Valenz überaus rettend, instantan verworfen sein müssen, denn selbst die perfektesten Waffen verhindern nicht den Tod, unwiderständig der Versuchung, ihre suizidale Vollmacht nicht zur absoluten Seinskulmination martialisch zu transfigurieren. So das erhabene Schicksal der Differenz: Fürs erste ein notwendig tabuisierender Störfaktor in den Inzestverfallenheiten. Überlebenssichernd dinglich gehärtet dann ihre Differierenspotenz, bewahrt verlustig in universeller Rüstung, dem gewaltdurchseuchten suizidalen Menschheitsheil.

Sollte man es sich nicht sogleich bequemer gemacht haben, den faktischen Tod als absolute Grenze aller menschlichen Vitalmühen zu behaupten? Ja, schon, doch das geltend gemachte Faktum Tod mitsamt seiner differenzmonierenden Leiche bedarf weiterer entsimplifizierender Erörterungen. Memo so die unglaublichen Kulturmassen der todestrieblichen Todesepikalyptik, des Erzfeindes aller aufklärenden Offenlegung. Wesentlich intimer die Bestreitungen der Faktizität des Todes. So, nicht zuletzt, die Ablehnung des Nichtsbegriffs vonseiten des Neopositivismus, allemal berechtigt, so kundgebend den Repräsentationscharakter aller Seinshabe. Und das Gegenhalten dagegen erschöpft sich in der im Nichtsbegriff doch gewahrten unüberschreitbaren Grenze. Warum sollte das Philosophierecht dieser Signalisierung nicht vergönnt sein, wenn immer die Widersprüchlichkeit dieses unbegrifflichen Begriffs konzediert ist?

„Nichts" – ein bloßes Wort, aber, immerhin, die Ausfallsanzeige der seinsverstattenden Repräsentation; freilich, sprachschriftlich, widersprüchlich wiederum in sich selbst repräsentiert; unbeschadet dieser Komplikationen, ein bloßes, ein unaufhebbares Bezeichnungsmanko nachhelfend bezeichnendes Wort. Schön wärs, so hat es den beruhigenden Anschein, wenn es sich nicht um den medialen Abhub, die Abstraktion einer möglichen philosophiegeleiteten Sterblichkeitserfahrung handelte, um deren dürftiges Inkognito, eingeholt von der rettungslosen Involution darin, allzeit suffokationsbedroht, angewiesen auf die Vielzahl ätiologischer Kontingenzen des Überlebens. Der ewige Würgegriff essentiell vorgegeben realer A-Repräsentativität, im Nichtsbegriff vergeblich beschworen, in der Flucht davor weitest darüber hinaus, wie der Teufel das Weihwasser flieht. Letztfaktum, das sich als solches in die Martialität alles Seienden hinein entzieht.

Man wird alldieser existentialontologischen Fortschreibungen alsbald leid, denn die Achtsamkeit auf das Dementi der Repräsentation an ihr selbst läßt nach, und alle konzedierte Widersprüchlichkeit dessen findet ihr Ende just in der verbleibenden Metarepräsentation, aufdringlich schon gleichwie im Schriftbild. Rien à faire – wider solchen wetterleuchtend kundgegebenen Schrifttod in Sachen Unlogik, vor Wissenschaft sich drückend? Nein, trotz aller konträren Beteuerungen, die ganze Anmaßung der Signifikation, der Signifikantenkobold sozusagen, weggeleitet alle weglagernde Philosophiewahrung.

Kein Ausweg daraus, aus diesen ontologischen Versperrungen? Auf welche Abwege hat uns Don Giovanni gelockt? Aber es sind die seinigen selbst, jedenfalls gemäß unserem Verständnis. Die Antwort? Nein, in Aussicht aber steht eine bewährte theoretische Präzisierung der entscheidenden Sein-Nichts-Grenze, des statusfreien Status der Repräsentation, kurzum: deren „Rekonstruktion".

In empirisch ontischem Verstande impliziert der Grenzbegriff ein von ihm diskriminiertes Diesseits versus Jenseits, inklusive aller damit grundgelegten Komplikationen. Ganz anders die Grenzverhältnisse in existentialontologischer Rücksicht: verwehrt die supervisuelle Draufsicht, zwingend die cogitionale Inferiorität, der Übergangsentzug, die konstitutive Fehlanzeige jeglichen Jenseits, grenzliquidierend mit. Von einer manierlichen Grenze kann die Rede also nicht sein, von Selbstschwund nur, mit Tod belegt ohne Erwachen, erwachend nur in nämlicher Anästhesieerfahrung. Kaum hilfreich, diese Ungrenze „absolut" zu heißen, ihre Suizidalität, ihre Eigenliquidierung (der Tod Gottes) müßte sodann mitgedacht werden.

Eine durch und durch horrende Angelegenheit, existentiell gänzlich passen zu müssen, und selbst dieses Passenmüssen wiederum infinit passen zu müssen. Welch intellektuelle Hilflosigkeit angesichts dieses sichnichtenden Nichts, ein unabweislicher Mangel – zugleich aber immer schon der verständigen Signifizierung –, der selbst noch seines definiten Mangelnden, diffundierend, gleichwohl aufdringlich, enträt. Aber die Todesangst? Das bekannte epikureische Argument dagegen zwar ein Witz, aber „Der Witz und seine Beziehung zum Unbewußten" will sagen, daß dieser Angst tatsächlich ihre erfahrene Verursachung abgeht, daß dieses Todestrauma sich an sich selbst negiert, so es sich der Verwechslung mit den womöglich dramatischen Kontingenzen des Sterbensprozesses verschuldet; ein Trauma, das nimmer bei sich selbst ankommen kann, das vielmehr sich, wenn überhaupt, auf seine Todeszufahrt irgend verteilt, sich sonderaffektiv belegend mit Heideggers Angstbegriff. Welche Zumutung in Anbetracht des gesellschaftlichen Totalausfalls, medienverseuchungsbedingt, diese Art, ja, Aufklärung, aktuell besonders hinderlich die dubiose Bewältigung von – wie weitgehend autonom? – Naturkatastrophen, zusätzlich zu den grassierenden sozialen, die allesamt anmuten wie vorzeitliche Rachefeldzüge wider die floriden rationalen Kulturverschuldungen.

Zurück zu den Entziehungskuren übertragenerweise der Todestraumatik, zu deren Anfangsende das blanke Nichts nichterscheint, den Sterblichen aufladend die Sterblichkeit als allerletzte, selbst wiederum im Tode unerfahrbar verlöschende Heteronomie.

Woran die Masse der unzähligen Konterkarierungen dieses Horrors laboriert? Allgemein immer an der Ersetzung der skizzierten existentialontologischen Grenzendekonstruktion durch die ordentlich ontische Grenzenwiederherstellung: die eines Diesseits, abgetrennt von einem Jenseits, mindest, wenn überhaupt faktisch faßlich, verfügungsangebracht im Sinne von Hoffnungen, praktischen Postulaten, utopischen Transzendenzen – hier befindet sich die Einlaßstelle insbesondere

religiöser Endlichkeitströstungen, von der christlich „unsterblichen Seele" bis zur buddhistischen „Wiedergeburt". Man
könnte meinen, die dagegen aversive Wissenschaft sei eine
Helfershelferin unseres philosophischen Einspruchs. Nein,
beide bleiben überhaupt Kontrahenten und gehen je ihre eigenen Wege, wissenschaftlich freilich massivst übergewich-
tig. Aber der globale ontisch reduktive Transfer von Ontolo-
giebeständen, umwillen empirischer Disposition, hält doch
vielerorts vor? Gewiß, doch allenthalben nicht ohne Gewalt-
anwendung, und also korrupt. Nur daß solche de facto sinn-
losen Verurteilungen, mit ihrem Ruch einer höheren Überbie-
tungsmoral, ihr Verurteiltes, von Wissenschaft blind genealogisch ausgeführt, nur bestärkt und beglaubigt.

Es mag wenigstens einer Erinnerung wert sein – bislang fand
sie seltsamerweise keinerlei Resonanz –, daß Hermann Cohen als einer der Hauptpropagatoren dieser epochalen Substitution gelten kann. Selbst wenn er diese mehr als diagnos-
tizierte, nämlich affirmierte, so wahrte er doch, residual philosophisch, die Sicht auf alle ontische Geschäftigkeit als abhängige Variable ontologischer Grundlegungsoptionen.
Fraglich bleibt allerdings noch, ob die Kantschen Kritikbe-
stände diese zu tragen vermöchten.

Nun zu den elaborierte Basismodi der Sterblichkeitstilgung,
terminologisiert als Todestriebopera, Anleihen der Gewalt
des vorgestellten, selbst noch seine verhängte Totalheterono-
mie verschwindenmachenden Todes. Die fundierteste Explikation dessen läuft über das Problem der „projektiven Identifizierung", synonym der „Reintrojektion des Projizierten",
wobei das Projekt im ontologischen Extrem die Selbstlich-
keit selbst ausmacht. Also: „Identifizierung"/„Reintrojektion"

erzeugen den irritierenden Anschein nachgerade, die Projektion rückgängig zu machen, so als hätte man sich selbst projektiv verloren und müsse das Verlorene rückaneignen, so daß das projektive Selbstbereinigungswesen diesem Nachfassen sich negierte. Und die Auflösung dieses Dilemmas? Die besagte Rückeinholung ist kein Unterwerfungsakt unter das Wiedereingeholte, sondern, herrschaftlich, dessen Inregienahme, die – vermeintliche – Sterblichkeits-, die Todesdisposition.

So weit, so gut. Noch nicht vollends, denn wo sind die Dinge, die Dinglichkeitsfunktion, geblieben? Nicht einfach sind sie dem Identifizierungs-/Reintrojektionsgeschäft, conditione sine qua non deren Differierenspotenz, a fortiori Mortalitätsparaden aus der Kraft der Sterblichkeit selbst, notwendig implizit, denn, wenn bloß körperlich statthaft, sogleich kollabierend und des dinglichen Aufschubs demnach bedürftig. Reifizierunskonversion – die einzige Passagengarantie verfügender Stattgabe in der identifizierenden/introjizierenden Projektionsvollendung, Überboten nur in deren Eigendestruktion, dem Pseudos schlußsuizidaler Souveränität.

„Dingesoteriologie" – die „Projektion" zu Ende gedacht, ergäbe die „inklusive Disjunktion" meiner selbst als absolut, die Gottesposition, gegenüber der restlosen todespräsentanten Heteronomie, eine Kläranlage meiner selbst. Die „inklusive Disjunktion" belassen gleich einer tödlichen Begegnung, eines je verqueren Selbstantreffens des Gottes und des Todes. Das besagte Nachfassen verliert seine Entropie exklusiv, indem im Aufeinandertreffen beider, wie ein Abfall, die also differierenden Dinge resultieren; auftrennend die „inklusive Disjunktion" rettend in beider Auseinanderhalt – die „Disjunktion" –, und, ebenso rettend, in beider Zusammenhalt – die gesittete „Inklusion", in Vereinbarkeit mit der erhoben funktionalen Dingereferenz. Nun müßte die ausgefällt vermittelnde Dinglichkeit die Male ihrer Herrschaft aus der Gottes-Todes-Konvenienz als ihre Kriterien an sich tragen. Die todestrieblich verschwindende Todesbeteiligung betreffend: daß, in dieser Hinsicht, die Dinge sich wie buchstäblich nichtssagende Bedrohungen geben. Und dagegen ihre Gottesrepräsentanz? Der ganze Freiheitsschein ihrer irregeleiteten Einsamkeit, die ganze Überwertigkeit der angeblich beherrschten Todesgemeinschaft. Also wiederum doch die „inklusive Disjunktion" der beiden Referenten? Ja, aber nur im Übergang zu ihrer Kompromißgestalt, ihrer Herstellung, ihres Tauschs, ihres Gebrauchs, und immer versehen mit einem porösen Defensivdeckel über ihrer todestrieblich traumatisierten Provenienz. Der Dinge kontaminierendes Doppelgesicht in dieser ihrer medialisierenden Funktion: Diener als Herr/Herr als Diener. Gleichwieherum, beide scheiternde Todesbetrüger. Die Vielzahl dieser mystischen Skizzen drängt zu weiteren plausibilisierenden Ausführungen. Auch könnte die Ableitungssuggestion durch wiederholt bloße Deklarierungen stören?

Die fällige Problemstellung sei noch erinnert:

Immer wenn die Projektion in ihrem Extrem in die Vollen geht, sich der Sterblichkeit zu entledigen trachtet, so resultiert die Diskrimination des Gottes, der Absolutheit, und des Todes, deren schwindenden totalen Heteronomie.

Aufgehalten ist der tödliche Zusammenfall beider Antagonisten durch das bemächtigende Nachfassen der „Identifizierung"/der „Reintrojektion des Präjudizierten", Gott der Herr über den Tod, das Absolute über alle Dependenz.

Diese Herrschaft wird nahezu hinfällig durch die wahrende Vermittlung beider, des Aufschubs ihres Ineinanderfallens zur „inklusiven Disjunktion" des einzigen Binnenmotivs ihres eigenen Suspenses, die Differierensrettung.

Die Vermittlung ist eo ipso dinglicher Observanz: Dependenzblende der Absolutheit, Schattenwurf des Todes auf den Gott, Teilhergabe je beider medialisierter Erhaltung. Dinglichkeit – differierende Vermittlung, hommage à Derrida – hat sich in ihrer kriterialen Differenzanmahnung, postmodern unmäßig verstörend proliferant, längst übernommen. Siehe die allzeit müllvirtuelle Überproduktion allenthalben, die der Daten zumal. Vergebliche Liebesmüh, ihr Substrat, das spitzenmäßig todestriebliche Unterlaufen aller Mediation durch die martialische Dingerfüllung Rüstung aufzuhalten.

Adaptiv prävalent ob des Seinsvorrangs des Todes – freudianisch eingebracht in der Beispielhaftigkeit des „Anorganischen" für ihr dingliches Vikariat –, des Nichts ureigenste Destruktionspotenz, angesichts derer die naheliegende Flucht in die Absolutheit des Gottes, deren ebenso gewalterbötigen Opfergefräßigkeit wegen, nicht weniger verfängt.

Die ständige Hypothek des Austaxierens des Todes-Gottes-Verhältnisses ist in sich geschlechtsdifferentiell. Wie selbstverständlich kommt die Todesdimension, die der tätlich sich entziehenden totalen Dependenz, der maternalen Weiblichkeit zu, schwerlich als Verfügungszuspruch, wohl aber als mannszukommender Opferstoff des absoluten Gottes.

Sich (nicht)gegenüberstehen einerseits, todesdeterminiert, die a-existente Mutter, aufgegangen in der kriminellen, zum Suizid verurteilten Terroristinnentochter, und andererseits, gottessphärisch, Gottvater zuhöchst, mit seinem homousischen Opfersohn, dem Exempel aller weltlichen Opferobligationen. Die vom Elternbann befreiten Geschwister, Tochter und Sohn, finden, vermittelnd, geschwisterinzestuös konjunkturell mediengenerativ zusammen, residual im Ganzen allerdings patriarchal – hiesig kapitalistisch – verbleibend, und, vor allem – progrediente ontologische Not – wie ein Megakrebsgeschwulst wuchernd, disfunktional bis zum Funktionsausfall, wie gehabt in unseren Müllbergen.

Trotz aller Osterbotschaft der göttlichen Todesüberwindung, unabkömmlich deren Inversion, mit Lacans ingeniösem tropologisch ausgeweitetem Diktum: Das Todestrauma provoziert das Absolutheitsphantasma des Gottes, und dieses schirmt jenes ab. Ja, wenn dieser phantasmatisch enttraumatisierende Schirm mit sich selbst, der bloßen Abschirmung, sein Bewenden haben würde! Nicht nur ist er, keineswegs gewaltalienisierend, porös, er transzendiert auch seine präsidiale Funktion hin zum Allabsorbator jeglichen Seienden vereinheitlichend unterwerfend infinit damit vollgesogen, so daß einzig der Gott noch überlebt. Abermals die „inklusive Disjunktion" von Sein und Nichts. Prognostisch sehr düstere Pointe der „Abendländischen Metaphysik" – „Tot denn alles! Alles tot!"[27].

---

[27] Tristan und Isolde, Richard Wagner, Stuttgart, 1981, Reclam Verlag, UB 5638, S. 78.

„Ex nihilo omnia fit" – so legt sich der Gott selber herein, inkompatibel ja das Nichts mit ihm, seine Absolutheitswiderlegung.

Konkretistisch wie verfälscht die kaschierte Defäkation des Gottes: die Offenbarkeit seiner Weltschöpfung. Der Mythos seiner besonderen soteriologischen Sorge um sie, Paradigma der „projektiven Identifikation". Da das reinste Sein vom Nichts ereilt ist, macht der Gottesweltenstuhlgang seine, des Gottes, abgedunkelte Existenzgarantie aus. Deshalb auch sein restitutiv identifizierendes Nachfassen, das grandiose christliche Heilsgeschehen, umwillen seiner Sebsterhaltung. Und deswegen muß ebenso auf Erden en masse geschissen werden – man stelle sich einmal – Nase zuhalten bitte! – die immensen Mengen vor!

Nochmals: die „Identifizierung" in der „Projektion", synonym der „Reintrojektion" des „Projizierten", widerlegt die „Projektion", das Eigenpurgatorium, nicht, rückaneignet vielmehr der „Projektion" Gewaltpotential. Weshalb dieser Umweg? Woher rührt die Gabe dieser Reappropriation, identisch mit dem genuinen Aufkommen des „Todestriebs"? Die veräußernde Vorstellung, das bereinigende Vorsichhinstellen, verspricht einen Zuwachs an dispositioneller Handhabung, abgesehen von anderen Aufgaben, ohne Identifizierungen expressis verbis, wie die riskante Inkulpation des Anderen. Das Mirakel der Medialität der „Projektion", derart, auf Umwegen, indirekt, dann doch zum Herrn über die eigenen Heterogeneitäten zu werden, fürs erste ausgeschieden, sodann wiederverschlungen, verdankt sich der notfällig etablierten Rettung durch das „poiein", die eingefleischt tätige Gewaltbeglaubigung schlechthin.

Gemäß der „projektiven Identifikation", dieser Kleinianischen Haupthypothek, unterstehen alle Dejekte primär ihrer verfügungsverwandelnden Heimholung, reinkorporierend der permanenten Todestriebgenese. Mundan de facto ein einziges Recyclingwesen – man muß sich zu helfen wissen; siehe auch die herrschende Analhygiene.

Nochmalsnochmals – ich mache ja keinen Hehl daraus, die „projektive Identifikation", befreit von ihrer intersubjektivistischen Restriktion à la Psychoanalyse, als kulturgenealogischen Grundvorgang geltend zu machen. Dann fragt es sich a fortiori, wie genau die betreffenden Konstituentien lauten, das innere Gefüge derselben, dieser anscheinend nur noch halben Defensive, sofern die „Identifizierung" keine solche wäre? Wie nun? Die einschlägige Autorschaft, objektives Äquivalent der individuellen Subjekte, macht der unbewußte Gattungsauftrag der Sterblichkeitsquittierung. Wohin damit, so veräußert? Hin zur externen Korrespondenzbereitung, inbegrifflich suizidale, alle Welt destruktiv mitreißende Waffen. Aber bedarf es dann überhaupt noch deren inverser Reinkorporation? Ja, mindest vorgesehen dafür, daß die Rüstung, mitsamt ihres faktischen Kriegseinsatzes, die existential vorrangige höchst affirmierte soziale Assekuranz bewerkstelligt, durchaus im Verein mit den kriegstechnisch versierten durchweg unterschätzten Ingenieuren, den dienenden Profiteuren der besagten todestrieblichen Rückholung der veräußerten sterblichkeitssymbolischen Martialitäten. Genug der Gewalt? Memo insbesondere die Unverträglichkeit von Tod und Selbstbewußtsein, Gewaltätiologie schlechthin.

Mögliche Überleitung zum keineswegs schon quittierten Don Giovanni: in den Lokalitäten seiner manisch finalen Henkersmahlzeit fehlen die Toiletten. Man entsinne sich: vorstellig wurde er als der große Differenzkiller, für den, Indifferenzmeister, nach der Leichenhinterlassenschaft die faeces und alle Dejekte – derzeit ja schon eine pathographisch vorgeleistet – aus der Welt geschafft werden müssen, wenn nicht damals schon transfigurierbar. O die niederen Sinne! Aber Don Giovanni mahlzeitet doch, eine widersprüchliche Konzession? Gewiß. Wie jedoch könnte man solchen konsequenten Autokannibalismus, der, zuende geführt, selbst sogar keine Differenz, die des Essens, erlaubte – er hat sich als sich selbst in voller absoluter Selbst-Währung, göttliches Mysterium, je schon selbst aufgefressen –, auf die Bühne bringen? Man halte es wie bei der Transsubsstantiation: „trotz Natur und Augenschein" sind alle konsumierten Nutrimente Eigenfleischteile, mit denen er eucharistisch eins geworden ist. Man beachte gleichwohl die Zeitdeterminanten: Attraktion des Friedhofsbesuchs, so Testfall, ob die Toten wirklich auch tot sind, sanktioniert durch einen psychotischen Schub, das Stimmenhören. Die nicht ernstgemeinte Einladung soll die akustischen Halluzinationen zunichte machen, steigert aber nur die psychotische Intensität: der tote Komtur wird zum unerwarteten „steinernen Gast", des großen alterslosen Playboys Ende. „Die Rücksicht auf Darstellbarkeit" hätte es, heutzutage, mit der Epiphanie des Komturs – eines Roboters – einfach? Ja, aber die paranoische Abwehr, gipfelnd in Flucht, der im Endeffekt letalen Schizophrenie, will nicht gelingen, denn Don Giovanni stirbt, folgerichtig kompromißfrei, bis zum unletzten Letzten an seiner paranoischen Persistenz, seinem Existential sozusagen, bestraft mit dem schizophrenen Extrem des transzendierenden Todes. Fürwahr ein Höchststand an sinnentlediger der Vergeblichkeit, ein pathologisches Ultimum.

Ich möchte zwar nicht mit inszenatorischen Vorzügen rechten, insonderheit ingeniös aber der Einfall eines Regisseurs (?), den Komtur als kleines verwundertes Mädchen, gar auch noch als Mädchen, erscheinen zu machen. Schwerlich seine uneheliche Tochter, gleichwohl hochgradig hinlänglich traumatisierend durch Nachkommenschaft, voraussetzend die todeszitierenden Indifferenzgreuel, die ambigen Differenzhorte von Zeugung, Schwangerschaft und Geburt. Man müßte, wie auch immer abgeschwächt, dringend nachzuvollziehen suchen seinen tödlichen Schrecken, angesichts der doppelten Differenzerscheinung des Komturs, Substitut als paradoxerweise eines weiblichen Kindes.

Nicht zu übersehen, daß, in reduzierter Konträrversion, die zölibatäre Geistlichkeit der nämlichen Differenzabsage, jedenfalls auf körperlichem Niveau, unterliegt – Don Giovanni wie ein pervers wildgewordener entsprungener Geistlicher? Und daß Donna Elvira, nach seinem, seine Sünden für ihn selbst nicht abbüßenden Höllenfeuertod, ins Kloster geht, anmutet wie eine konvertierend illusionäre Stellvertretung, in der rührenden Art eines endgültigen Liebesbeweises. Wie es also um seine Bestattung steht? Sie entfällt, denn er verbrannte zu in alle Winde zerstreutenr Asche. Leichen bezeugen ja in aller Aufdringlichkeit die primäre Lebens-Todes-Differenz, und also müssen sie, in ihrem Kadaverresiduum, bis zur Unkenntlichkeit pulverisiert werden – Don Giovannis Nichts, indifferenzgerecht immer noch zu viel des differenzgeschuldeten Seins.

Die Zitation der Hölle und des Klosters genügt nicht, dem Don Giovanni-Stoff eine besondere christliche Note zu attestieren. Es hat eher den Anschein, daß der hohe Herr ein-

fach wegstirbt und seine in übertragenem Sinne Höllenqua-
len dem als zugespitzte psychotische Symptome vorausgehen? Donna Elviras Klosterzuflucht wird nicht weiter expliziert, sie firmiert als konventionelles Refugium dem publiken Handeln entgegen. Unsere vereinten überlebenden Mo-
ralisten, die danach nicht eben glänzend wegkommen, beru-
fen sich mit keinem Wort legitimierend aufs Christentum,
doch könnte dieser Ausfall die diskrete Selbstverständlichkeit dessen anzeigen? Kaum, nein! Es liegt deshalb auch nicht
nahe, Don Giovanni zum revolutionären Antichrist zu stilisieren. Sein Hedonismus ist so atemlos wie seine prominente
Champagner-Arie, gleich dem sämtlichen Fehlen einer se-
paraten großen Arie, so daß sein Lustsuperfizium uneinge-
grenzt keinerlei Besinnungsspanne erlaubte.

Freilich dürfte man wohl behaupten, daß der besagte Moralismus eo ipso christlicher Observanz sei, auch wenn nicht
solchermaßen eigens artikuliert. Außerdem, mehr als nur ver-
mutbar, des Librettisten Da Pontes Anteil an der christlichen
Reserve.

Zurück zum Regieeinfall der Ersetzung des „steinernen Gas-
tes" durch ein todbringendes kleines Mädchen. Im Kurs auf
Indifferenzkomplettierung, sistiert und erfüllt zugleich durch
in Serie Perversionen, käme die derzeit konjunkturelle Kin-
derpornographie in Frage. Die aber, für Don Giovanni, als
Todesvorhaltung gänzlich versagte. Man bedenke nämlich:
Pornographie versucht, dilatorisch, den Schrecken des Diffe-
renzaufkommens zu tamponieren; fehlt dann bloß noch die
Erklärung des akuten, moralistisch verkleisterten Kinderpor-
nographiebooms. Weshalb das tödliche Versagen? Unschlichte

Antwort: der Tod wäre nicht der Tod, wenn er seinen unendlichen Aufschub duldete.

Auch die Friedhofsszene gäbe perversionsgenealogisch manches zu bedenken. Etwa: Don Giovannis moniertes Lachen landete, fortgeführt, bei der deplatziertesten onanistischen Umarmung der steinernen Statue des Komturs, abständig – respice finem! – ein makabrer Witz. Den Einwand vermöchte ich vorsorglich selber mir zu machen, daß meine überschießende Interpretation des „Don Giovanni"-Stoffes insofern verfehlt sei, als sie psychoanalytisch mit bürgerlichen Kategorien, und gar psychopathologischen, fraglos operiere. Aber die Verfehlung schwindet, wenn man sie ausdrücklich bei Bewußtsein hält – das ist immerhin doch ein Ergebnis, daß mittels dieser Deplatzierung die differentielle Nötigung einer exegetischen Restriktion aufkomme. Gefragt sind dafür sozialhistorische Kenntnisse, deren es mir en détail mangelt, ohne daß damit die betreffenden Rahmenbestimmungen schon mitausfielen. Also: Don Giovanni ist ein Feudalherr, ein Edelmann höheren Rangs, der, durchaus standesgemäß, seine Zeit, arbeitsfrei, mit intriganten Liebesaffairen verbringt. Freilich ist er, militärisch, etwa in Fechten und dergleichen ausgebildet. Indessen wird man nicht unterstellen dürfen, daß die gesamte Adelssippschaft Don Giovannis extrem erotisch exzessiven Lebensstil, on dit moralisch integrierend, teilten. Das bezeugen ja die am Ende Übrigbleibenden, Garanten der Restitution ordentlicher, nicht aber erhebender Verhältnisse. Don Giovanni demnach die exilierte Ausnahme, die hypokritisch verurteilte Utopie des Feudalismus, ein eher wohl halbherziges Menetekel über den Wüstling. Solche rehabilitative Moraldominanz avisiert, mit da Pontes Hilfe, das epochale Ende des Feudalismus, und Don Giovanni wird, wie schon angedeutet, zur weggeschafften Reminiszenz besserer Libertinagezeiten. Wie vorsorglich sein, wie man meint, selbstverschuldeter Tod, denn die Französische Revolution hätte ihn sicher den Kopf gekostet, und seine entschiedene Pathologisierung mit ihrer deplatzierten Lizenz wäre heutzutage seine immer noch fragwürdige Rettung – die Polizei führte ihn, den renitenten nächtlichen Ruhestörer, am Revier, der Kriminalität, vorbei, vom Friedhof ab in die nächste psychiatrische Klinik, wo man ihm, wider seine perverspsychotischen Flausen, heilsame Neuroleptika – ein echter Fortschritt – erfolgreich verabreichte. Tempora mutantur, et nos mutamur in illis. Prägnanter noch die Feudalismuseschatologie in „Figaros Hochzeit", Da Pontes Klarsicht, von Mozart geteilt. Ich selbst wilderte in Sartres originärer Domäne, wenn ich mir den womöglich historischen, nicht die Bühnenfigur Don Giovanni, sozialhistorisch psychosozial, erweiterte Psychoanalyse und erweiterten Marxismus vereinigend, vornähme. Meinen puristischen Widersachern zugedacht: Don Giovanni ist zu seiner Zeit weder pervers noch psychotisch, auch wenn sein Kopf schon vor der französischen Revolution nicht ganz festsitzt. Wieder theoretisch seriös kundgetan: die Historizität der pathologischen Exegesekategorien bedarf der besonderen Markierung, um der historischen Gerechtigkeit willen, ohne daß sie deren spätere anscheinend avanciertere Verwendung untersagte. Die nämliche freizügige Restriktion gilt ebenso für die Hysterie. Damalig sind es der Protagonistinnen feudalistisch usuelle variative Reaktionsmuster, die, im Sinne unserer derzeitigen Applikation, als hysterische Ansinnungen imponieren.

So, vordringlich Donna Anna betreffend. In der klassischen Konvenienz von Zwang und Hysterie – ausgerechnet ein Richter, mit, folkloristisch gesprochen, Ladehemmung, auf Leben und Tod zur raschen Tat eilend, von Mozart genial widersprechend in seiner zweiten Arie mit Koloraturen bedacht, verläßlich bis zuletzt verzaudert; passend zur sposa-Hypostase unendlichen Vermählungsaufschubs, der das unerfüllbare Liebesverhältnis fortgesetzt imaginarisiert, gar untergründig pervertiert. Beider Liaison lebt gut von Irrigkeiten – so verfehlt Don Ottavios deklarativ sich aufopfernde Friedensweihe, seine behauptetermaßen einzige Sorge um das innere Wohlergehen der Verlobten, deren verdrückte Anarchiewünsche, die hysteriegerecht aufregend nicht leibhaftig werden dürfen. Die genealogischen Spuren dazu führen zum Vater-Tochter-Inzest, „fille née sans mère", die Geburtsstätte der modernen Hysterie, folgend die Klausur allen heterosexuellen Progresses. Die Anfangsszene, zentriert um den Tod des Komturs, gibt für den Ereignisfortgang den dramatischen Ausschlag. Wie ist ihre heftige Reaktion wider die seduktive Aufdringlichkeit Don Giovannis, wie ihre eigene „Schande", wie ihre Rachebeauftragung des Verlobten, zu verstehen? Eben aus dieser Inzestkonstellation, pointiert dem Tod des Vaters, der, die Ehre der Tochter verteidigend, dem widerwilligen Verführer zum Opfer fällt. Der Tod des Komturs hinterläßt eine kompensatorisch nicht wiederauffüllbare Leerstelle, zumal nicht durch quasi beschmutzende sexuelle Attacken, aber auch nicht durch konventionell statthaft keuschen Sentimentalismus.

Was eigentlich geht in dieser ausschlaggebenden Szene vor sich? Sehr instruktiv, was die Edeldame dazu alles verlautbart. Welche typischen Übertreibungen – hoffentlich sind die deutschen Übersetzungen des Italienischen zutreffend. Mitsterben will sie mit dem Vatertod; etwas gemäßigter, zeit ihres Lebens den Schänder identifizieren und verfolgen; sie vertut sich in der Mitbegründung dieser Ewigkeit: Don Giovanni ist kein Mörder, vielmehr ein tödlich überlegener Duellant, vom Komtur erzwungen; Väter produzieren ohne Mütter keine Nachkommen – selbst im mythologischen Fall der Athene bleibt die funktionale Mutter, Metis, nicht unerwähnt. Klimax: die passagere Verwechslungstrance des Verlobten mit dem „Verräter". Anscheinend genügt schon nur ein erscheinender anderer Mann, um den Vater, den einzig geliebten, zu verraten. Wer verriet wen? Der hysterischen Attitüden genug.

Was wirklich geschehen, ist durch keinerlei Drittenbezeugung zu ermitteln. Anscheinend hält man Donna Annas Erzählung des Vorfalls für nicht besonders glaubwürdig, in Ahnung einer exkulpativ hysterischen Simulation. Wohl nicht zu Unrecht, denn der Don ist kein Vergewaltiger, der, paradoxerweise, von seinem Opfer körperlich überwältigt wird und die Flucht ergreift. Die Donna – eine souveräne Walküre, unbedürftig des sodann tragischen väterlichen Schutzes.

Das mag man in der Tat bezweifeln dürfen. Wahrscheinlicher, daß sie den Verfolger – Triebdurchbruch! – kreischend wegschreit, des ungewohnten Anblicks seiner genitalen Entblößung wegen, gewünscht, so simulationsförderlich, verworfen, weil ungewiß, ob pervers, verbleibend. Die Aversionsanteile bilden die Brücke zum aufgesetzten moralistischen Raptus, dem ultimativen Treueschwur auf den Vater-Tochter-Inzest, gleich der Verscheuchung aller erotisch ansprüchlichen lebenden Männer. Wie aber ist es dem hohen Herrn zumute? Er hat, abgehend, von dieser Art schonungsloser Abfuhr die Nase voll, obgleich er ja diese durch sein exhibitives Schreckgebaren wesentlich mitverschuldete. Abgebrochenes, gleichwohl persistierendes Wechselspiel beider, der Hysterie wie der Perversion, die sich mutuell provozieren und konservieren – so der Underground ihrer unendlichen Brautzeit, wie verendgültigt in der töchterlichen Treue zum toten Vater. Nicht zu vergessen die restriktive Historizität alldieser der Psychoanalyse entnommenen intersubjektiven Psychopathologiekonfigurationen – was feudal existentielles Klassenprivileg gewesen ist, wird bürgerlich zum störenden, womöglich kriminellen Pathologikum. Solche historische Relativierung nimmt ihren Pathologieevents, relativierungsimmanent, die Verbindlichkeit nicht weg, im Gegenteil, man muß auf deren Expansionseignung zur Überzeitlichkeit achten. Wenn schon bis dahin, bis zur bürgerlichen Volte feudaler Gepflogenheiten gediehen, bleibt es statthaft, auf deren Spuren Rettungen für Don Giovanni vor seinem Straftod zu ersinnen – bitte aber nicht den Regisseuren empfehlen! –, wie vordem schon, ihn, weil psychotisch, in die Psychiatrie zu verfrachten. Eine immer noch dubiose Ordnungsmaßnahme, im Vergleich zum Vorschlag HHs, ihn, perversionssublimativ, zum Frauenarzt zu küren. Immerhin, so jedenfalls würde das renommistische Liebesaffairenregister Leporellos, deplatziert in ein solches der Menge der gynäkologischen Behandlungen, ein wenig realistischer ausfallen.

„Feudalismus" – als sozialhistorischer Relativierungsfaktor, blieb bislang, in dieser Funktion, wie ein grober Klotz nur. Ausschlaggebend zur Behebung dieses Mangels die Inspektion der feudalen „Produktivkräfte", die ja, von sich her schon, das ganze Unrecht der „Produktionsverhältnisse" vorkreiren – siehe Don Giovannis exemplarischer arbeitsfreier Lebenswandel! Ja, aber alles, was daraufhin an Wissen über den Feudalismus ermittelt werden könnte, spielt ausschließlich in den „Produktionsverhältnissen", und eben nicht, wie pathognostisch gefordert, in den „Produktivkräften", die, gewiß rudimentär im Vergleich zu den technologischen Errungenschaften der folgenden kapitalistischen Jahrhunderte, jedoch passend immer schon mit Geräteparks und darin vorherrschend mit Waffenlagern ausgestattet sind. Auffällig, daß darüber fast nie die Rede ist – den Kulturfahrplan konsultieren! Weshalb? Ob des bourgeoisen Vorurteils der angeblich höheren Werte davon abgesetzter Kulturphänomene.

Der Marxismus macht davon zwar die gebührende Ausnahme, doch verklärt er den materiellen Unterbau zur Heilsgewähr der Gattung, diesbetreffend im Widerspruch zur Pathognostik, die konträr den Gattungssuizid in dieser generellen Option beschlossen sieht. Quod erat demonstrandum – der Weg dahin führt, scheinbar einfach, über die Sartresche „Psychoanalyse der Sachen", eine einschneidende Maßnahme, die, mit Sartre, alles an Gewalt- und Schuldfundierung ebenhier, bereits in den „Produktivkräften", festschreibt. Hoffentlich bekanntermaßen gewinnt die Psychoanalyse dagegen an Aufklärungspotenz kulturpathologischen Wesens – unsinnig als „Kategorienfehler" gescholten –, wenn sie sich auf Dinglichkeit ausgeweitet kapriziert. In statu nascendi leistet sich diese initial militante pathognostisch getaufte Amplifikation rückblickend pointiert Kritik an der herkömmlichen Psychoanalyse, an deren intersubjektiven Hypostase, ohne fortan aber deren historisch deduzierte Relativierung, die des pathognostischen Einspruchs, aus den Augen zu verlieren.

Die Orestie – der Vater-Tochter-Inzest, kulminierend im Matrizid, dem grundlosen Grund der szientifisch technologischen

„Produktivkräfte" – welche Insolenz! Der Mythos gibt diese Version, wenn auch nicht expressis verbis, her, und ihr gilt es, sich anzuvertrauen, und sei es gegen alle Welt. Wie würde die einschlägige Inzestweise und das wissenschaftliche Verhältnis zum Wissenschaftssujet „Natur" zusammenkommen? In der vollendeten Genealogieversammlung, in der Geburt der Tochtergöttin Athene, in voller Rüstung dem Kopf des Vaters Zeus, des höchsten Gottes, entspringend; radikaler Wegriß von der Vorzeitmutter, Metis, die, verschlungen, funktionalisiert – Zeus' noch vorhandenes Bauchgefühl – am Leben bleibt. Also: der Mythos setzt ineins den betreffenden Inzest und seine martialisch dinglichen Pendants, trefflich kriegsökonomisch sogleich das großartig töchterliche Flintenweib. Ein einziger sehr verräterischer Witz.

O Wunder! – die Wunschmaid überspringt alle psychosexuellen Entwicklungsphasen, die Windeln sogleich verwandelt in die Brünne, das investurische Todestriebtelos. Vieles spricht dafür, daß sich die inzestuöse Vater-Tochter-Bindung, regressiv erwachsenenerfüllt, wesentlich vorpubertär manifestiert, jedoch diese Latenzzeitauszeichnung macht den vollen Inzestgehalt fraglich, der ja allererst nach der Geschlechtsreife einsetzen kann. Vielleicht würde diesbetreffend eine Art sonderproduktiver Vater-Tochter-Protoinzest zu stipulieren hilfreich, und so die präpubertäre Jungfräulichkeit der Göttinnen, insonderheit „Produktivkräfte" korrespondent, gewahrt.

Undumme Frage: wo in der zitierten Urszene der Athenegeburt bleiben die Söhne? Seltsame Fehlanzeige? Nein, denn vorab war und ist Zeus immer noch, wie weitgehend auch abgeschafft, ein Sohn; und sofern, darüberhinaus, in der besagten Geburtsszene die Erwähnung der Söhne entfällt, könnte der genealogisch besonders relevante Umstand mitbesagen, daß die vordringliche Legitimation der Vaterherrschaft, das Patriarchat nicht der Weiblichkeit, der dafür hergerichteten Tochter, obliegen kann. Und die nämliche Legitimation durch die Männer, die so in die zweite Reihe zu rücken scheinen? Ja, aber per Genderidentität mit dem Vater gedeihen sie sogleich zu dessen Exekutivorganen – im Unterschied zur töchterlichen bloßen, doch grundlegenden Beglaubigungsvalenz –, satisfizierenden Ausführungen der sohneszugetragenen Vatergemächten, mindest gleich-, eher übergeordnet patrifiliarchal. Gleichwohl bleibt es, mythologisch ausgewiesen, aber sich verlierend, dabei, daß filiale Feminität die wesentliche Exkulpation männlicher Kulturgewalt, diese Transzendentalität, übernimmt. Eine tückische Konzession, weil diese Art weiblicher, der töchterlichen kulturgenetischen Beteiligung den Inbegriff mütterlicher Entmachtung ausmacht – die Tochter besorgt sie ja prinzipiell.

Gehörige Steigerung dieses verräterischen Mittuns; der Lesbianismus. Wenn die Tochtergöttinnen, die Mutterflucht vollendend, ihre merklichen heterosexuellen Residuen beseitigen, und, auf dieser Geraden, ihre fortgeschrittene Virilisierung nicht nur zur patrifilialen Rationalitätsbeglaubigung, vielmehr schon zur Koproduktion nutzten, wie modernerweise, jedenfalls im Kunstbereich, geschehen, – mundanes Paradeexempel: Gertrude Stein – Homosexualität ist ja von sich her bereits simulativ. Und auf der Mannsseite steigert sich das kulturkreative Subsidium in der Homosexualität, der Mutterverbannung in den Tartaros, siehe insonderheit die Renaissance.

Schibboleth der Postmoderne: beide homosexuellen Reihen „Sodom und Gomorrha", schließen sich geschwisterinzestuös zusammen zum großen Festival der Medialität, zur einzig wilden Phantasmagorrie, dem anzüglichsten Truggebilde exkulpierter Seinsdisposition, de facto derzeit schon dementiert durch die Flüchtlingsströme, Folge unserer Väter Sünden, todestrieblich akute Aufklärungsbeauftragung unsererseits. Selbstverständlich fälle ich damit keine moralischen Urteile, berücksichtige nur passager vielleicht kompensierte Notfälle, unabweisliche Fatalitäten, selten momentan rettende felices culpae angesichts des Todes. Erstaunlich – umso vergeblicher – die Expansion der Orestie und damit des Kleinianismus, gemäß dem historischen Faktum der globalen Universalpathologie Paranoia. Kopfstand der – ob überhaupt konkurrierenden? – ödipalen Verhältnisse, der schützenden Vaterreklamation, des enttäuschten Vatermords. Den Geschwistern, exklusiv dem Bruder, dem Sohn, obliegt es, paradoxerweise, den Vater vor der mörderischen Mutter zu protegieren, und sei es, im Extrem, im Nachhinein, wie in der Orestie geschehen, als Rache seiner Tötung durch seine Gemahlin und deren Buhlen, dieser Vorzeitrelikte. Wenn auch, grosso modo geschichtsphilosophisch, die Orestie die Ödipus-Dramen rationalitätsprogressiv überbietet, so wahrt diese wenigstens, sophokleisch politästhetisch, den Vorteil, wie geschaffen zu sein für die Verifikation der aristotelischen Tragödienkriterien: „Mitgefühl und Furcht"; compassio besonders für die Opferfiguren des Kulturprogresses, nicht zuletzt, überaus differenziert, Ödipus.

Dem in der Athenegeburt angebrachten Vater-Tochter-Inzest geht, kulturgenealogisch zumal triftig, der Mutter-Sohn-Inzest, Alpha und Omega der inzestuösen Generativitäten, voraus. Diese nachvorgängige Inzestart zwischen Metis und Zeus invertiert sogleich zu des Gottes Bemächtigung der Vorzeit, durch imperiale Schwängerung – er hatte Glück, eine solche ergebenste Tochter zu zeugen. Vorsorglich verschlang er Mutter Metis für den für ihn lebensbedrohlichen Fall einer Sohnesgeburt. Es geht bei der Erzeugung göttlicher Nachkommen fast immer hoch her, will sagen: Zeus frönt unablässig seinen immer fertilen Liebschaften, immer auf der Jagd nach kulturell assimilierbaren archaischen Mutteranteilen, auf den Punkt adlerianisch erklärbar: Zeus' „Wille zur Macht" bekleidet sich mit „der Maske der Sexualität", dem Köder der Appropriation der Vorwelt. Seine Opfer – Opfer? – sind Nymphen und überlebende Titaninnen. Deren progredient kulturvirtuellen Ausbeutungsstoffe lassen sich zünftig, gemäß der „Synchronie des Mythos" einholen: welche aktuellen weiblichen Arbeitsformen entsprechen diesen mythologischen Figurationen? Jene evozieren die gesuchten Ausbeutungssujets. Vorsicht! Es wäre unangebracht, der Vorwelt, so es sie gäbe. bereits diejenigen differenten Größen zuzuerkennen, die für die folgenden Kulturzeiten reserviert sind. Das gilt freilich mit auch für die Bezeichnung „Mütterlichkeit", die vorzeitlich, bar der später differentiellen Signifikation, reduziert werden müßte rein auf die gattungsreproduktiv weiblichen Vorgänge im Fleische.

In des Zeus' besonderer Sorge um den konservativen Kulturprogreß mittels der Erzeugung von Sohnesgöttern und Tochtergöttinnen auffällt – um darauf zu insistieren –, daß die dafür unverzichtbare Weiblichkeit eo ipso, schon von sich selbst aus, prähistorisch stigmatisiert erscheint, sie kommt vom Odium prekärer Irrationalität nicht los, nicht von der Deklaration menschlicher, gleichwohl ausbeutbarer, Unfertigkeit, mitbedingt durch die, uneigentlich gesprochen, Mixtur von Mütterlichkeit und Tochterstatus. Unvermeidlich auch, daß den göttlichen Ausgeburten, Zeus' immer konstitutiv illegalen Nachkommen – selbst die Göttergattin Hera ist ja des Zeus Schwester! – ist dieses vorzeitprovenient kulturdissidente Ferment beigegeben. Man könnte von hier her auf die Idee kommen, in dieser Klimax ambiger Weiblichkeitsentwertung die Orestie repristiniert zu sehen: Klytämnestras – und Aigistos' – Tod als pars pro toto, alle Weiber müssen weg, verbannt in unseren Waffen, die allgemeinste Produktivkräftekorrespondenz.

Nicht unerfindlich, daß mir, mit wachsender tropologischer Entfernung des sich herausstellenden Hauptsujets, ganze Passagen aus Da Pontes/Mozarts „Don Giovanni" bedrängend einfielen. Wohlan! In Aussicht steht so der Wechsel weg von der fesselnden Orestie zurück wieder zur Ödipusgeschichte – Don Giovanni, der scheiternde Rebell, aufständisch wider die moralische Vaterherrschaft reaktiv affektioniert, jedenfalls in der sophokleischen Ausprägung, durch eine einzigartige Kompassionsbedenkung der exemplarischen Opferfigur Ödipus, konträr zur Beinahe-Ataraxie den mykenischen Tragödienprotagonisten gegenüber.

Nicht habe ich es mit einem quasi einfachen ödipalen Geschick bewenden lassen, vielmehr, noch im ödipalen Rahmen, der konventionellen Paranoia verbleibend, den Nichthelden, hineingetrieben in höchste Pathologie, letale Psychose, verenden zu machen. Ob sein letzter großer Verneinungsschrei seine Hörer noch traumatisiert? Aber so möchte man doch nicht sterben, jedoch auch nicht zu den wie Überlebenden zählen. Insgeheim könnten sie das anarchische Treiben Don Giovannis zurückwünschen, denn da war ja immer was los, was attraktiv Verbotenes los, verdeutlicht durch den Schwerpunkt des Feudalismus' Schwanengesang. Für uns allerdings auch ein Anlaß innerer solidaritätsausfälliger Nichtbeteiligung, am ehesten komn(???p???)ensiert durch Mozarts Musik in ihrer affektionierten Synchronie, von der die angewandte Psychoanalyse zudem träumen mag.

Wie sagt man: last, but not least, Mozarts Musik, sie residiert freilich im Bann des klassischen Musikidioms „Vergegenwärtigung" – versus „Verheißung", versus „Eingedenken" –, weniger daß sie dessen Grenzwerte nähere, als daß sie dessen weite Immanenz überaus musikdramatisch unnachlaßlich ausschöpfte. Fast möchte man meinen, Marx' Fetischbegriff erfülle sich insbesondere im „Don Giovanni", einem zuhöchst bedingten musikalischen Artefakt, verkannt als absolute Natur, so als sei alles, in seiner aisthetisch zwanglosen Notwendigkeit, wie es schier ist.

Cave „Vergegenwärtigung" – der klassische Musikgestus reicht, seinem Wesen nach, gefährlich ans tödliche orpheische Unbewußte der Musik heran, und muß deshalb die abgedeckteste Perfektion darüber aufbringen. Was Mozart zwar einmalig leistet, doch auflauert in der Beglückung dieses exemplarischen Könnens das besagte untergründige Grauen in seiner klassisch abgehaltenen besonderen Approximation, phänomenal wenigstens angedeutet in den kerygmatischen Komtur-Akkorden. Wie gesagt, kein Moratorium einer großen Arie, am besten vor dem geschlossenen Vorhang zu singen, dafür aber eine wie im Vorübergang intime kammermusikalische Anwandlung, eine aufhorchen machende Miniatur, das „Ständchen", eine nicht mehr nur übergängige Überraschung: Don Giovanni, über eine arbeitsprivative feudale Gepflogenheit hinaus, ein Künstler, die passager stillgestellte Versammlung der Utopie seines ansonsten dissoluten Gebarens, Nicht mehr wiederzuerkennen – Don Giovanni, der Bittsteller, befähigt wie zu einem säkularen Bittgebet nachgerade, dessen vage Adressierung sich in seinen ästhetischen Selbstzweck hinein angemessen verliert. Defensives Superfizium und destruktive Profunde versöhnen sich im gedehnten Augenblick ihrer memorialen Kundgabe, frei zu ihrem erfüllten Dispens – so sei es.

Ob es wohl einzig an der deutschen Übersetzung des Italienischen liegt, daß der lyrische Text der „Kanzonette" nicht eben inspiriert, ja künstlerisch abfallend konträr zur perfekten Musik ausfällt?

Deren sprachliche Unterlegung wirkt eher wie eine augenzwinkernde Improvisation – unpassend zur Erbittung die Sterbensdrohung, die Beschimpfung, formal die dilettantisch sinnwidrigen Reimnötigungen –, als daß sie sich dem verfänglichen Sound kongenialisieren ließen. Clowneske Absicht? Donna Elvira ist er zwar gut los, doch der „Ständchen"-Text? Welche Verlegenheit! Und der militante Auftritt Masettos kommt ihm wohl nicht ungelegen?

Finis! Also kein würdiger Abschluß, vielleicht aber ein Mitmotiv weiterer Befassung mit dem „Don Giovanni", zumal in musikalischer Rücksicht. Kierkegaard habe ich nicht vergessen – rein kontingenterweise nur ausgesetzt. HH hat eine frühe Reaktion meinerseits auf „Don Giovanni" ausfindig gemacht: eine kritische Rezension[28] einer einschlägigen Aufführung des Saarbrücker Stadttheaters von 1962.

---

[28]   In: Praematura. Düsseldorf. Peras. 2003, S. 65 f.

Traum,
infinitesimal

Mir soll – fraglos ohne Namen von woher – eine besondere Botschaft zuteil werden, die ich allerdings im Vorhinein schon kenne, dies, während ich, treppenabwärts in einer weitläufigen menschenleeren und ausgeräumten Kaufhauslokalität solo wandle – daß nämlich Ex-Fernseh-Strafrichter Alexander Hold, derzeit irgend führendes Mitglied der an der Regierung beteiligten bayerischen Wählergemeinschaft, schwerwiegend alkoholkrank sei. Der Traum bricht etwa zur Hälfte meines Abgangs, ungewiß, die Botschaft überhaupt zu erhalten, diffus ab.

Ein Kehraustraum – disfunktional „ausgeräumt und menschenleer" die passierte Örtlichkeit, sprich: die traumkriteriale „Rücksicht auf Darstellbarkeit" –, tendiert, bloß eine leere Hülle residual hinterlassend –, Ausfall der somnialen Gehaltsalimentierung –, zu ihrer Nullstufe hin. Die traumerhaltungswidrige Bekanntheit der avisierten, angeblich bedeutenden Botschaft macht den Traum darüber nahezu überflüssig. Mein solistisches Abwärts droht, an seinem Ende, vom „Tiefschlaf" gefährlich verschlungen zu werden, und zieht es deshalb vor, etwa an seiner Hälfte – halbehalbe – sich schützend zu sistieren und folglich zu erwachen. Seltsam genug auch, daß ich der Alleinige sein soll, dem diese ja bereits gewußte und also unwesentliche Botschaft zukommen soll, mir „dem fünften Rad am Wagen", das sich in dieser widersprüchlichen Situation mitnichten wohlfühlt. Auch die Desorientiertheit beim Erwachen ist nicht eben gehalten, wenigstens ordnend ins betreffende Material nachzufassen. Diese meine nachträgliche pathognostische Exegese macht just den Versuch der Supervision dieses Derangements aus. Welche erlittene Aporetik aber nicht ausschließt, sondern befördert, die fragliche Botschaft, für sich genommen, gerade mit aller Trefflichkeit auszustatten, zumal forciert traumerhaltend, jedoch frustran wie immer. Wie das?

Dazu die entscheidenden autosymbolischen Korrespondenzen. Also: Der Ex-Fernseh-Strafrichter Alexander Hold gleich die Traumzensur, entschärft, so mehrfach traumadäquat egalisiert zum bloßen Medienartefakt, einem jurisdiktionellen fiction. Sowie zum „Es war einmal" – meines Wissens wurde die TV-Sendung abgesetzt, somnial demnach eine mitspielende zusätzliche Reminiszenzentrückung, die Traumrepräsentation ebenso fortschrittlich unterhaltend wie dieser abträglich, denn, diesbetreffend, beginnt ihr, paradoxerweise unbeschadet des dringlichen Zensurschwunds, der Stoff auszugehen, zuviel der Insichreflektion der Zensurverabschiedung. Abbau auch allen traumimmanent repressiven Einspruchs wider das doch wünschenswerte Ubw-Aufkommen im Countdown der Holdschen Karrieresequenz: vom Staatsanwalt über den Strafrichter, medial zudem, zum Sonderpolitiker – welche Eignung dessen, die Tamponade der Traumzensur darzutun! Genug der Emanzipation des verdrängten Unbewußten wider dessen moralistische Reduktion? Nein, noch nicht. Die Namen des Traumsubjekts supplementieren nämlich das groß angelegte Unterfangen der Traumschlaferhaltung: „Hold" und „Alexander" – Vorsicht aber, trotz aller Bewahrungsabundanz, sie wird, gerade dann, vergeblich sein.

Nun, ein holdes „Überich", die mächtige Sanktionsinstanz sei geneigt, gewogen, entgegenkommend – das ist doch eine contradictio in adiecto!, in der Tat, viel mehr als halbwegs, wenn immer man auch, repressionsimmanent, „die Kirche im Dorf läßt" – etwa nach dem Modell von „Papa Gnädig" konzedieren könnte, daß selbst dem Weltenrichtergott die Zähne ge-

zogen wären, umwillen des Suspenses der zensuralen Traum-
verengung, so dem Traumsubjekt diese hypokritisch absurden
Attribute wie „hold", zukommen sollen. Also geht der Traum
das Risiko dieses Widersinns ein, nur – welche Not! – um
seine, wiederum fragwürdige, Persistenz zu retten. – Aber
Fernsehstrafrichter Hold, vornamens Alexander? Wo bleibt
hier denn die bisher traumfällige Kastration der Traumzensur? Welch gegenteilige reduktive Gewaltinflation, wenn der
Megaimperialist Alexander der Große, als somniale Materi-
alkomponente, schwerlich ausbleibt? Ein Traumgriff nach
den Sternen? Kaum, denn die Spitze der Kahlschlagregres-
sion, des buchstäblich abstrakten „Überichs", ist, verwandelt,
zugleich die sich konträr ausbreitende Anarchie der Abwehr
selbst. Siehe Arnolt Bronnen „Die Exzesse": Bis zum Um-
fallen zwangshaft stillgestanden die Truppe, und der Anfüh-
rer brüllt die Order: „Anarchos sei euer Gott!"[29] Was aber
nicht schon mitbedeutet, daß der Traum sich dadurch nicht
übernähme, und nach Abhilfe dagegen suchen müßte. Naheliegend – bereits als auratischer Bestandteil der Traumerinnerung, und nicht von Außen dazu angesonnen, der frühe Tod
des jugendlichen großen Feldherrn, ein schwerer, der schwerste
Absturz aus schwindeligsten Höhen, Casus ab alto –, allerdings nur in seinem entropischen Verlauf, nicht an seinem
Ende traumwahrend, so final anmutend wie der chute in die
Nichtskorrespondenz des Erwachens. Währensfinito, o Dialektik! Unabkömmlich auch in meinem Gemüt, als Philosoph,
der Umstand des Alexanders aristotelischer Schülerschaft,
zentriert um den absurden Kurzschluß seines frühzeitigen To-

---

[29] Arnolt Bronnen, Die Exzesse, Athenäum Verlag, Kronberg,
1977.

des damit, im Sinne eines extremen sanktionierenden Einspruchs wider seine martialische Unmäßigkeit. Bitte vergessen! Gleichwohl primärprozessuell trefflich. Jedenfalls bedürfte es, zur Kultur der gehörigen Persistenz des Traumschlafs, dieses ja schon paradoxen Gebildes – deshalb in seiner Vergeblichkeit sich reproduzierenden Nachdrucks – weshalb eigentlich? – der Näherung der Alexandrischen Destruktionsgrandiosität an das duckmäuserische „hold"-Wesen, vermittelt über den unzeitigen Tod des Kriegshelden, „Wen die Götter lieben", einer Annäherung, die in der besagten Indifferenz der Abwehr und des Abgewehrten, des Überichreduktionismus und des anarchischen Triebeinspruchs wie au fond präjudiziert erscheint.

Ja, weshalb eigentlich legen wir uns nächtens mehrfach krumm, um, um den Preis der Traumambiguität, weiterschlafen zu können? Eine Frage, die jeglicher Befassung mit Träumen, und der Psychoanalyse insgesamt, vorausgehen müßte. Pointe: die höchst notwendige Angewiesenheit des Traumschlafs auf die hohe Gunst der Imaginarität, also der exkulpativen Regie über die vorstellende Realitätsflucht. Nochmals: mit dieser Dependenz gibts kein Vertun: kein Erwachen = Psychose und Tod; Traumschlafprivation = item. Halt! Von gar schuldbefreiender Regie, intentionaler Disposition dieser nur noch vorstellenden medialen Vorgabe, kann doch die Rede nicht sein, der Würgegriff der härtesten Notwendigkeit dieses nächtlichen Spuks spricht gegen jegliche freie Verfügung auf des Subjekts Seite. Ja, gewiß, selbst aber die devoteste Selbsteingabe in das paradigmatische Widerfahrnis Traum widerlegt meine Heteronomisierung, vielleicht ermäßigt durch aneignende Exegese, nicht. Ein anderes Auxilium aber scheint die permanente Autonomieeinbuße wettzumachen, nämlich die Scheinauflösung der folienhaften unzählig somnialen Verschlingungen in deren medial obsekrative Nachbildungen. Ein Blick ins Computerrasen – endlich ein verum ipsum factum! – genügt zur Verifikation dieser Entsprechung.

Ist die Frage nach der Insistenz der Traumwahrung mittels der rigorosen Notwendigkeit des Träumens nunmehr beantwortet? Ja, aber nur im Verstände einer empirisch faktischen Notwendigkeit, einer Angelegenheit wissenschaftlicher Traumforschung, fern aller philosophisch erforderlichen ontologischen. Ferner, wie zuträglich auch sein funktional mediengemäßer Charakter in seiner Unerbittlichkeit sein mag, mit dessen Kriterium der exkulpativen Realitätsdisposition, dem gewünschten verum ipsum factum, ist es nicht weit her – siehe, wie fahrlässig dumm wird in aller Welt mit Träumen umgegangen! Hier ist ein allenthalben vernachlässigter transsubjektivintentionaler Automatismus am Werk, – zentrales Körperpostulat der bewußtlos bis hin zu seinem Aufhören, seinen Zweck erfüllt. Wesentlich hinzukommt noch, daß die schroffe Traumreservation in aller ihrer Sorgfalt gleichwohl different doppelt limitiert erscheint: im Absinken in den „Tiefschlaf" sowie im Erwachen. So die nächtens mehrfach reproduzierte Phasensequenz, eine Art Körperprogramm, auch im Einzelnen faktischer Observanz.

Die akzentuierte Unabwendbarkeit des Traums – ein ausschlaggebendes Körperpostulat neben anderen, vordringlich der Ernährung, – legt triftige Spuren hin zur reklamierten Ontologie, damit zur Allbedingung des „Todestriebs", von Freud ja nicht von ungefähr „Trieb" geheißen. Die Faktizität der somnialen Mechanik avisiert seine wie affine Provenienz eben daraus, aus der Parade des vorgestellten Todes, diesem einzig gehoben genealogischen Genügen. Auf diesem Wege ergibt sich auch die vertiefende Ausdifferenzierung der zitierten medialen Zuträglichkeit an verbindlicher Verfügung hin zu einem offensichtlich unverzichtbaren Moratorium supplementärer Weltassimilation, der imaginären Realitätsstabilisierung – nicht weit wohl entfernt von der wissenschaftlichen Traumbeanspruchung der nächtlichen Tagespurgierung; durchweg ineins mit der primärprozessuell Ubw-offenbarenden Unterlaufung der paradoxal somnialen Repräsentation. Anmuten könnte die Traumnötigung wie eine quasi erzieherische Maßnahme wider die sorglose Oberflächlichkeit des vorherrschend bewußtlosen Abwehrgebrauchs, wie ein verschobenes memento mori fast schon, deshalb auch die Scheu, sich auf diese ungewöhnliche Traumdimension überhaupt einzulassen, oftmals rationalisiert durch den Fingerzeig deren gnädiger Verläßlichkeit, die der Vermeidung ontologischer Hysterisierung. Vielleicht könnte mein intellektuell vorgängig ontologischer Zugriff auf Traum ein Jenseits alldieser Anstelligkeiten erwirken, die Überwindung solchen Denkmoralismus' zugunsten der internalisierenden Selbstintegration der leicht Bauchgrimmen verursachenden nicht unguten Travestien der Unverfügbarkeit. Jedenfalls müßte man sich – in Überbietung der konventionell intersubjektivistischen Psychoanalyse, also todestriebversiert, objektivitätsekstatisch – vertraut machen mit der abliegenden Weise der Traumwiderfahrnis, dem letal nötigenden Kerygma der memorial medialen Seinszueignung.

Auf den thematischen Traum rückbezogen, sei an den exegetischen Akzent erinnert: an die Modi der Traumwahrung, fokussiert auf die Schwächung der Traumzensur. Problem dabei: Welchen Stellenwert hat dieser Hauptmodus im Verein mit weiteren anderen, ist er vielleicht generalisierbar? Schwerlich, in Anbetracht der wohl nicht systematisierbaren Überfülle solcher. Ferner: sei die besondere interpretatorische Betonung der Dramatik der Traumwahrung nicht insofern überflüssig, als sie ja wie ein abgekartetes Spiel anmuten könnte so wie per analogiam, in der Traumfaktur selbst, daß ich die erwartete Botschaft selbst schon kenne? Abgesehen davon, daß diese affektiv bedrängende Dramatik alles kompetente Wissenspräjudiz wie inexistent erscheinen läßt, sollte die Verächtlichkeitsgeste der einschlägigen Abundanz eher doch einer Dankbarkeit für das festigende donum der Traumintention selbst – unbeschadet ihres Oktrois? – weichen. Auch entfällt ja die absolute Garantie ihres Funktionierens. Und ledig ihrer ontologischen Unterlegung des Todestriebfundus verbleiben alle im Durchschnitt repräsentativ gewahrten Traumerhaltungsmaßnahmen im Status unverständlicher ob ihrer Todestriebunterlage ängstigenden Fakten. Halbwegs desiderant in diesem Zusammenhang die Komparation der „Körperpostulate". So die Kompensation der Verfügungsausfälle des verum ipsum factum in den Triebstattgaben mittels unserer medialen Delirien. Vorsicht! Denn solche Ausgleiche, nicht mehr als mögliche Differierungen, heben das letzthinnige Scheitern des „Todestriebs" am Tod nicht auf.

Wenn schon in ontologische Unabweisbarkeiten atopisch geraten – welche Verlegenheiten! – so sei doch diese somnial strukturelle Subsistierensart nicht vergessen: scheinbar einfach die Traumerinnerung. Selbstpreisgabe des kryptischen Traumarbeitsmechanismus in seine wie verwundete Öffnung, seine Kenose in repräsentative Manifestation, so daß an dieser Umschlagstelle die mögliche Traumreminiszenz mit dem

Traum selbst kurzschlüssig identisch würde. Welche Wahrungspotenz!? Nein, nein, bloß die reinste repräsentationsverführte Pseudologie, ein nicht eben vielsagendes Rinnsal an somnialer Information, vielleicht brauchbar wider die ständige Gefahr seiner aufgebauschten Selbstverständlichkeit.

Deren zünftigste Konterkarierung mittels der Transkription eines Traumrapports, des prominenten Traums Freuds von „Irmas Injektion", in Sätze des „n-ten Futurs im Irrealis": „Es würde ein Traum gewesen sein werden sein werden"[30], eine unüberbietbare Decouvrierung allen Aussagewesens mit seinem Anspruch präsentisch vollendeter Seinshabe, die so in sich weitest entrückt, ontologische membra disiecta, restrepräsentativ noch zusammengehalten, zerbricht. Wonach sich die angestrengte Traumwahrung in ihr eigenes Dementi hineinmanövriert, und umso dringlicher wird dessen, dieser törichten Clownerie, von der Wissenschaft angeführte Beseitigung allenthalben – was sonst? Der sich selbst nur noch überlassene Traum, Traum-Traum, sich exklusiv selber träumend, – sich rettend verkommt er, geortet im spekulativ hybriden Übergang von „NREM" in „REM", dem erinnerungslosen Traumtransit – vor seiner Schizophrenisierung und seinem suizidalen Tod, den Sequenzen des Erwachens – zu einem ausgehungert freßbegierig paranoischen Monstrum, befristet nur durch seine Ernährung durch die „latenten Traumgedanken", traumarbeitsbedingt transformiert in „manifeste Trauminhalte", die einzigen höchst reduzierten Anhalte der

---

[30] Siehe: Referendum. H. Heinz/M. Heinz: n-Future. Es würde ein Traum gewesen sein werden sein werden. In: Somnium Novum. Zur Kritik der psychoanalytischen Traumtheorie, Vol. I. Wien. Passagen. 1994. Passagen Philosophie, S. 125–128.

den Traum dann pseudologisch ausmachenden Traumerinnerung. Wie diese nezessitären Gehalte ins Spiel kommen, wie sie dafür beschaffen sein müssen, worin ihre Funktionsgrenze beschlossen liegt? Aufkommen sie, im immer ernsthaft imaginären Spiel der Subsistenzsicherung des Traums rahmenmäßig erster Ordnung, immer präjudizierlich seines Endes mit, diejenige übergeordnetste Kondition des Traumwährens.

Nun zu den vorerst rettenden Gehalten selbst, inbegrifflich die vom Träumer zwar erwartete, jedoch ihm inhaltlich bereits bekannte Botschaft, daß Ex-Fernseh-Strafrichter Alexander Hold – vormals realiter Staatsanwalt und danach Strafrichter, derzeit wahrscheinlich Hauptakteur der „Freien Wählergemeinschaft", an der bayrischen Landesregierung beteiligt – an Alkoholismus erkrankt sei. Alldieses passiert im Treppenabgang in einer weiträumigen gänzlich kahlen Lokalität. Eignungsgründe der Traumreservation darin, zuerst solche der autosymbolischen Selbstgewahrung in den somnialen Imaginaritäten, immer umwillen, emphatisch gesprochen, der medialen Wahrheitsgewahrung des Gewahrten – „doppelt genäht hält besser".

Selbstansicht des somnialen Kriteriums fiction in Holds Fernsehkarriere, die, in ihrer Medialität, demselben Zweck untersteht wie meine Traumverwendung derselben: anpassungsförderlich dem imaginären Schmackhaftmachen betreffender Institutionen. Aber Holds Wechsel in die Realpolitik macht doch seine schöne Vindikation als Imaginaritätssymbol zunichte? Nein, nicht unbedingt, hier scheinen sich nämlich die Annonce des Traumfinales – Realpolitik – mit der fortgesetzten Insichreflexion der Imaginarisierung – Vergangenheit der Fernsehkarriere gleich Memorialitätszuwachs – beinahe eine aporetisch kafkaeske Stolperstelle, zu überschneiden? – Weitere Traummaßnahmen der Imaginaritätssicherung danach, anders als vorher direkt auf Identitätsentsprechung, nämlich auf das Repräsentationsverhältnis, die repräsentative Verdoppelung, abzweckend. Inhaltlich eine zu übermittelnde Botschaft, die, dadurch wie überflüssig geworden, bekannt ist: Holds Alkoholismus, paradoxerweise verharrt der abgängige Träumer in der Erwartung der besagten – übertrieben so bezeichneten – Botschaft, die er ja schon kennt. Achtung, das heiße man eine ingeniöse Parodie auf den re-repräsentativen Traum, und überhaupt auf die Herrschaft der Repräsentation: in der Passage seiner transzendentalen Vollmacht lacht das apriori faktische Signifikat seine selbstherrlichen Signifikanten aus; ein harter Schlag ins Gesicht, mit auch Wissenschaft legitimierend, aller gehobenen Signifikation, im träumenden Selbstdementi des Traumzwecks erinnert todestrieblich sich die Hyleresistenz der Signifikate, wie ein Abschiedsgeschenk des seiner selbst überdrüssig gewordenen Traums.

Weshalb ich so sehr darauf bedacht bin, die Imaginaritätseignung der die somniale Selbstreferentialität ernährenden notwendigen Gehalte, zuletzt in der Art des Durchstrichs des Traum-Geträumten, zu recherchieren? Wie genau geträumt? Wie gesagt, der Träumer – der bin ich – scheint sich am Widersinn der Kenntnis des Botschaftsinhalts, ineins mit der Erwartung der Botschaftsüberbringung, nicht zu stören, nicht aber weil er etwa die Richtigkeit, die Vollständigkeit bezweifelte, die intersubjektive Bestätigung vermisse, vielmehr weil sein Verharren wie die Sühne, die Reparation der Anmaßung seines Vorauswissens, der objektiv medialen Prätention des Signifikats, beansprucht erscheint. Anscheinend ausfallen Vorstellungen der Botschaftsüberbringung: im Übermaß bedeutungsschwanger, insbesondere ob ihrer sakralen Konnotationen, zolle ich ihr zwar Respekt, doch wie lange in Anbetracht ihres Inhalts?

Ja, trotz der unangefochtenen Gewißheit, den Botschaftsinhalt zu kennen, so insinuierten doch untergründige Anflüge vager Befürchtungen, betreffend die Glaubwürdigkeit des Botschaftshändelns: wer wohl der Überbringer, der Bote/die Botin sei; inwiefern sei denn ausgerechnet ich die auserwählte Botschaftsadresse? Und die fragliche Botschaft selbst – „Nachricht" hätte als Bezeichnung genügt – welche Bedeutung soll sie denn für mich haben? Anscheinend macht sich da jemand über mich lustig, schlimmer noch, da könnte eine Verschwörung zugange sein. Unsinn, welche Torheit, sich solche Fragen herauszunehmen, alles in Ordnung! Aber kurz vor dem Ausbruch von Angstschweiß bin ich, recht desorientiert, erwacht. Erwacht auf der Hälfte des Abstiegs, vorgesehen bis hin zur Tiefe des Kellers, wo der Empfang der Botschaft stattfinden sollte. Die Regression also zur Hälfte geraten, die zweite Hälfte ausgesetzt – ein organisierter Torso an Rückschritt. Als ob der Traum eben noch rechtzeitig, seiner Überflüssigkeit innegeworden sei – ist ja dem Träumer die Botschaft, wie auch immer ihm zu Ohren gekommen, im Voraus bekannt. Kaum, das Erwachen ist fürwahr dramatischer, die reinste Verhinderung allen Botschaftsempfangs, der in dieser reveil ungewahrbar momentan zersplittert, also zwar erinnerlich ins Erwachen überspringt, jedoch in dieser seiner Verfassung unbrauchbar wird – aber der vorausgewußte Botschaftsinhalt bleibt dabei doch, vorteilhaft, unberührt? Nein, er entpuppt sich nachgerade als paranoischer Verfolger, der also seinen bösen Witzcharakter – Strafrichter, der manisch besoffen seine Urteile, womöglich Todesurteile, verkündet –

verhärtet zum grausamsten Eschaton aller Gewalt: der Identität der Abwehr mit seinem Abgewehrten, dem Anankasmus mit seinem Anarchiesujet, dem Überich mit seinem – hypokritisch beglaubigten – triebbestimmtem Es – schönste Vorbereitung der Kontamination beider –, der Traumzensur mit ihren unliebsamen Inhalten. Kein Wunder, diesen Sog in die Letalität der Tiefschlafgrenze der bewußtlosen Motilitätsparalyse zu fliehen, mich in Sicherheit bringen zu müssen vor dieser armaturischen Monstruosität. Gerecht, nein suizidal letztsouverän deren Selbstsprengung, fernreminiszent nachwirkend im Zersplitterungsempfinden im Erwachensvorgang. Vormals schon definierte ich denselben essentialisierend als Regressionsübereilung hin zur Todeswand der Tiefschlafgrenze, sich abstoßend hochschnellend über alle Phasenverkürzungen hinweg katastrophisch ins Heterogene der Erweckung. Allsolches muß unserem Traumbeispiel unterstellt werden. Fluchtgebaren immer auch vor dem riskant genutzten, „was sie (die Götter) gnädig bedecken mit Nacht und Grauen"[31]. Keine Bange, spielen doch diese Beängstigungen im Register des Imaginären? Dessen obsekratives Wesen sich progressiv aufdrängt und sich zudem fraglich macht.

Nochmals zum Widerstreit Silberers versus Freud. Silberers Anmahnung der primären Selbstreferntialität des Traums als Traum, des „funktionalen Phänomens", verfängt, wissenschaftsfremd philosophieeröffnend, durchaus, todestriebprovoziert das Ultimum an Todesflucht. Ohne opferheischende Fütterung dieser Absolutheitsflause erstirbt sie, und dieser

---

[31] Aus: Der Taucher, Friedrich Schiller, Sämtliche Werke, Bd. 1, München, 1987, S. 371.

somnialen Entropieerfüllung sorgt Silberer vor in der parataktischen Komplettierung der ausschlaggebenden Phänomene, der „materialen" und der „somatischen", traumschlafernährende notwendige Alimentierungsstoffe des Selbstbezugsheischens; die „materialen" „somatisch" unbewußtheitsgenealogisiert. Alles also beisammen: das todestriebliche Traumtelos Absolutheit, opferernährt durch autosymbolisch kongenial integrale Gehalte – man erinnere im thematischen Traum die die Traumzensur schwächenden Elemente, wie sie in der bündelnden Toxikomanie des Überichs selbst erfolgreich versagen mußten, wenn ihr Erwachensdesaster die mediale Absolutheitsdetermination der Nacht zu beseitigen vermöchte. Aber dem Tag – Tag! – wird die Nacht wieder folgen.

Wie aber steht es um die Freudschen Einwände wider Silberers Gegenkonzept? Offensichtlich fürchtete Freud die Eliminierung des Unbewußten in der Silbererschen Substitution des „latenten Traumgedankens" durch die „Traumarbeit" selbst. Nicht zu Unrecht, jedoch unter der Bedingung, daß Silberer das Unbewußte eben mittels der „materialen" und der „somatischen Phänomene" nicht merklich nachgetragen habe. Das „Nicht zu Unrecht" persistiert auch zum Teil, in der Disqualifizierung der Selbstreferenz als psychotisch – so die unvermeidlich triftige Charakterisierung –, unbedürftig aber der Freudschen ressentimenthaften Verharmlosung zum „paranoischen Beobachtungswahn des Philosophen". Auch die Freudsche Einebnung der Silbererschen „Phänomene" behält ihr Recht, jedenfalls sub auspicie deren identischer Repräsentativität, wodurch aber die immanente Auszeichnung des „funktionalen Phänomens", angängig den Traum nackt als Traum, nicht aus der Welt geschafft ist um der Wissenschaft willen. Unzweifelhaft alles in allem, daß einzig Silberers alternatives Traumkonzept das pathognostische in seinen Grundzügen präludiert.

Absolutheit, die sich im Infiniten ihrer selbst zu erfüllen scheint – „O Ewigkeit, Du Donnerwort" – Pendant der geblichvergeblichen A-Repräsentativität des Todes, des Nichts, der ständigen Unterhöhlung alles epikalyptischen Seienden. Widersinnig schrumpfende Unendlichkeit, wenn immer es, das Seiende, sich aus sich selbst wie absolut hergeben soll. Gute Gelegenheit auch, das unsinnige Absolute in seiner alten metaphysischen Ausweitung unterzubringen – das AbsoluteAbsoluteAbsolute die unzählige Opfer heischende Freßbegier, der abendländische Gottesbegriff. In aller Folgerichtigkeit bedarf dieser seltsame Gott seines homousischen Heilig-Geist-gesicherten filialen Kompagnons, des quasi ödipalen Uropferstoffs, verschoben zum Sühneopfer der durch ihn geschaffenen Welt, unerträgliche sakrifiziale Hyle. Immerhin, diese Welt, Gottessohnes Werk, sei gleichwohl erlösungsbeauftragt, ausgeführt im „Opfer auf Golgatha". Die reinste Reparation des Pfuschs der Weltkreation, Mißgeburt sondersgleichen, so daß selbst diese ihre schönste gottesinszenierte Expiation gewaltbegünstigend kläglich mißriet. Und wie auch sollte dieser arme junge Prophet aus Nazareth dieses große Mysterienwelttheater der Büßfertigkeit des Gottes seiner eigenen Schöpfung gegenüber bezeugen können? Dafür mußte man, wie bekannt, tüchtig nachhelfen.

Gespenstig fast mein kirchenmusikalischer Traditionsauftrag im Ausgang vom allweihnachtlichen Gesangsauftritt meines Urgroßvaters mütterlicherseits mit – es verfolgt mich nahezu – „Also hat Gott die Welt geliebt, daß er den einzigen Sohn ihr gibt". Hilfreich zur Belichtung dieses großen Verdikts Meister Eckhardts Beinahe-Eloge auf den ersten der gefallenen Erzengel – weshalb nicht kanonisiert? –, den Lichtbringer, Aufklärer Luzifer. Längst habe ich mich daran gemacht, den Wahrspruch mittels häretischer Anleihen, mit peinlichen Fragen an die katholische Theologenzunft, zu distanzieren: Wie kommt es, daß Gott Vater so spät und über die Inkarnation des Gottessohns vermittelt, zu dessen unschuldigem Sühneopfer umwillen der Erlösung der durch ihn ja geschaffenen Welt greift? Inwiefern enthält dieser krude Heilsplan das Einbekenntnis seines Versagens nicht? Wenn Gott dagegen die Menschheit, betreffend ihrer expiativen Eigenpotenz –, ihr Resultat fiele überaus schwach aus, deshalb ja das entsühnende Heilswerk – testen wollte, so widerspricht diese leidige Intention seines, des höchsten Gottes, Allwissenheit? Könnte es nicht auch so sein, daß die übel scheiternde Opfererlösung der Weltschöpfung den vorausgehenden Vater-Sohn-Konflikt, das Sohnesopfer rein gottesimmanent abdecken soll? Mythologische Grandiosität wird man diesem göttlichen – von wem erfundenen? – Gebilde gewiß nicht absprechen können, jedoch bei luziferischem Licht besehen, wird man sich den immer marianischen Reifikationen seiner paranoischen Homosexualität kaum erwehren können? Und man fliehe zumal dessen kultisch fromme Gesittung, dessen hautnahe Repressionen, die zum Glück säkular auch schwindenden, wie ich sie in meiner Kindheit und Jugend zur Genüge erfuhr. Aber der klerikale sexuelle Mißbrauch? Die apostrophierten Theologen werden sich herauszureden wissen – was kümmert es mich noch?

Fraglich aber mag bleiben, ob diese metaphysischen Mucken um die Absolutheit herum Einfluß nähmen auf den Vorgang des Träumens, seine sich gehaltlich autosymbolisch konservierend auffüllende Selbstreferenz. Nicht daß ich wüßte. Unverzichtbar aber die pathologischen „nächtlichen Episoden", Sujet meines besonderen Interesses, gänzlich bar jedoch der Resistenz wider der Menschheit milliardenfache somniale Heimsuchung – HH machte darauf aufmerksam[32] –, eine der zahlreichen triebhaften Körperpostulate, begabt mit letaler Sanktionsmacht, gleichwohl, im kollektiven Bewußtsein, wie als unerheblich eingestuft.

Welche Nachlässigkeit, in Anbetracht der schieren Abundanz des Träumens, und, mehr noch, dessen dramatischer Primärprozessualität? Woran liegt es? Einmal wohlwollend gedacht, an der verständlichen Kapitulation vor dem Erhabenheitseinschlag des Traums diesbetreffend – alleine schon dessen astronomische Masse, und, insbesondere, dessen fakultative Traumatik – gehen dem massiven Gattungsdurchschnitt über die Hutschnur. So jedenfalls lautete die schwache Chance, an Verleugnung grenzend, diesem nokturalen Ungetüm, weit weg von der wie sektenhaften Theoriebefassungen, Paroli zu bieten durch Ignorieren? Schlechte Aussichten demnach, wider alle Welt eine Art Kultur der Traumrespektion in die Wege zu leiten, erschwert durch die pathognostische Verabschiedung der psychoanalytischen Traumhermeneutik. Sicherlich. Nichtsdestotrotz.

---

[32] Dies. Nachtrag. Zu: Das Gesetz sind wir. Offener Brief an B. Classen und G. Göttle (Zeitschrift „Die Schwarze Botin"). In: H. Heinz: Wunsches Mädchen – Mädchens Wunsch. Rückblick auf die Unmöglichkeit des Feminismus, Wien, Passagen, 1994, 37, Passagen Philosophie.

Ergänzungen und Neuerungen	zu: Praxisumsichten. Psychoanalytische und psychoanalysetranszendente Retrospektive[33]
Alpbach-Traumen/ Restitutionen	Es war nicht nur damals für mich, dem psychoanalytischen Anfänger, eine bedeutende Ehre, mit der Mitleitung kurzum der „psychoanalytischen Literaturinterpretation in der Gruppe: Effi Briest" innerhalb einer „Ferienakademie der Studienstiftung des Deutschen Volkes" in Alpbach vom 20.09. bis 02.10.1974 betraut worden zu sein. Insofern adäquat, als ich Thema und Methode der Veranstaltung ersann; überadäquat, weil die beiden Koleiter, Ernst Konrad Specht, Philosophieprofessor und Psychoanalytiker, sowie Herbert Anton, Professor für Neuere Deutsche Literatur, auf die Leitungsfunktion verzichteten und sich zu bloßen Gruppenmitgliedern zu bescheiden versuchten, so daß die ganze Last, eine solche ungewohnt innovative heikle Prozedur zusammenzuhalten, weitestgehend alleine auf mich fiel. Was durchaus auch gelang, mitbelegt durch supplementär studentische Initiativen während der Treffen und frei danach, auf mögliche Fortsetzung derselben hin.

Weshalb ich mich diesbetreffend zurückhielt? Um nicht sehr schlimme Alpbacherinnerungen üppig ins Kraut schießen zu lassen, fasse ich die Antwort kurz: weniger die Studenten als das Gros der übergeordneten Chargen benahmen sich, der Psychoanalyse und mir, dem Psychoanalytiker, die Schuld dafür zuschreibend, arg daneben. Die Verklärung von Gemeinheiten zu einer „Zauberberg"-Atmosphäre verfängt schlechter-

---

[33] Praxisumsichten. Psychoanalytische und psychoanalysetranszendente Retrospektive. Pathognostische Repristinationen Band II, Essen, Die Blaue Eule, 2018.

dings nicht. Mein Fazit: solche Verfahrensweisen müßten psychoanalytisch vorbereitet werden. Multifunktional ausführliche Informationen zu der fraglichen Veranstaltung finden sich in „Minora aesthetica. Dokumentation auf Kunst angewandter Psychoanalyse"[34].

In der Retrospektive ist die Veranstaltung, trotz aller Verstörungen, es aber immer noch wert, auf pathognostische Antezipationen hin befragt zu werden. Unabwegig die Vorstellung, daß, wenigstens irgend partiell, die auf Kunst angewandte Psychoanalyse eine „Psychoanalyse der Sachen", und damit die pathognostische Volte, inaugurieren könnte. Einwände gegen dieses traditionsreiche Anwendungsunternehmen zentrieren sich auf die Reklamation des ausgelassenen Analysanden, substituiert durch das thematische Kunstwerk, das anscheinend damit droht, umgekehrt zum Lehrmeister des Analytikers zu werden – o welche Not! –, aber im Ernst, auch wenn dieser Einwand nicht stichhält, so macht er doch aufmerksam auf die Auslieferung des Exegeten an die Imponderabilien seines Anwendungsobjekts. Selbst halte ich es immer damit, mit diesem Michanheimgeben, und ehedem, noch auf dem Niveau der psychoanalytischen Orthodoxie, konsequent damit, die Freigabe des kollektivierten subjektiven Reagierens zu dessen Amplifizierung anhand von daraufhin aufgeschlossenen Kunstwerken zu nutzen. Womit der Wendepunkt erreicht war, diese Verhältnisse, unter dem späteren Titel „Pathognostik", einschneidend zu revidieren, in-

---

[34] Minora aesthetica. Dokumentation auf Kunst angewandter Psychoanalyse. Münster. Tende. 1985; Zweitauflage: Essen. Die Blaue Eule, 2016, Genealogica, Bd. 55, Hg., R. Heinz, S. 33–58.

eins mit der Entexklusivierung angewandter Psychoanalyse fast ausschließlich auf Dichtung, hinzunehmen, todestrieberbötig, als ansonsten diesbetreffend tabuisierte Applikationssujets Naturwissenschaft, Technik, Ökonomie.

Als hilfreich erweist sich die Gruppenbindung der Prozedur: wenn einmal dieser Weg merklich eingeschlagen ist, für dessen Persistenz der Gruppenleiter einstehen muß, so scheint die Virulenz dessen derart effektiv zu werden, daß die zum integrierenden Kofaktor gedeiht, die Gruppe hoffentlich genealogisch affiziert, und jeder hat auch etwas davon. Um Mitverständnisse, angängig die pathognostische Quittierung der Psychoanalyse, deren Intersubjektivismus, abgelöst von einer kulturpathologischen „Psychoanalyse der Sachen", zu vermeiden, so sei nochmals die Konventionalität des Alpbachunternehmens, seine Zugehörigkeit zur Tradition der auf Kunst angewandten Psychoanalyse betont. Kaum daß sich deren kritische Methodenreflektion erübrigte, so vermag sie sich doch auf wohletablierte Muster operativ zurückzubeziehen. Glücksfall zudem „Effi Briest" als Anwendungssubjekt, Fontanes Maßgabe einer fast unglaublichen „Psychoanalyse avant la lettre", deren vertiefende Nachzeichnung sich fortwährend fällig machte.

Weit entfernt davon – bisher noch nicht gruppengebunden streng methodologisiert – der pathognostische Ansatz mit seiner subversiven Frage, was, wie „Effi Briest", ein Roman sei. Eröffnungsinitial des dinglichen Inzestegeflechts, des genealogischen Opfergedärms, wie wenn avancierte Psychoanalyse abweichend funktionalisiert wiederkehrte – Zukunftsmusik, hoffentlich.

Es hängt gewiß auch mit den Schattenseiten der Alpbacherfahrungen zusammen, daß ich am Ort sogleich zweimal, wie reparativ, die Anwendung kollektivierter Psychoanalyse auf Kunst wiederholte, einmal musikreferent, auf den langsamen Satz des vierten Klavierkonzerts von Beethoven bezogen, das andere Mal Bildende Kunst bezüglich, auf die „Pietà" von Michelangelo, im Dom von Florenz.

Besonders angelegen war und ist mir die Musikapplikation, weil das Stiefkind – weshalb? – der auf die Künste angewandten Psychoanalyse; bezeichnenderweise wurde aus dem umakzentuierten Unternehmen ein ganzes Buch: Musik und Psychoanalyse. Dokumentation und Reflexion eines Experiments psychoanalytischer Musikinterpretation in der Gruppe[35].

Auch die etwas eingedüsterte Michelangeloexegese läßt nachträgliche schriftliche Einlassungen dazu nicht vermissen. Siehe: Minora aesthetica – Dokumentation auf Kunst angewandter Psychoanalyse[36].

---

[35] Musik und Psychoanalyse. Dokumentation und Reflexion eines Experiments psychoanalytischer Musikinterpretation in der Gruppe, Hg. R. Heinz, F. Rotter†, Herrenberg, Musikverlag Döring, 1977, Zweitauflage: Essen, Die Blaue Eule. 2015 oder Heinz, Rudolf/Rotter, Frank† (Hg.), Musik und Psychoanalyse. Dokumentation und Reflexion eines Experiments psychoanalytischer Musikinterpretation in der Gruppe, Herrenberg, Musikverlag G. F. Döring. Erste Auflage 1977. (Danach: Rohrbach. Schmid) sowie: Heinz, Rudolf/Rotter, Frank† (Hg.), Musik und Psychoanalyse. Dokumentation und Reflexion eines Experiments psychoanalytischer Musikinterpretation in der Gruppe, Genealogica Bd. 51, Hg. R. Heinz, Essen, Die Blaue Eule, Neuauflage 2015.

[36] Rudolf Heinz, Minora aesthetica – Dokumentation auf Kunst angewandter Psychoanalyse, Frankfurt/M./Dülmen, tende. 1985;

Ebenso nehmen freie Wiederholungen derselben jüngst in meiner Arbeitsgruppe „Assoziation Pathognostik" Platz. Siehe Marianische Skizze zu P. Picassos „Le Rêve" (1932)[37].

Zur Ko-operation mit dem Sigmund-Freud-Institut

Schon während meiner psychoanalytischen Primärausbildung durch Lehranalyse und eigenen psychoanalytischen Behandlungen unter Supervision nahm ich, politphilosophisch eigenmotiviert, zum Sigmund-Freud-Institut erfolgreich Verbindung auf. Diese wuchs sich über Jahrzehnte zur Kooperation mit der sozialphilosophisch linken Sektion desselben aus, in Zusammenarbeit mit Helmut Dahmer, Klaus Horn und – meine Hauptreferenz – Alfred Lorenzer, mehr als geduldet von Alexander Mitscherlich, rigoros allerdings abgelehnt von Margarethe Mitscherlich. Zweimal war ich gar als akademischer Nachfolger von Lorenzer, in Frankfurt/M. und Bremen, ausersehen. Mit Horn verband mich insbesondere die Kritik des Psychoanalysekonzepts der „Europäischen Arbeiterfraktionen", einer Deckorganisation des CIA, mit dem Auftrag, die bundesrepublikanische autonome Linke zu zerschlagen, publikatorisch insbesondere dokumentiert in Lyn Marcus (Arbeiterfraktionen): Jenseits der Psychoanalyse Wie studentische Sinnwünsche in eine Falle geraten[38].

Erweiterte Neuauflage. Essen, Die Blaue Eule. 2016, Genealogica Bd. 55, Hg. R. Heinz, S. 47–58.

[37] Marianische Skizze zu P. Picassos „Le Rêve" (1932). in: Pathognostische Depeschen, Hamburg, 2023, Verlag Dr. Kovač, S. 197–202.

[38] Rudolf Heinz, Lyn Marcus (Arbeiterfraktionen): Jenseits der Psychoanalyse Wie studentische Sinnwünsche in eine Falle geraten, in: Kritik der Hochschuldidaktik, Hg. K. Horn, Syndikat,

Die Zusammenarbeit endete mit deren Tod, Horn verstarb 1985, Lorenzer 2002. Mit Dahmer war ich besonders intensiv liiert in Sachen „Psychoanalyse im Nationalsozialismus", pointiert um Müller-Braunschweigs Entgleisungen, deren Virulenz erschreckend bis heutzutage reicht, als Zuträger sozusagen der neukantianischen Fundierung dieses Desasters, als eines philosophiehistorischen Supplements. Dahmer, der Überlebende, wirkt, nach seiner Emeritierung an der TU Darmstadt, und, aus dem Sigmund-Freud-Institut gemobbt, als freier Schriftsteller, besonders im Ausland willkommener Vortragender, in Wien. Zur vormaligen Zeit im Sigmund-Freud-Institut betreute Dahmer, wie er sich ausdrückte: adoptierend, meine ebendort nicht unumstrittenen Texte, so an erster Stelle „Heinz Hartmanns ‚Grundlagen der Psychoanalyse' – Eine wissenschaftslogische Fehlkonzeption"[39] sowie zusammen mit Dahmer „Psychoanalyse und Kantianismus"[40]. À part von der besagten Problemstellung übernahm Dahmer meine Kritik

---

Frankfurt, 1978. Zweitpubliziert in: Retro I (1965–1980) Aufsätze und Rezensionen, Essen. Die Blaue Eule. 2005, Genealogica Bd. 35. Hg. R. Heinz, S. 385–438.

[39] R. Heinz, „Heinz Hartmanns ‚Grundlagen der Psychoanalyse' [1927]. Eine wissenschaftslogische Fehlkonzeption", Psyche, Heft 6, XXVIII/1974, S. 477–493, sowie Elrod, N./Heinz, R./ Dahmer, H., Der Wolf im Schaftspelz. Erikson, die Ich-Psychologie und das Anpassungsproblem. Frankfurt am Main/ New York. Campus Verlag. 1978. 109–126.

[40] In: N. Elrod, R. Heinz, H. Dahmer: Der Wolf im Schaftspelz. Erikson, die Ich-Psychologie und das Anpassungsproblem. Frankfurt/M./New York, Campus, 1978, S. 109–126 sowie 127–167.

der „Arbeiterfraktionen"[41]. Mit Dahmer korrespondiere ich bis heute kontinuierlich. – Alle diese Kooperationen mit Teilen des Sigmund-Freud-Instituts bezeugen so etwas wie die gemäßigt freudomarxistische Phase meiner psychoanalytischen Karriere. Ein Hauptelement derselben habe ich später, modifiziert, in meiner „Objektivitätsekstatik" bewahrt. – Überraschenderweise erfuhr ich vor einiger Zeit, daß die Bibliothek des Sigmund-Freud-Instituts viele meiner einschlägigen Publikationen anschaffte. Dadurch ermuntert legte mein ehemaliger Verlag „Die Blaue Eule" ohne Einspruch diesbetreffend nach. – Auffällig auch, daß das Sigmund-Freud-Museum in Wien sowie die Geschäftstelle der Psychoanalytischen Vereinigung e.V. (DPV) in Berlin meine zahlreichen Publikationszuwendungen annahmen.

Kasseler Zeiten

Wahrscheinlich, anfänglich besorgt durch Dieter Eicke, der mich für „Freud und die Folgen, Bd. 1 der ‚Psychologie des 20. Jahrhunderts II'"[42] beauftragte, zwei Beiträge zu verfassen, und zwar „Freuds Schriften. Einführung in das Werk Sigmund Freuds"[43] sowie „Über Regression"[44]. Eicke war es

---

[41] In: Analytische Sozialpsychologie. Band 2. Hg. H. Dahmer. Frankfurt M., 1980, edition suhrkamp 953; Zweitpubliziert unter dem Titel: Aus dem Jenseits der Psychoanalyse. Beitrag zum Verständnis einer politischen Sekte, in: Retro I, S. 444–460, Reprint in: Analytische Sozialpsychologie. Band 2. Gießen. Psychosozial-Verlag. 2013, S. 534–550.

[42] Dieter Eicke, Freud und die Folgen. Bd. 1, aus Psychologie des 20. Jahrhunderts II, Zürich/München, Kindler, 1987.

[43] a.a.O., Freuds Schriften. Einführung in das Werk Sigmund Freuds, S. 23–34.

[44] a.a.O., Über Regression, S. 493–498.

auch, der mich nachdrücklich dazu zu bewegen versuchte –
so sein Angebot –, daß ich in Kassel meine psychoanalytische Ausbildung mit dem Auftritt im dortigen „Zentralen
Fallseminar" abschlösse, was ich, hauptsächlich aus Subsis-
tenzgründen, leider ausschlagen mußte. Traurige Kunde: durch
einen schweren winterlichen Verkehrsunfall mit irreparab-
len Organschäden verschwand er von allen psychoanalytischen Bühnen. Jedenfalls gewann ich mittels des oben angesprochenen Entrées Zugang zum „Wissenschaftlichen Zentrum für Psychoanalyse, Psychotherapie und psychosoziale
Forschung (WZ II)" der Gesamthochschule Kassel, auf längere Zeit eine Art exemplarischen Orts, mit meinem kritischen Psychoanalyse-Konzept vorstellig zu werden, in seinen
Anfängen schon – dem sogenannten poststrukturalistischen
Frankreich angelehnten – in Richtung pathognostischer Volte.
Überhaupt prosperierte Kassel zu einem Sammelpunkt diesbetreffend affiner Mitstreiter – Jochen Hörisch, Georg Christoph Tholen, Michael Wetzel et al. – sub auspicie Ulrich
Sonnemanns, mit dem ich, unter seiner kontinuierlichen Protektion – freundschaftlich verbunden gewesen bin. Die Für-
sorge für mich gedieh zur entschiedenen öffentlichen Vertei-
digung meiner gelegentlich abhebenden Stilistik. Nach seinem Tod versiegten meine Einladungen nach Kassel, wohl
auch mitbedingt durch die Nicht-Opportunität meines fachlichen Habits im Kontext einer angepaßteren Fortsetzung der
vormaligen kritischen Gepflogenheiten.

Publikatorische Niederschläge aus dieser bewegten Zeit konzentrieren sich insbesondere um die Kritik der herkömmlichen psychoanalytischen Hermeneutik, so u. a.: „Von der

Depotenzierung der Hermeneutik und/oder der Psychopathologie. Franz Kafka: Gespräch mit dem Beter"[45].

Lehrjahre Da manche Ausführungen dazu längst vorliegen – schwerpunktmäßig: „Kleinbürger-double-binds oder: Die Psychoanalyse als Erziehungsanstalt. Erfahrungen mit einer psychoanalytischen Ausbildung"[46] reduziere ich dieselben hier auf einige karriererelevant markante Punkte. Zunächst zur psychoanalytischen Ausbildung selbst: ich muß bei meinem Urteil von ehedem bleiben: sie war miserabel, und zwar, inbegrifflich, wegen der aufklärungswidrigen Moralisierung ihrer Prozeduren. Nicht durchschlagende Ausnahmen von dieser Misere machten einige wenige Ausbilderinnen, deren rein immanente Dissidenzen oft von diesen selbst her pathologisch degenerierten. Neuerlich bin ich eher auch geneigt, die Effekte der Verfahrensweise rein schon selbst, wie unabhängig von ihren schlechten Repräsentanten, zu konzedieren. Gleichwohl mußte ich, bis in die Gegenwart hinein, ohne psycho-

---

[45] In: fragmente. Schriftenreihe zur Psychoanalyse. Hg. Wissenschaftliches Zentrum für Psychoanalyse, Psychotherapie und psychosoziale Forschung (WZ II) der Gesamthochschule Kassel. Heft 2/3. 1982, S. 147–175.

[46] In: Die Eule. Diskussionsforum für rationalitätsgenealogische, insbesondere feministische Theorie. Zugleich Organ der „Arbeitsgruppe für Anti-Psychoanalyse", Sondernummer, Hg. H. Heinz. Wuppertal/Düsseldorf. 1982, S. 3–60. Auszüge daraus in: Revival 1 – Nachklänge der Leiden einer psychoanalytischen Ausbildung, Düsseldorf, Psychoanalyse & Philosophie, 1999. Redigierte Neuauflage: Essen. Die Blaue Eule. 2019, Genealogica Bd. 66. Hg. R. Heinz, S. 69–103.

analytische Hilfe, Essentials meiner Selbsterfahrung selber ableisten.

Weitere entscheidende Begebenheit: mein prekärer Wechsel in die Medizinische Fakultät, des Näheren in die „Psychohygienische Abteilung der Psychiatrischen Universitätsklinik" Düsseldorf. Gegen nicht seltene Ablehnungen des armen nicht-ärztlichen Philosophen im medizinischen Milieu verstand ich mich doch auf die Dauer durchzusetzen, insbesondere durch psychoanalytische Lehrtätigkeit, und, nicht zuletzt, durch intensive Arbeit in der „Studentenberatung", womit ich eine zentrale Auflage der Zulassung zur Bewerbung hinsichtlich einer psychoanalytischen Vollausbildung erfüllte. Viel später, nach meiner Pensionierung, der Mitarbeit in der lokalen „Universitäts-Psychosomatik" konnte ich diese Arbeit mit Studenten wiederaufnehmen. Durch den Weggang des Leiters der „Psychohygienischen Abteilung" Prof. Wilhelm Schumacher, war ich für längere Zeit überbürdet durch dessen Mehr-als-Stellvertretung. Und ich verdanke es dubiosen Glücksfällen, ministerialen Erlassen und dem Suizid einer Philosophiekollegin daß ich ins „Philosophische Institut der Philosophischen Fakultät" subsistenzsichernd rückkehren konnte.

Um auf die Mißhelligkeiten meiner psychoanalytischen Ausbildung, ausscherend à part und in ihrer Traumatik überbietend, zurückzukommen: zur psychotischen Erkrankung meiner ersten Lehranalytikerin, porös genug, wie ich sein kann, deren Veranlassung wahrzunehmen. Von einer brauchbaren Aufarbeitung durch die lokalen Ausbilder konnte die Rede nicht sein, unwürdige Flapsereien traten an deren Stelle, die Kandidaten hätten Papa nach Frankfurt verjagt, und Mama verrückt gemacht. Es konnte mir bisher nicht gelingen, diese Erschütterung zu ermäßigen durch die Erfahrung, daß Psychoanalytikerinnen zum Glück keine Ausnahmemenschen seien – leider nur ein nicht differenzierter Trost!.

Unbillig aber wäre es, erfreuliche Begebeheiten in dieser komplizierten Zeit zu verschweigen. So die mehr als bloß passagere Freundschaft – mit einigen gemeinsamen Ferienaufenthalten – mit Melitta Mitscherlich, der ersten Ehefrau von A. Mitscherlich, mit dem sie vier Kinder hatte, und die, ihrer eigenen Auskunft nach, erwirkte, daß ihr „Alexanderle" vom Journalismus abließ und sich der Medizin sowie der Psychoanalyse anheimgab. Sie fungierte in meinen mit psychoanalytischen Themen befaßten Universitätsveranstaltungen als eine Art beliebter Beinahe-Ko-Dozentin. Unser ausgiebiger fachlicher Austausch während eines Kaffee-Jour-Fixe betraf weitgehend Patienten neurologischen Erkrankungen, allesamt aufgegebene Fälle, die der universitäre Neurologie-Chef Bay, ihr überwies, und die sie größtenteils, ohne theoretische Rechtfertigung, mit Erfolg psychotherapierte.

Besonders erwähnenswert noch, von der lokalen Philosophieleitung – wegen curricular gebundenen Fachphilosophiemangels – beargwöhnte gemeinsame Universitätsseminare mit Frank Rotter, Wilhelm Schumacher und, starring, Paul Leyhausen, insbesondere über methodologische Probleme der von den Veranstaltern betriebenen Fächer: Rechtsphilosophie, Psychoanalyse, Verhaltensforschung. Ich selbst brachte mich in meiner damals schon charakteristischen Verdoppelung, philosophisch und psychoanalytisch, zusammengenommen in philosophienahen Psychoanalyseversionen, ein.

Über meine damaligen freudomarxistischen Optionen hinaus, kam es am Ort zu dramatischen Auseinandersetzungen mit den „Arbeiterfraktionen", zu denen ich im Kapitel über meine Kooperation mit dem Sigmund-Freud-Institut Hinweise gegeben habe.

Ausführlich über meine „Lehrjahre" und darüber hinaus informiert „Aditif"[47].

Worüber ausführliche Informationen unter dem Titel „Marburg-Komplex"[48] auch in „Praxisumsichten. Psychoanalytische und psychoanalysetranszendente Retrospektive"[49] zu finden sind.

Marburg-Desaster

Weshalb das Scheitern meiner anfänglichen autonomen Dienstbarkeit an Manfred Pohlens/M. Bautz-Holzherrs groß angelegter Psychoanalyse-Revision[50]? Meine Hilfsbereitschaft reichte gar so weit, daß ich meine Rezension von deren erstem Buch „Eine andere Aufklärung. Das Freudsche Subjekt

---

[47] Rudolf Heinz, „Aditif". In: Praxisumsichten. Psychoanalytische und psychoanalysetranszendente Retrospektive. Pathognostische Repristinationen, Band II, Essen, Die Blaue Eule. 2018, Genealogica Bd. 62. Hg. R. Heinz, S. 217–233.

[48] Heinz, Rudolf, Zu Psychoanalyse-kritischen Tagungen in Marburg (3.–5. VII. 1987. und 17.–19. VI. 1988). In: Ders., Pathognostische Studien III. Psychoanalyse – Krisis der Psychoanalyse – Pathognostik. Genealogica Bd. 20. Hg. R. Heinz. Essen. Die Blaue Eule. 1990. 129–143.

[49] a. a. O., S. 82–95.

[50] Manfred Pohlen/Margarethe Bautz-Holzherr, Psychoanalyse, das Ende einer Deutungsmacht, Reinbek bei Hamburg, 1995.

in der Analyse"[51] auf sein Geheiß hin, allerdings vergeblich, dem „Spiegel" zukommen ließ.

So die Scheiternsgründe eines zunächst regen Austauschs: meinerseits, rückzüglich, der Ausfall nachgerade von fachlicher Äquivalenz – Pohlen zeigte an meiner psychoanalyse-kritisch pathognostischen Wendung kein Interesse. Seinerseits kamen, sich progredient proliferierend, Abweichungen von meinen Sympathien mit ins Spiel: die Ablehnung des Kleinianismus, wo doch, seiner Meinung nach, die „Triebe" wider ihre „ichpsychologische" Marginalisierung gerettet werden müßten; die Ablehnung ferner der einschlägigen französischen Autoren, angeführt von Lacan, einer angeblich intellektualistischen Position; vor allem durch Frau Bautz' sich steigerndes Wissenschaftspathos, das, widersprüchlicherweise, zu einer Begünstigung der ansonsten doch heftig kritierten „Ichpsychologie" rückführen mußte. Nicht unerheblich auch für meine Aufkündigung der brüchigen Zusammenarbeit: ein überwertig zivil unanständiges Verhalten von oben herab, insbesondere meinem Umkreis, zentriert um die Organisation einer meiner Festschriften, gegenüber. Das alles ist und bleibt sehr schade.

Zürich, durchwachsen

Nicht wegzudenken der Einladungsrekord des PSZ – Psychoanalytisches Seminar Zürich – achtmal wurde ich nach dort zum Vortrag, mit auch zu einer Supervisionsleitung, gebeten. Diese Vielzahl bekundet durchaus ein Interesse an Pathognos-

---

[51] Manfred Pohlen/Margarethe Bautz-Holzherr, „Eine andere Aufklärung. Das Freudsche Subjekt in der Analyse". Frankfurt/M. Suhrkamp, 1991.

tik, das sich allerdings nur im Allgemeinen äußerte, und dessen Klimax in der letzten Einladung zu einem „Symposium zu Ehren von Rudolf Heinz: ‚Zum Ding'" nicht hielt, was es versprechen wollte. Die einschlägigen Reaktionen fielen nämlich recht unspezifisch aus, und die Veranstaltung erwies sich in der Nachschau viel eher als eine Verabschiedung denn eine Honoration. Auch kamen auf die Dauer meine lokalen Sympathisanten mir abhanden: so Peter Widmer, lacanianisch, mit dem ich mich gar heftig stritt; Pierre Passett, anfänglich meine Hauptreferenz, setzte sich, ob meines scheinbaren supervisionellen Grobianismus, streitbar von mir ab; Martin Kuster verlor sich mir, ohne kenntlichen Grund; übrig blieb zunächst ausschließlich Olaf Knellessen, der sich jüngst den sich Absentierenden anschloß, bedeutend, „daß er mir nicht weiter nachlaufen wolle!". Es bleibt abzuwarten, ob sich die alte Verbindung noch fortsetzen läßt.

Auffällig, daß ich mit den Gründern des PSZ Parin/Morgenthaler, trotz mancher politischen, auch ichpsychologisch kritischen, Affinitäten in keinen Konnex kam, wohl mitbedingt durch die Generationendifferenz; ich hatte ausschließlich mit der ihnen folgenden Generation zu tun. Soll ich noch erwähnen, daß das einstweilige prominente „Züricher Seminar" längst zu einem Unding ward: eine nichtssagend abundante Mitgliedervielzahl und eine davon gänzlich unabhängige, halbwegs repräsentative Leitungsspitze. Auch diesmal enthalten meine „Praxisumsichten"[52] weitere Informationen dazu. Fachliche Auseinandersetzungen mit den Züricher Kollegen

---

[52] a. a. O., s. o.

sind in deren Beiträgen in meiner Festschrift „Kontiguitäten. Texte-Festival für Rudolf Heinz"[53] zu finden.

Würzburger Doppelung

Nicht zwar möchte ich die Anzahl der Vortragseinladungen von außerhalb als eines der Hauptkriterien der Anerkennung meiner kritischen Psychoanalysekonzeption überschätzen; aber es ist doch etwas dran, durch die Häufigkeit solcher Auftritte bleibt wohl etwas hängen. So in Würzburg geschehen, wo ich zwar nur einmal vortrug und supervidierte, jedoch mit Heinz Weiß korrespondierte ich weiterhin fachlich, bis hin zu einer Rückeinladung[54].

Meine vorübergehend weitaus umfänglichere Referenz auf Dieter Wyss, den Klinikchef ebendort, bedarf, der Alterität seines eigenauktorialen Vorgehens wegen, der Separation, sein höheres Personal favorisierte ja Lacan und den Kleinianismus entgegen seiner psychoanalytischen Aversionen; beide – für mich attraktiv – sind sich näher (siehe Kristeva), als man gemeinhin annimmt.

Anläßlich meines Vortrags erwiesen sich die anschließenden – immer von Weiß auch auf Praxisrelevanz hin bestimmten – Diskussionen vorherrschend des psychoanalytischen Sym-

---

[53] „Kontiguitäten. Texte-Festival für Rudolf Heinz", Hg. Ch. Weismüller. Wien. Passagen. 1997. Passagen Philosophie. 225–240.

[54] Rückeinladung zur Jubiläumsveranstaltung „100 Jahre Traumdeutung. Internationale interdisziplinäre Tagung zur Aktualität der Freudschen Traumtheorie", als Gastreferent über „Trauminterpretation und Übertragungssituation: theoretische und behandlungstechnische Aspekte"; publiziert in: R. Heinz, W. Tress Hg.: Traumdeutung. Zur Aktualität der Freudschen Traumtheorie, Wien, Passagen, 2001, Passagen Philosophie, S. 147–162.

bolbegriffs als besonders opportun – und zwar die Symbolisierung ausmachende angeblich wiederabziehbare Zutat zum betreffenden tautologisch hergerichteten Objekt gleich in Wahrheit dessen Entstehungsgrund; ebenso die der „Transsubstantiation" als ein mögliches psychosenaufschließendes Theorem.

Besonders angelegen ist mir außerdem der Hinweis auf Hermann Langs – von Gadamer betreuten – Dissertation über Lacan, ein Opus von hoher akademischer Dignität, die erste deutsche Reaktion auf Lacan. Weitere – hier der Bequemlichkeit halber ausgelassene – Informationen, namentlich auch der lokalen Fachinstitutionen, finden sich, auch diesmal in: Praxisumsichten[55].

---

[55] Praxisumsichten. Psychoanalytische und psychoanalysetranszendente Retrospektive. Pathognostische Repristinationen Band II. Essen. Die Blaue Eule. 2018. Genealogica Bd. 62. Hg. R. Heinz. Siehe darin das Kapitel „Würzburger Psychopathologie" S. 111– 113. Die Ausführungen zu Wyss: ebd. S. 95–111 sowie S. 113– 115.

Danksagung

Hätte diese Veröffentlichung ohne die Hilfe der Menschen an meiner Seite realisiert werden können? Es wäre mindest schwierig geworden. Mein Dank gilt Magister Gerhard Ferenschild, der die gründliche und zeitaufwändige Korrekturarbeit des hier vorliegenden Werkes übernommen hat. Dipl. pol. Silvia Schuster danke ich für ihren Einsatz, dieses Werk zur Veröffentlichung zu bringen. Die Zusammenarbeit mit dem Kovač-Verlag liegt in ihren Händen und hat sich auch dieses Mal unkompliziert vollzogen, nicht zuletzt aufgrund ihrer Sprach- und Medienkompetenz und ihres Engagements für die Pathognostik. Sara Lang, Kinderpflegerin, Sanitäterin und meine tägliche bürokratische Hilfe, verdient aufrichtigen Dank für ihre vielfältige Unterstützung. Und schließlich begleitet Magister Karl Thomas Petersen als theoretischer – und deshalb auch praktischer – Weggefährte mein Denken seit nunmehr über 40 Jahren und auch fürderhin in grundsätzlicher Weise, wofür ich ihm meinen tiefen Dank ausspreche.

Im Zusammenhang mit der Außen-Öffnung der kollektiven Fortschreibung der Pathognostik schien es uns opportun, darauf hinzuweisen, dass ich, Rudolf Heinz, der Begründer des unterdessen von Dr. Christoph Weismüller übernommenen Vereins „Psychoanalyse und Philosophie e. V." bin. Der hier genannte Verein ist, im moralischen Verstande jedenfalls, die reinste Usurpation. Diejenigen, die pathognostische Informationen suchen, mögen sich direkt an mich oder Magister Karl Thomas Petersen über den Verlag wenden. Vielen Dank.

Aus unserem Verlagsprogramm:

Rudolf Heinz
Ausgewählte kulturgenealogische Mythentropologien in progress
Mit Paraphrasen mythenreferenter Veröffentlichungen
Hamburg 2023 / 394 Seiten / ISBN 978-3-339-13602-2

Rudolf Heinz
Pathognostische Depeschen
Hamburg 2023 / 280 Seiten / ISBN 978-3-339-13468-4

Anton Grabner-Haider
Dynamik der Philosophie in Afrika und Japan
Von den Anfängen bis zur Gegenwart
Hamburg 2024 / 272 Seiten / ISBN 978-3-339-14078-4

Esfandiar Tabari
Altern neu deuten – Philosophisch-phänomenologische Reflexionen
Hamburg 2024 / 256 Seiten / ISBN 978-3-339-14022-7

Viktor Weichbold
Nominale Theorie der Zahlnamen und Numerische Logik
Hamburg 2024 / 230 Seiten / ISBN 978-3-339-14002-9

Andreas Heyer
Der preußische Staatsphilosoph als Praktikant der Opposition:
Ernst Blochs Leipziger Jahre und das Vermächtnis des toten Hegel
Hamburg 2024 / 266 Seiten / ISBN 978-3-339-13984-9

Dirk Köppen
Die Ökonomie der Verschwendung
Philosophisch-ökonomische Studien über Georges Bataille
Hamburg 2024 / 284 Seiten / ISBN 978-3-339-13948-1

Karl Weinhuber
Die philosophische Lehre von den Gegensätzen
Nur am Gegensatz entzündet sich das Leben
Hamburg 2024 / 126 Seiten / ISBN 978-3-339-13944-3

Elena Tatievskaya
Analyse und ihre Prinzipien: Einheit und Verschiedenartigkeit der
Methoden der analytischen Philosophie
Hamburg 2023 / 294 Seiten / ISBN 978-3-8300-8823-3

Frank Bruno Wild
Eudämonische Asketik
Diskurs im Maßhalten
Hamburg 2023 / 134 Seiten / ISBN 978-3-339-13310-6

VERLAG DR. KOVAČ
FACHVERLAG FÜR WISSENSCHAFTLICHE LITERATUR

Postfach 57 01 42 · 22770 Hamburg · www.verlagdrkovac.de · info@verlagdrkovac.de